图书在版编目（CIP）数据

再见“经远”：2018中国水下考古“经远舰”调查工作纪实报告 / 张瑞著. -- 天津：天津大学出版社，2020.1（2021.4 重印）
ISBN 978-7-5618-6615-3

Ⅰ. ①再… Ⅱ. ①张… Ⅲ. ①沉船—考古发掘—调查报告—辽宁—清代 Ⅳ. ①K875.3

中国版本图书馆CIP数据核字(2020)第003564号

摄　　影　张　瑞
水下摄影　黎飞艳
制　　图　刘烜赫
主　　审　周春水

策划编辑　黄　莹
责任编辑　黄　莹
装帧设计　谷英卉

出版发行　天津大学出版社
地　　址　天津市卫津路92号天津大学内（邮编：300072）
电　　话　发行部：022—27403647
网　　址　www.tjupress.com.cn
印　　刷　北京盛通印刷股份有限公司
经　　销　全国各地新华书店
开　　本　185mm × 260mm
印　　张　17.75
字　　数　443千
版　　次　2020年1月第1版
印　　次　2021年4月第3次
定　　价　97.00元

再见经远

张瑞 著

——2018中国水下考古“经远舰”调查工作纪实报告

天津大学出版社
TIANJIN UNIVERSITY PRESS

本书由国家文物局
水下文化遗产保护中心
资助出版

序

经历风雨，始见彩虹

1894年9月17日，中、日海军主力在黄海北部大东沟南部海域（今鸭绿江入海口南）展开激战，北洋海军的经远舰与致远舰曾编为一组协同对敌，在海战后期致远舰沉没后，经远舰被日本四艘主力舰只围攻，最终被击沉于大连庄河黑岛附近，绝大多数官兵与舰同沉。在此之后的一百二十多年里，由于局势动荡，资料缺失，有关经远舰的论述已众说纷纭，沉没的准确位置不详，水下舰体情况更是不清楚。2014年8月底，借助调查致远舰之机，水下考古队依照零星的资料线索，临时在黑岛附近进行搜寻，很幸运地找到部分尚露出海床的铁船残骸。经过前期的工作筹备与方案报批，2018年夏正式启动对此艘沉船的考古调查。本次考古工作由国家文物局水下文化遗产保护中心、辽宁省文物考古研究所、大连市文物考古研究所三家联合，借调20余名全国各地的水下考古队员，历经近两个月的艰苦调查，幸运地在泥下6米多深位置发现“经远”铭牌，由此确证沉舰身份。其后，又对舰体残存情况及艏部、艉部进行了摸底确认，并提取出水文物500余件，赶在十月北方天气彻底变冷之前顺利结束水下考古调查工作。

一线水下考古颇具挑战，身为项目领队感受颇深。“经远舰”考古或许是本人最有压力的一个项目，不同于“致远舰”考古调查工作有一个“试水”过程：按三年开展工作，有较长的时间进行规划与调整。事实上，经远舰考古调查只有一次机会，没有时间容许“纠错”，这么大的舰船该从何处着手开始调查？在短短的两个月时间，需要清开厚厚的泥层进行考古观测，颇费思量，这牵涉如何精准选择沉舰调查部位，因为每个点位的选择都意味着接下来半个多月的工作时光：抽沙清淤与考古观测。也许有惊人发现，也许一无所获，但半个月时光却已流失。在这里非常感谢关心支持考古工作的各级管理部门，诸多参与实际考古调查的水下队员，提供现场支持的“中国考古01”船，承担专业抽沙服务的广州打捞局，现场操作水下三维声呐的舟山遨拓海洋工程技术有限公司，进行宣传直播报道的央视团队与现场嘉宾，当地政府、海事部门以及提供住宿与诸多帮助的黑岛度假村；等等，共同推动调查工作进展。其间，调查团队一起探讨沉舰在海底的可能埋藏情况，推演海战细节，剖析舰船构造，比对武器装备乃至少量海捞沉舰实物等等诸多材料，所以在很短的时间内就确定了沉舰翻扣海底的沉态，为后续的考古调查指明了目标。很明显，在舰体翻扣状态且舱内灌满淤泥的情况下，人是无法进入船舱进行探寻的。基于经远舰海战时位处阵列左翼，右舷侧的铭牌或许未受炮击而得以保存。在思考了一个晚上后，本人最终决定去寻找可能存在的右舷侧铭牌。即使铭牌无存，也需要找一个部位深抽下去，以此探明舰体被埋泥中的确切深度，不至于纯粹浪费时间。自然，铭牌保存还与翻扣状态及内凹舰墙有关。如果战舰的沉没方式为正沉，位于高处的铭牌就会直接暴露于海床面，由于海蛆啃食以及海水浸泡劣质化等原因，木质舰铭牌会很快腐烂，经远舰沉没状态为倒扣，舰铭牌被深埋在泥土中，反而得以保存。战舰在翻扣时，外悬的舰侧铭牌很容易被泥土刮掉，而经远舰悬挂铭牌的甲板舷墙正好为内凹设计，翻扣之时铭牌不曾分离。诸多因素导致这应当是目前唯一幸存的北洋军舰铭牌，这也是本次水下考古调查中非常重要的发现。

经远舰沉没地临近海岸，水质浑浊，本次水下考古借助声呐仪器进行实时观测与定位，有的放矢地布设调查区域，竭尽所能在无能见度的海底环境里开展考古，并做好一切工作记录。至于潜水方面的风险及每天的发现，在本书中均有详尽的描述。其间，可见风浪的频频袭扰，团队对调查工作的尽心尽责，解决突发问题的群策群力，可见为获取一张水下照片所做出的种种努力。2018年的黄海，可谓饱经风雨，一个夏季竟然有三个台风能横扫到中国黄海海域，尤其正面袭来的 “苏力”，给本就时间紧张的水下考古工作再平添难度。有言道“不经历风雨，怎么见彩虹”，“经远舰”水下考古调查发现也得到了同行及社会认可，并入选2018年度全国十大考古新发现，能亲历此项工作本人倍感荣幸。甲午海战牵涉厚重的民族情节，“前事不忘，后事之师”，参与考古的调查人员更是感同身受。

水下考古需要人为穿戴装备下到海里去观测遗迹，潜水的风险加上考古探究的乐趣吸引着世人的目光，但要写好水下考古的工作与故事却颇为不易，需要集历史性、科普性、文学性于一身，以至雅俗共赏。水下考古通俗作品甚少，本书采用日记纪实的形式，与读者分享经远舰水下考古工作经历，并穿插甲午海战知识，不乏广度与深度，读者在体会考古乐趣的同时，也能增长对甲午海战与北洋军舰的见闻，作者行文言辞热切，文章的字里行间洋溢着作者对水下考古与甲午海战的真实情怀。

在将来翔实的水下考古报告公布之前，本书是率先了解经远舰水下考古调查工作始末的佳作，欣然为之序。

周春水

2020年1月1日

张瑞

1979年6月生，天津市人，2003年毕业于西北大学考古学专业，获考古学学士学位，2009年获吉林大学考古学及博物馆学专业历史学硕士学位，馆员。现任职于天津市文物管理中心，天津市文化遗产保护中心。主要工作内容田野考古发掘，考古摄影，水下考古摄影。为中国水下考古专业技术人员。

自2009年全国第五期水下考古专业人员培训班结束后，先后参加了广东、福建、浙江、山东、湖北、河北、天津和辽宁等省市的水下考古调查工作。其中，参与的“南澳一号”水下考古发掘项目、“致远舰”水下考古调查项目和“经远舰”水下考古调查项目分别获得同年度的全国十大考古新发现称号。

联系方式：

天津市和平区贵州路58号 天津市文物管理中心 考古部

邮箱：zhangrui79@126.com

微信号：zhangrui790608

今日头条、百家号、微博、微信公众号：水下考古张瑞

自述

我清晰地记得两年前那个夏末的午夜，那时三个多月的“致远舰”水下考古调查工作刚刚结束。映着淡淡的月光，当面孔黝黑但两眼闪光的周春水领队开口问我有没兴趣继续参加以后的“经远舰”考古调查时，我没有丝毫的犹豫就答应了。两个月前，领队正式在电话里用刻意平静的声音问我：“今年的‘经远舰’调查工作能不能参加？”我的回答是：“这是我的荣幸。”电话那边传来了他开心的笑声。至此，我与“甲午沉舰”的这份百年情缘再度开启；我与水下兄弟们的这份战友情谊再添浓重一笔。

整理好行囊，收拾好心情，踏上北上的列车，奔向那魂牵梦萦的黄海海上，再度投入新一季的充满未知、又满怀期待的水下考古调查工作。请诸位跟随我的脚步一起出发，听听一名水下考古人的心声，一起探究充满神秘色彩且又科学严谨的水下考古工作，一同揭开封存海底一百二十余年的历史谜团，让“经远舰”再度回到世人面前，共同见证这一激动人心的历史时刻……

目录

参与调查人员在队旗上签名留念

水下考古抽沙工作示意图

刘烜赫制图

整装出行奔赴辽宁水下考古工地

2018年8月1日 晴

受国家文物局水下文化遗产保护中心邀请，天津市文物管理中心委派，我将要参加2018年辽宁庄河水下考古调查工作。

今天是出发的日子，即将前往辽宁庄河报到，开启我今年的水下考古调查工作……

时间回到昨晚，天津的天气依旧是闷热无比，在这炎炎的夏日里收拾行囊，准备离家去远方出一次长差，此时此刻，心情其实是既兴奋又焦虑的。一方面，自从2009年加入中国水下考古队伍以来，骨子里面总是充满着对这项事业的喜爱与期待之情，每一年参加水下考古工作的经历，都最终化作一段段愉快而美好的时光记忆，这些水下工作经历已然成为我人生记忆里如同珍珠般的闪光片段；另一方面，自己现在已经是“拖家带口”，为人夫、为人父、为人婿、为人子，面对体贴的妻子、两个撒娇的孩子、年迈的岳父母，作为爸妈唯一的儿子、整个家庭的顶梁柱，自己内心的牵挂与不安，想必也只有同我处境相同的双独家庭的子女们才能够深切体会吧。看着老婆细心地帮我把夏装秋装一套一套地往箱子里面装，她那份担心与牵挂就像这箱子里的衣服层层叠叠地堆积起来。老婆虽然内心忐忑，但还是开开心心地对我说，家里有我呢。父亲话不多，也只是轻松地对我说不用担心家里，出去安心工作，就像之前去水下工地一样开开心心地专心工作，照顾好自己就好，家里没问题的，放心吧……

离开家人和年幼的孩子对于我这样超级恋家的人来说真是一个不

大不小的挑战，父母和妻子都在给自己打气，但是内心的牵挂丝毫也无法减轻。其实自己早已经知道照顾家人和参加水下考古工作肯定是不能两全的，所以这种心情也只能暂且放在一边，可真到马上就要分开的时候，内心的“纠结症”又犯了，搞得自己整晚都睡不着觉。后半夜实在是太困了，但也在迷迷糊糊中一直跟家人道歉：“辛苦啦。”

我家离火车站不远，从家到天津站后广场也就是个出租车起步路程的距离。约好出租车，背上背包，推开家门，转身跟孩子挥手道别的时候，父亲一把拎起我最重的旅行箱，大步流星地走出了门。任凭我怎么喊他，固执的他坚持拎着我的箱子一步步往楼下挪。黑色的箱子、灰色的楼梯、花白的头发、洗得发旧的蓝色“中国水下考古”T恤，再加上紧握栏杆的大手和有些蹒跚的步履，此情此景像极了朱自清《背影》中的画面——泪水也同样模糊了我的双眼……

候车的时候，我给自己拍了一张大头像，我很少剪很短的头发，这次头发剪得这么短只是为了免去工地理发的麻烦，潜水时也不用纠结面镜因压住头发而进水。闷热的天气已经让我满头大汗，但此刻的心情反而无比轻松起来，想象着即将与其他进行前期准备工作的队员会合参加今年的“经远舰”水下考古调查工作的场景。这可是在2016年“致远舰”水下考古调查工作之后的再度重逢，时隔两年，同一群兄弟们又一次在这片海域集结。这样想着，骨子里的那股干劲儿已经上来啦。今年的目标只有一个，搞清楚这条沉舰的保存现状以及获取每一个指向“经远舰”的相关证据。

2018年8月2日 晴

今年夏天的天气格外闷热难耐，现在又正值暑假，所以北上进入东北避暑旅游的家庭非常多。我提前几天也没有买到合适时段的动车票，无奈买了一张开往沈阳的慢车卧铺票，下午出发，得在火车上睡一觉第二天早晨才能到达沈阳。其实坐绿皮慢车也是很不错的选择，既可以慢悠悠地享受沿途的风景和旅伴们谈天说地，也可以舒服地躺下休息享受一个人的安静，很是惬意。

这看上去很是怀旧的绿皮火车经过一个晚上不急不火的颠簸与喧闹，在清晨宁静的薄雾里带着几许沧桑缓缓地驶进了沈阳站。我拖着行李箱，背着背包走出车站，算算还有一个多小时的转车时间，便先找了一家麦当劳店，独自一人坐在餐厅窗边的位置，迎着初升太阳散发的金黄色的晨光，一边看着沈阳站广场上来来往往的人们，一边慢慢品味着我的早餐。也许是清晨湛蓝的天空配上金黄色的晨阳洒满整个广场的景色人拉美丽，也许是经过一整晚的颠簸使人感觉更加有食欲，也许是陌生而新鲜的环境更能让人增添几分兴奋，总之，我感觉这顿早餐吃得格外的幸福与满足。

吃过早餐，我再次出发走进沈阳站。这次，从沈阳赶往庄河我买到的是动车票。坐上动车，慢节奏的旅行感觉一下子就改变了，飞驰的动车带快了我的节奏，感觉只凝神相望于窗外绿野丘陵片刻，就来到了辽东半岛偏居一隅的庄河。我下了车，拉着行李背上背包，闲庭信步走出了车站大门，立刻就感受到了庄河的热情——我浑身冒汗地站在了三十八九摄氏度的高温中，脑子里充斥着疑惑——东北这里怎么这么热？开始严重怀疑自己是不是来到了假东北，原本心里盘算着跑到东北来避暑的，现在天气居然比天津还要热。

出了庄河站检票口，得知需要等待下一班坐动车过来的广东代表队成员黎飞艳、张海成和余万勤。这三位可都是广东省水下考古队中的实力派，也是辽宁省“致远舰”水下考古调查项目里的老队员了。2016年开展“致远舰”水下考古调查工作时，大伙就并肩战斗过三个月。他乡遇故知，堪称人生一大喜事，想想一会儿又要和他们见面了，心情格外激动。老朋友们千里来相聚，全仰仗这次辽宁庄河“经远舰”水下考古调查项目。激动与期待的心情不必多言，眼下出了车站我放眼望去，气势恢宏的现代化动车站广场一览无余，找不到任何可以躲避太阳的地方。无奈之下我只能又跑到售票大厅，庄河车站的售票大厅里没有中央空调，这个大厅的温度也就比外面稍微好上一点点吧。听着广播里面主持人介绍说东北地区现在空调已经脱销，安装空调的师傅也已是严重不足了。心里想也许这地方往年根本就没有这么热，所以大多数地方没有装空调吧。

东张张西望望，转眼间人都到齐了，“小鲜肉”滕磊师傅开着辆老别克也赶到了。一车人早就把这炎热的天气抛在了脑后，有说有笑的。我们在庄河美滋滋地吃了一顿大肉面后，就马不停蹄地赶往海边驻地黑

岛旅游度假村，那里是2018辽宁庄河“经远舰”水下考古调查工作队本年度发掘季的临时驻地，也是我们在未来两个多月里“经远舰”水下考古调查工作的岸上后勤保障基地。

初到黑岛熟悉工作环境轻松愉快

2018年8月3日 晴

黑岛，位于辽东半岛大连与丹东之间的庄河市。此地山峦起伏，纵横交错，其中凤凰山为黑岛明珠。我们的临时基地就设在黑岛最靠近海边的黑岛旅游度假村，步行30分钟到码头，那里是距离码头最近的居住地。据公开资料显示，黑岛历史悠久，早在距今6500年前就有原始人繁衍生息，位于黑岛镇的北吴屯遗址已引起海内外考古学家的关注。从百度搜索到的信息里还记录着，1894年9月17日于大鹿岛至黑岛南海海域发生了震惊海内外的中日甲午海战，“经远舰”管带林永升及舰上200多名将士最后与舰同沉，地点就在老人石附近，那场战争最终仅十余位水兵幸存，由黑岛渔民营救上岸，战后在此修有祠堂，但日久荒芜。1997年5月，黑岛镇政府在这里又重新立起了林永升塑像，大连市委、市政府确定此处为“爱国主义教育基地”。同一水域，解放战争时，“宋美龄九号”轮船误航至黑岛东南处触礁搁浅。2014年，考古队在黑岛老人石旁边用物探方法找到一艘钢铁沉船，我们这次的工作目的，就是要以这些信息为引导，确认钢铁沉船是否就是期望中的经远舰。

一大清早，大家匆匆吃完早餐就赶往码头出海，由于工地只有一台别克7人座，拉上工具设备后就坐不下几个人了，大家很自觉地一起走去码头。我们今天的任务只是让所有队员都到沉船位置水域去观察了解一下潜点的大体情况。码头很小，平时就只是为出海打鱼的船只服务的，最大的问题是水深比较浅，只容小型船只进出，并且进出码头的时间只能是每天的两个高平潮时间，严重受制于潮汐。这个渔港码头是私人所有的，港口设施非常的简单，只能满足简单停靠，剩下的进出港和设备补给上下船等各种问题就只能靠我们自己解决了。

要说这渔港码头风光还是很不错的，一排排的渔船安静地肩并肩停靠在码头里，与静静的水面交相呼应着的淡蓝色的天空中飘浮着团团的云。离开大城市钢筋水泥的压抑生活环境来到这里，一下子感觉身心轻松愉快，一望无际的视野让我的心情倍感释放。我们的交通后勤保障船依然是致远舰工作期间全程参与的丹东渔船——丹渔0859号。这是一条船长18.52米，船宽4.75米，型深1.70米，吃水1.22米，总吨位29吨的木质渔船。船长王双家依旧身手矫健，开船系缆一个人一气呵成。据说今年他的这艘看上去已经有些破旧的渔船已经更换了全新的大马力柴油发动机，

大家都戏称这条渔船是渔船界的法拉利，很霸气地能跑到十节的航速。我们调侃老王船长要是现在再去朝鲜附近海域打鱼就安全多了，他铁定比别的渔船跑得都快。渔船拉着我们一船的队员在海上跑了四十来分钟就到达了老人石水域，今天的老人石映衬在碧海蓝天中显得格外的安宁，无风无浪晴空万里。眼前的老人石迎着阳光傲然地站在这片蓝色的大海中间，想象着我们船下谜一样沉睡的战舰，我内心的探索欲仿佛一下子就被点燃了，对这次水下考古调查工作充满了无限的期待……

晚上吃完饭，大家兴致不减，一起上山散步。黑岛旅游度假区里的风景还是非常美丽的，近乎原生态的山上植被茂密，曲径通幽，颇有几分自然之美。景区里辟有几个小景点，其中狐仙庙是其中最为重要的一个景点了，周边绿树成荫。站在狐仙庙门前面朝大海，春暖花开，视野无限，远处老人石水域尽收眼底。大家就这么慵懒地坐在庙门前，聊聊天，吹吹海风，欣赏着海山之间的落日余晖，很是惬意。

对于即将开始的工作，领队周春水（我们都叫他水哥）这次组建了一支老中青三代结合的队伍。我们大家彼此了解且信心十足，毕竟这是一支经验丰富的成熟队伍。2014年至2016年，这支队伍的骨干力量成功地完成了“致远舰”水下考古调查工作。此次这艘未确定的钢铁沉船位置也处在同一海域，距“致远舰”不远，而且沉深更浅，理论上讲工作会容易一些。所以，眼下大家都是显得一脸的轻松。殊不知，在后面的工作中，历史的极端天气正在向我们步步紧逼，史无前例的台风一个接着一个排队登陆辽宁，给我们的工作带来了巨大的困扰，这些都是后话了。对于眼下的我们，今天晚上相对凉爽的海风吹散了白天历史极值的高温，带给大家些许的凉爽，真是难得的享受。

暮色渐浓，大家陆续下山回宿舍休息。我趁着水哥还没休息的空隙，抓紧时间跑到他的宿舍想提前了解一下沉船点的近期情况。正巧，朱世乾也来了，水哥给我们大体上讲了一下调查期间的总体思路和大致

的工作目标。任务很简单，就是要搞清楚沉舰的沉态与残存尺寸，提取各类相关文物，最好能够找到明确沉舰身份的物证。你们看，任务多简单，这就是此次“经远舰”水下考古调查工作的目标任务。话虽说得很简单，但是实际操作起来就不是用嘴说说这么简单了，之后我会详细地记录这次工作的一波三折和惊心动魄……

就像大战之前的平静，所有人都在静静地等待着，准备着，内心也有着无限的激动与期待，水下的神秘与未知牢牢地吸引着我，正是这份神秘感时刻萦绕在我的心头，紧张与兴奋中夹杂着对未来工作的期待。

周春水

1973年1月出生，四川蓬安人，1995年7月毕业于厦门大学历史系考古学专业，获历史学学士学位，研究馆员，现任职于国家文物局水下文化遗产保护中心。工作内容涉及水下考古、水下文化遗产保护领域，侧重于海洋文化、古代沉船考古与航海史迹、东南陶瓷贸易、近代大型钢铁沉舰、水下考古技术等方向，具备氦氮氧深潜60米、船潜51米的资质。

自2004年参加第三期全国水下考古培训后，几乎参与了历年来所有的国家水下考古项目。如：福建平潭碗礁一号沉船发掘、海南西沙华光礁一号沉船发掘、广东南澳一号沉船发掘、浙江宁波小白礁一号沉船发掘、湖北均州古城调查，以及黄海甲午沉舰遗址调查等。

其主持过的水下考古项目荣获奖励情况如下：2012年“南澳一号”明代沉船水下考古项目获评2011—2015年度田野考古三等奖；2015年辽宁“丹东一号”清代沉船（致远舰）遗址调查、2017年四川彭山江口明末战场遗址发掘、2018年辽宁庄河甲午沉舰（经远舰）遗址调查三次荣获该年度的全国十大考古新发现。

看过今天的老人石，我躺在床上辗转反侧，真的希望能够早些见到海底“经远舰”的庐山真面目。

2018年8月4日 晴

今天是我来到黑岛的第三天，目前这里的气候与我想象中的简直就是天壤之别。房间潮湿情况堪比广东、福建，满屋子的潮气，地板整天都是一层水汽；房间外烈日炎炎，炙烤无比，动一动就浑身是汗。我开始严重怀疑自己这是来到了假东北，本想着从天津北上，来到一个海边避暑胜地，未曾想东北今年气温屡创新高。眼下在中央气象局公布的全国最高气温城市排名中，辽宁省各位兄弟城市独占七位，堪称史无前例了。大家一致觉得今年来到了假东北，避暑计划宣布告吹，如意算盘全部落空。张敏博士（又叫敏仙）感慨：我这是从南京大火炉跳到了一个更大的火炉子里。

透过窗户向外望去，此刻的黑岛真是阳光明媚、碧空如洗，湛蓝湛蓝的天空纯净度绝对能达到VVS级（钻石的净度等级），那种通透的感觉美得让人窒息。正欣赏着美景，微信群里通知准备卸货。原来是从威海水下考古调查项目工地转运过来的设备快到了，待货车到达驻地，所有队员顶着将近40℃的高温，把车内物品卸下分堆，需要留在驻地的先放下。车子再开到码头，将海上工作用的设备卸到码头，再搬上渔船，所有工作都是靠人抬肩扛，映衬着天气，大家也都干得热火朝天。因为潮汐的原因，码头的水位不断地随着潮汐起落，我们到的时

候还是低潮位，渔船坐底斜躺在港内，甲板距离码头还有一段高差，渔船上又没有起重设备，空压机这么重的东西真没办法直接抬上船，黎飞艳（队内又叫黎总）指挥大家使用绳索起吊，队员们排成一行拉着绳子，这一串硕士、博士水下考古队员们干起码头装卸的工作来也是有模有样。等全部设备安全转移至渔船后，大家坐等涨潮出海。

整个辽东半岛东岸都是这种浅泥滩地形，海水涨退之时能漫延数里，泥滩松软时无法行走，只有等海水涨起，小船才能抵达岸边。甲午海战时，日本陆军从花园口登陆，一万多人，用时半个多月，正是受限于这种海滩，只有每天涨潮的两三个小时里能用小船送一点人与装备上岸。

等不及海水全涨起来，王船长就发动了机器，螺旋桨搅起股股浑浊的泥浆，船底蹭着渔港底泥就载着大家和一船的设备物资出海了。湛蓝的海水和湛蓝的天空组成的海上风景那是没得说了，当然这气温也同样高得没得说了。大家尽量躲着阳光，找个稍微舒服的姿势忍一忍也就能到工作船了。我们这次的工作母船是一条甲板货船，船号“浙奉662号”（浙奉662，甲板货船，上甲板长76.95米，船宽16.16米，型深6.5米，总吨位2239吨）。相比于2000多吨的浙奉662号工作平台，不到30吨的丹渔0859号渔船显得非常娇小。各位看官也都看到了，渔船甲板与662号甲板高度差有3米多，队员们需要靠人力一件一件地把各种设备用绳子拉上工作平台，平台上负责抽沙的广州打捞局潜水员也帮忙往上拽，大的

张敏

1986年1月出生，山西太原人，毕业于南京大学考古学专业，博士学位，现就职于扬州市文物考古研究所。自2015年起先后参加江苏明清海防调查，水下文化遗产调查和太湖古航道水下考古调查工作；参加了广东上下川岛水下考古调查；辽宁丹东一号（致远舰）水下考古调查；辽宁绥中海域水下遗存调查；2018年西沙文化遗产调查；山东威海定远舰水下考古调查；辽宁大连庄河（经远舰）水下考古调查。

黎飞艳

1964年9月出生，湖南汨罗人，1982年参军入伍，1986年退伍转业，现就职于广东省文物考古研究所。2005年参加广东省水下考古专业技术人员培训班。2007年至2016年参加广东南澳一号水下考古调查、发掘以及后期整理工作；2011年至2017年陆续参加了天津大沽口、韩国马岛沉船、江西鄱阳湖、湖北丹江口水库、辽宁绥中姜女石、广东上下川岛、辽宁丹东一号（致远舰）、浙江宁波小白礁一号、海南西沙金银岛和辽宁大连庄河经远舰等众多水下考古调查与发掘项目，是历次国家级、省级重点水下项目工作队中的水下摄影师。黎飞艳为本书水下照片摄影作者。

空压机则只能用长臂挖掘机来起吊了。托今天天气的福，海上风平浪静，这项工作可以稳稳当当、安安全全地完成了。

所有物资设备上船之后，需要找合适地方安置下来，我们要登记并设立备品库、充气站、人员安置宿舍等等。这次的备品库需要搭建一个行军帐篷，虽然已经到了中午吃饭的时间，可是大家仍然坚持把帐篷搭建好再休息。我们在集装箱房与甲板围挡之间顶着正午的烈日就地搭建帐篷。帐篷搭好后，将各种物品往帐篷内搬，此时帐篷内的闷热程度已经到达让人难以忍受的程度了。

工作基本完成了，今天中午在船上吃了第一顿海上工作餐，因为实在是饿得不行了，也热得够呛了，今天的午饭我是狼吞虎咽地吃下去的。饭菜算不上好吃，但是还是荤素搭配、比较有营养的。炒青菜、拌木耳加上清蒸鱼，一大碗米饭再来一大勺汤。我、张海成还有几位队员是在集装箱房里吃的。这个集装箱里摆放了四个上下铺，要睡七位水下考古队员。现在这里面已经安装了空调，比外面要舒适得多。这个集装箱房也将是我们未来很长一段时间里的安乐窝了。生活环境虽然有些艰苦，但这就是我们目前水下考古

海上工作现场的实际情况，我也相信大家会在这里度过一段美好且值得回忆一生的快乐时光。

吃完午饭，因为要等待高平潮才能回港，大家只能各自想办法找个地方稍事休息。等我们再返回驻地时已然快到晚餐时间了。晚饭后，领队周春水召集大家来到二楼小会议室开会，这间所谓的会议室其实就是之前度假区经理的一个小办公室，房间不大，一个写字台、一个三人沙发、外加两把小围椅几乎占满了整个房间。大家或坐或站地挤满了屋子，水哥没有地方站，他就随性地一下子半坐在写字台上，脸上洋溢着开心的笑容。他随后跟新到队员介绍起前期到来队员们所进行的准备工作情况。看得出来，大部队主力队员的到来以及所有设备的就位，让他今天的心情格外好。但是准备工作情况还不够完美，浙奉662号平板货船也是临时租用的，目前只上来了4个集装箱，有2个供打捞局潜水员住宿，1个用于厨房做饭（海风阵阵，阴晴难测，无法露天做饭），所以只能给我们提供1个集装箱，最多能安排7位队员在里面住宿。水哥跟

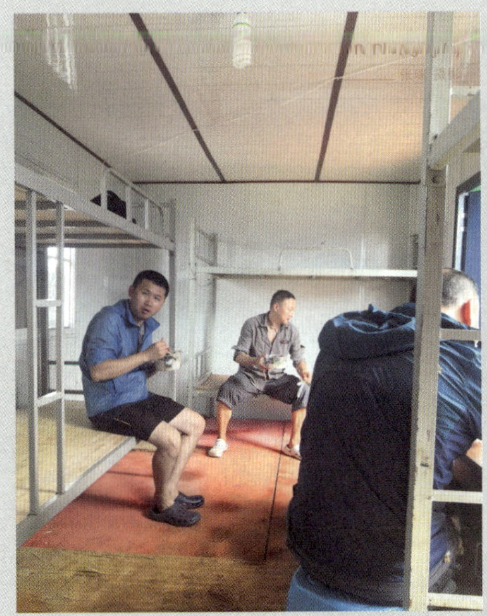

大家解释了一下目前的工作条件，接下来就是工作安排。分两组人轮流上船工作，三天一轮换。这也是现有条件下的最佳安排。在7月下旬，先到的队员用多波束声呐扫测过，在海底发现一个长环状的物体，对照“经远舰”设计图，认为就是经远舰水线位置的装甲防护带，又称为“铁甲堡”，大家坚信黑岛钢铁沉船就是经远舰，难点是如何找到铁证。副领队冯雷来到白板前一边画图一边介绍水下遗址情况，以及清除渔网扫清障碍的工作计划。会议很简短，所有安排也很清晰，大家都非常清楚自己的位置以及接下来的工作。

夜色渐浓，月朗星稀。鲜衣怒马少年时，不负时光不负卿。散会后，水哥高喊自费请大家吃烧烤喝啤酒。在黑岛那迷人的夜色下，吹着渐渐清爽的海风，欣赏着夜晚美丽海岛风景，与水下这群天南海北这么多年一起背靠背舍命相伴的兄弟们把酒言欢，岂不快哉？大家都很兴

奋，聊的什么已然忘却，但是此时此刻的那种感受，将会深深地烙印在我们彼此的心坎儿里，定格在我们彼此的生命中……

2018年8月5、6日 晴

按照水哥的安排，我是第二组上船的水下考古队员，这两天轮休。趁着空闲时间我和几位队员一起跑遍了黑岛海边各处的小景点，欣赏了海岸线上壮美的风光。除了天气炎热让人有些不适之外，黑岛上茂密的植被，海岸线上乌黑的岩石，层层叠叠蓝色的海水，一排排交错前行的白色浪花，映着湛蓝通透的天空和变化万千的云，这一切像风景油画一般。

这次“经远舰”水下考古调查工作我负责水下摄影，轮休期间我开始着手准备，准备把从国家文物局水下文化遗产保护中心转运来的水下摄影器材和工具详细地清点和保养一番，以保证能够随时下水拍摄。没有专门的工作间，只能利用宿舍和我那睡觉休息的硬板床了。我把摄影器材转运箱里的照相机、防水壳、水下摄影灯、各种浮力臂、蝴蝶夹、充电器等等一股脑地全部摊开，在床上逐件摆放整齐。先是清点数目，与发货单核对完毕后，开始逐个逐件地边清理擦拭边检查是否可用。所有器材和零件都要擦洗清理干净，所有密封圈都要拆下来清理干净后上好硅油再安装完好。最后一步是进行水密测试，把防水壳扣好放在水箱里检查密封性。确保没有问题后，再把所有需要充电的器材充好电，重新放回设备转运箱，一切完毕后，就等下次带上工作平台正式开工啦。

这边在驻地轮休的水下考古队员们相对轻松地

度过了两天“悠然自在游手好闲”的好日子。另外有些水下考古队员从八月四号上工作平台运送设备物资后就没有下船，在船上紧张地进行着各种准备工作。其中的核心队员就是王志杰，人称“二哥”。他可是我们水下考古队里工程部的万金油。各种切割电焊他全都会，各种配套工具设备也全都能熟练使用。总而言之，领队水哥跟他讲要做一个干什么用的东西，二哥就自己带领他的小伙伴一边设计研究一边选取材料做好。考古可算是冷门行业，水下考古更是冷门中的冷门，很难买到也没有专门为水下考古设计的工具，只能买近似工具。比如需要一个挖泥的小耙子，可以先买一个松土的小花锄，再将浮力较大的木柄去掉，换一个铁柄，这就需要队内自己加工啦，锯一小段钢管，再焊上去。而这个做好的耙子在这种泥滩海底好用，而换一个沙质海底又不能用了，并且泡几天海水，就又都锈迹斑斑了。所以，整个水下考古工作期间，我们一直都在不停地DIY（自己设计制造工具）。

二哥是这样记录他这两天的工作的。

8月5日，星期日，晴

一大清早，真的是好早，五点多我们几个人就都起床了。简单地吃过早餐后，我们呼叫丹渔0859王双家船长来浙奉662号接我们去做四锚定位。我和朱世乾按照计划用差分GPS对水下遗址进行定位，抛好四个浮标后，已经是早上八点多了。我们通知浙奉662号工作平台船浮标已经抛好。浙奉662号船长按照我们抛好的四个浮标点位，陆续下好四个锚，完成了四锚定位。全部工作完成后，工作平台可以满足水下队员上船进行下一步的潜水工作。我们返航返回驻地，中午在驻地吃午餐。午餐后，领队通知王志杰、余万勤、黎飞艳、冯雷、朱世乾、邱秀华等人上船，带好两三天的换洗衣服。我们第一组人员即刻出发，坐交通渔船又上了工作平台。晚上，同广州打捞局林忠弟队长、余万勤、黎飞艳几个人一起开始了大型过滤水槽的制作。

8月6日，星期一，晴

又是一大清早，我和林队长早餐后就开始抓紧继续焊接大型水槽的工作。这个水槽用于盛放从海底挖上来的淤泥，用水冲洗泥巴，寻找可能夹杂的文物。朱世乾对工作区进行定位抛潜水浮标。水下队员陆续下水进行遗址观察，广州打

冯雷

1974年12月出生，辽宁锦州人，大连海事大学自动化专业学士，现就职于辽宁省文物考古研究院。2004年参加国家文物局水下考古业务人员培训班。先后参加过福建“碗礁一号”清代沉船、“大练岛一号”元代沉船、西沙“华光礁一号”宋代沉船水下考古发掘项目；参加历次海南、福建、浙江、山东、天津和辽宁等省市的水下考古调查工作。2013年参加了桂林甑皮岩水下洞穴遗址调查工作；2010年至2012年主持开展了辽宁绥中海域水下文化遗产调查工作和辽宁丹东大鹿岛海域水下文化遗产调查工作；2007年和2009年，作为教练组成员参加了第四期和第五期国家文物局水下考古专业人员培训班。2010年至2013年先后3次赴肯尼亚参加水下考古工作。

王志杰

1971年9月出生，广东汕头人。1990年12月入伍，东海舰队某部队服役，1994年退伍。现任汕头市澄海区图书馆办公室主任、汕头市澄海区文博研究会秘书长。先后参加广东省“南海一号”“南澳一号”“揭阳潮汕机场”“湖广高铁”“厦深铁路”“广东东平岛核电厂”“南澳大桥”、辽宁省“丹东一号”、天津市“塘沽港区沉船”、湖北省“丹江口库区”、福建省“碗礁一号”“半洋礁一号”“古雷镇海域沉船”、威海市“定远舰”、辽宁庄河“经远舰”等各项国家和省级水下考古调查与发掘项目。

捞局人员陆续下水对水下遗址表面渔网开展清理工作。邱秀华负责全部的潜水气瓶的充气工作。到了晚上，经过了一整天的切割和焊接工作，我负责的大型过滤水槽已经基本完工。并且还紧锣密鼓地完成了潜水准备区放气瓶的凳子的制作、晾衣服的架子的制作以及安装好了最重要的遮阳棚。这是相当忙碌的一天，天气热，太阳毒，流了一整天的汗，感觉身体都被掏空了……

读着二哥写的工作日志，我不由产生了许多的感慨！

我是2009年参加的全国第五期水下考古专业技术人员培训班。我的第一个水下考古工作项目是2010年在现在的国家文物局水下文化遗产保护中心借调期间去广东参加的“南澳一号”水下考古调查工作。我和二哥就是那时候在“南澳一号”水下考古工作时相识的。时间一晃，我参加中国水下考古工作已然将近十年了，陆续参与了广东、福建、河北、山东、湖北、天津、辽宁的水下考古相关项目工作。中国的水下考古工作在很大程度上是由驻地在北京的国家文物局水下文化遗产保护中心领衔组织实施的，来自全国各省市的水下考古队员们克服各种各样的困难，短暂地放下本单位的手头工作，一起参加国家的水下考古项目工作。这群来自全国各地的队员给我的普遍印象就是像二哥那样和善、敬业、充满责任心。水下考古工作的性质决定了这项工作是那么特殊，既有普遍性的大框架流程工作，又在这大框架的工作流程中充满着特殊性与不确定性。每一位队员都有各自的特点和专业方向，他们在这个临时组建的集体中扮演着各式各样的角色，为这个整体性工作默默地贡献着自己的力量。大家都会自觉自愿地为每一次参与的水下考古工作项目努力思考，努力付出，没有攀比，没有怨言。就像二哥他们几位首先上船做准备工作的队员，起早贪黑，顶烈日战酷暑，想尽办法用最快的速度完成领队前期安排的工作，为后面上船的水下队员尽可能地做好所有准备工作。他们不会去对比没有上船的队员这两天一直在休整，自己却在船上全天奋战累得要死。工作能够顺利地向下进行是这群队员们最大的工作动力。一起下水工作，就是把自己的生命交托给背靠背的兄弟，一切工作之中的矛盾与冲突，都会在这份感情之中融化。中国水下考古有着包容并进的人文传统，这份传统就是在浓浓的水下兄弟相互包容信任的情谊中逐渐扎根下来的。我喜欢中国水下考古队伍里的这种氛围，喜欢在水下考古工地工作中体现出来的这种人与人之间的包容与信任的感情。例如，工作期间如果我累了，或者是我心理状态不好，我就可以安心地没有任何心理负担地告诉领队，然后去休息，看着其他队员们努力工作，安心地做些辅助工作，领队和队员都不会责备我。等我状态好了，心理建设强大了，我也会全力以赴，努力承担更多的工作，同时也可以帮助其他队员做好更多的工作。我的前辈老师和师兄们从一开始就是这么包容我的，我也会将这份传统在工作中传承下去，也会这样包容帮助我的师弟师妹们。

每一个年度，我像很多全国各省市的水下考古队员一样只能从本单位出来一两个月的时间，参加国家文物局水下文化遗产保护中心组织的水下考古部分项目。但每一年，我都无比期待这段时间；每一年，我都无比珍惜这段时间……

酷热难耐喜迎风雨 工作交替进行

2018年8月7日 雨

早上一觉醒来，望向窗外，一片阴云密布。

雨，不期而至。风卷着雨滴吹散了连日以来的高温，带来了久违的凉爽，同时也带来了海上一片连着一片的风浪。我们第二组队员本来今天要上船轮换第一组队员的，结果这样的天气，连渔船也出不了海，无奈只能委屈在工作平台上的兄弟们再多坚持一下了。

黑岛旅游度假村里，我们的驻地是一幢独立的小楼，靠近海边，紧临上山的山路路口。在路口旁有一个木质观海小平台，站在这个小平台上可以向下看到弯弯的海岸线，以及远处的庄河电厂。每天电厂那高高的烟囱排出来的烟都可以当作我们的风向标。今天站在观海平台上，可以看到浓浓的低矮的云遍布天空，连接着灰暗的大海，海面上翻腾着一排排、一片片白色的浪花，远处电厂烟囱排出来的烟平平地飘向远方，这已经是六级以上的大风，船长老王很及时地通知我们已经不能出海了。回到楼里，外面的雨越下越大，可以用瓢泼大雨来形容，我们队里唯一的一辆别克7座拉设备的小货车，已经被大雨冲洗得干干净净啦。

一天无事，看书、睡觉、听音乐，不知不觉就到晚上了。晚饭过后回到宿舍，张海成在房间里大声地招呼我们过去，我赶紧起身去看热闹。一进屋，他就用手指着桌面让我看，走到跟前我才发现在一张登记表上躺着一个虫子的尸体。这虫子黑不溜秋的，身上还有棕黄色的霉斑，我立刻想道：这么潮湿的房间死虫子都发霉了呀。海成看我一脸不屑的表情，瞪大眼睛跟我说这虫子是活的，它这是在装死呢！我第一反应是不可能呀，这看上去就是个发霉的虫子尸体呀。我又凑近一段距离，鼻子都快顶到虫子了，仔仔细细地端详了半天也没看出来这虫子是活的。这不可能呀，看着明明就是个发霉的死虫子，这伪装也太逼真了吧。我屏住呼吸，目不转睛地盯了很久，这鬼家伙终于现了原形，慢慢地舒展开来，

站了起来，仿佛一个僵尸又活过来了一样——真是让我感觉太稀奇啦。我们谁都不知道这个虫子是什么虫子，于是赶紧问问其他的兄弟们。不出所料，果然有博学之士，告诉我们这是象鼻虫的一种，咬人，有毒。我的乖乖……海成赶紧拿个矿泉水瓶把这个家伙送走了。

2018年8月8日 阴

今天的天空依旧阴沉，好在风浪比昨天小了很多，我们抓紧时间登船换班。老天不作美，天气阴沉，莫名给工作蒙上了一层阴影，领队的脸上看不到一丝喜悦的表情，站在渔船的甲板上凝视着远方空旷的海面，一路眉头紧皱。

水下考古工作非常受制于天气，海上天气直接影响着工作的开展。随着海上风浪的增大，工作危险系数也呈几何级增加，超过可控范围后，为了保证人员和设备的安全，就只能停止潜水作业。如果风浪再增加，超过船只抗风浪的设计极限，就只能提前回港避风。而每一次避风回港后，就又需要重复做一遍既费时又费力的遗址定点、工作平台四锚定位、抽沙设备安装等准备工作。如果再加上浙奉662号工作平台从庄河港到沉船潜点位置的行船时间，所有准备工作就绪就要花去近一天时间。这就是为什么主持中国水下考古项目工作多年、具有丰富水下考古项目领队经验的水哥，对于眼前

张海成

1979年9月出生，江苏如皋人，广州中山大学人类学专业毕业，现就职于东莞市博物馆考古部。2005年参加广东省首届水下考古培训班。参加“南海一号”“南澳一号”水下考古发掘项目；2014年参加湖北丹江口均州古城水下考古调查；2016年参加辽宁丹东“致远舰”水下考古调查；2018年参加辽宁庄河“经远舰”水下考古调查。

这样的工作境况即便有心理准备，也依旧还是满脸的愁楚。

我们的渔船开足马力，迎着海风向沉船点开去，颠簸了个把小时就到达了浙奉662号工作平台船。两千多吨的工作平台又长又宽，加上已经在四个方向下了四个船锚，它能够稳稳地漂浮在海面之上。相比较于工作平台，我们的渔船就显得很渺小，停靠到平台船舷边上后依然会受到风浪的影响而上下大幅度地波动。再加上渔船甲板与工作平台甲板三米多的落差，人员和设备登船颇见功夫，需要眼明手快，瞅准渔船往上浮起的一瞬间，一把抓紧梯子，然后迅速爬上去离开。这考验着每一位队员的胆识、平衡和敏捷。等我们大家都顺利登船之后，长臂挖掘机把这两天清理上来的附着在沉船遗址表面的渔网吊装上渔船，以便将渔网拉回港口。沉船遗址上面的渔网是我们水下考古队员潜水作业时面临的巨大安全隐患。可以想象在大部分时间能见度都非常差的情况下，大量或悬浮或绷紧且粗细不一的各式渔网给水下考古队员带来的可不仅仅是心理上的压力，而是实实在在的生命威胁。一旦队员被遗址上的渔网缠绕，就好像人背着一堆设备在黑暗中被网兜罩住，要想顺利摆脱，困难程度可想而知。这还不算在水中因为紧张慌乱而碰掉了口中的呼吸调节器而意外呛水，或是碰掉了潜水面罩导致眼睛鼻子进水等等各种情况。打住，打住，光是想想都非常可怕了！我可不能再继续想下去了。往好处看，这两天工作成效显著，打捞上来这么多的渔网，看着都让人舒服。听说随着渔网上来的还有不少被渔网困住的鱼和螃蟹，都被船上的队员们打牙祭了，这也是大海对我们的队员们不畏风浪坚

持工作的最佳奖励了。

水哥上船后没有休息，第一时间就跟广州打捞局的人围在白板前，一边画图一边了解这两天潜水工作的最新进度和遇到的问题。水哥当机立断给出了他们抽泥抽沙的具体位置。平潮时间一到，广州打捞局的同事们就开始忙碌起来。他们把巨大的抽泥管放入了海底沉船遗址预定位置，工程潜水员轮番下水开始进行抽泥抽沙工作。甲板上的后勤人员同时各就各位，空气中立刻出现了紧张严肃的味道，大家也都迅速进入工作状态，所有人的注意力全都集中到了海面之上。

紧接着领队要下水了，他要确认广州打捞局工作位置的准确性以及工作进展，还要观察一下水下沉船遗址情况，为后面安排人员下水工作提供一手信息。在有队员要潜水的情况下，我们的非潜水队员会做好各个环节的辅助工作，各自站好自己的岗位，水面协助人员与观察人员整体合作，确保每一班人员水下安全万无一失。这里面就包括潜水员潜水设备下水前的

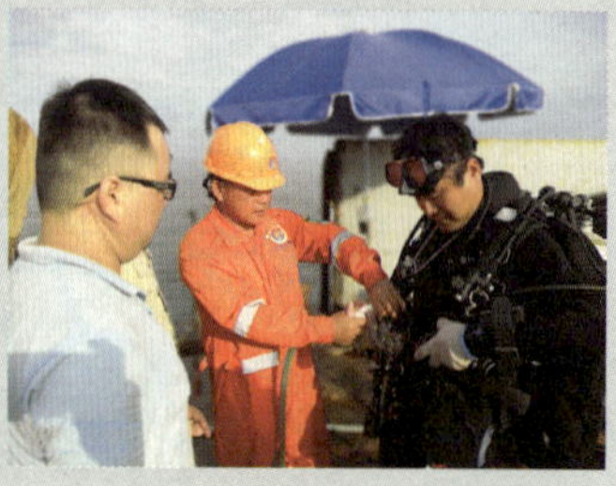

安全检查，下水人员携带工具的递送以及对水下潜水员产生气泡的观察（水面队员通过观察潜水员呼出的气泡来判断水下队员的潜水位置，以及呼吸是否正常）。

广州打捞局大型抽泥管的过滤箱被安排在工作平台船尾的跳板上，前两组打捞局的潜水员在沉船遗址抽泥工作完成后，海水泥浆裹挟着包含物经过过滤网箱产生了大量的过滤物。为了不落下细小的文物，我们水下考古队文物组的队员们开始了徒手分辨清理工作。于海明、张敏、张海成、寿佳琦四位队员蹲在跳板上，一点一点地清理着成堆的黑乎乎、脏兮兮的海底沉积物，在乌黑的海泥与牡蛎贝壳渣滓中仔细地辨别任何舰体本身以及相关文物的蛛丝马

迹，清理出来大量的沉船碎木块和铁构件等相关文物。

等水哥潜水上来后，遗憾地告诉我们水下完全没有能见度，只能靠手摸来了解情况。水哥果断终止了我们这一组人员的潜水工作。他之所以这么安排，也是出于安全的考量，毕竟这是我们这些队员在这个陌生沉船遗址的第一班潜水，在对水下环境不熟悉的状态下，在没有能见度的情况下，贸然下水是相当危险的行为。

下水是下不成了，虽然有些遗憾，但是，饭还是要好好吃的。晚上，船上的帅哥大厨严子明给我们准备了清蒸海鱼、清炒菜心、排骨蛤蜊冬瓜汤和白米饭。广东风味，好吃美味。我觉得比黑岛旅游度假区酒店里面的东北大厨做得要好吃许多。我在饭菜中加上一勺万能调味料老干妈，吃起来有滋有味。

此情此景又勾起了我2010年在“南澳一号”沉船考古发掘工程船“南天顺”号上吃饭时的美好回忆。当时吃着感觉不是很合我北方人的胃口，天天想着吃方便面，但是后来每每再次回想起来，却都变成了美好的回忆。当你习惯了城市里的喧嚣，突然可以面对着辽阔大海，观赏着海上的落霞与海鸥，自己又身处于天天水下相见的巨大沉船的正上方，那心情妙不可言。吃这样的晚餐，不论吃到的是什么，那美妙的感觉是在任何高级酒店都享受不到的，也终将会变成一生最为难忘的美好回忆。

当夜色渐渐降下来的时候，四周的海浪声混合着船上柴油发电机的低吼声，奏起的是一片安宁的时光夜曲。没有什么特别的，就这样安安静静地等待夜幕逐渐笼罩下来，打个海上电话给家人，或者连个海景视频给孩子看看海上落日的壮美，这一天最为惬意的时光就这样慢慢地流淌开来，温暖着浙奉662号工作平台上每一个人的内心，同时也在安抚着远方每一位牵挂他们的家人。

2018年8月9日 晴

今天是我们第二组队员在船上负责潜水工作。我们领到的工作任务是对照2018辽宁庄河老人石潮汐时间表对比观测沉船位置的潮汐表平潮期前后的水文情况以及所有二组水下考古队员们进行本次沉舰遗址工作潜点环境的适应性潜水。也许有人要问，你们都是经过国家文物局严格培训的中国水下考古专业技术人员，同时又有着全国各地丰富的水下考古工作经验，为什么还要进行适应性潜水呢？我可以负责任地对大家讲，在水下考古工作中，每一个工地、每一个潜点、每一条沉船遗址都有着各自的特性。我们每到一个新的水下考古工地都要做几次适应性潜水来熟悉了解工作环境，这样能够最大限度地保障每一位队员的潜水安全，也能让每位队员都能够将后面的工作顺利进行。

大海的潮汐每天都在高平潮和低平潮之间做往复运动，为了能准确把握这个潜点潮汐变化的具体实际情况，我们要结合此处潮汐变化的平潮时间，在前后两个小时之内用手持测深仪和手持流速仪对海水深度和流速进行定时测量。我们把每一个低平潮和高平潮前后的流速都记录清楚后，就能直观地了解到今后这个潜点每个平潮期的具体可工作时长。具体来讲，当流速低于50厘米/秒时，就是我们可以下水工作的安全时

段。领队可以参考我们实际测量的海流变化情况，根据平潮期的时间点安排今后的潜水工作。今天的测量工作由张海成和寿佳琦（昵称寿寿）负责，他俩在平潮期前后两个小时内，每隔30分钟用仪器分别测量水深和流速。

这边我们的水下考古队员一直在观测海流的情况，另一边敏仙博士配合邱秀华正在认真地对潜水气瓶进行充气检查工作。我们各自来到设备间组装着自己的潜水器材，为即将到来的2018年辽宁庄河“经远舰”水下考古调查工作第一潜做着准备。今天这一潜是我来到“经远舰”工地的第一潜，虽然不像前年在“致远舰”工地第一潜时那么兴奋，但是内心也充满着美好的期待。想象着这样一艘巨大的战舰此时此刻正安安静静地躺在十米下的海床上，等待着我去探索它保存的无数秘密，这些让我内心无比澎湃。

不知不觉中，太阳已经爬升起来了，寿佳琦在甲板上高喊可以下水啦——我们这组已经穿戴好潜水衣准备下水的队员就背起装备陆续

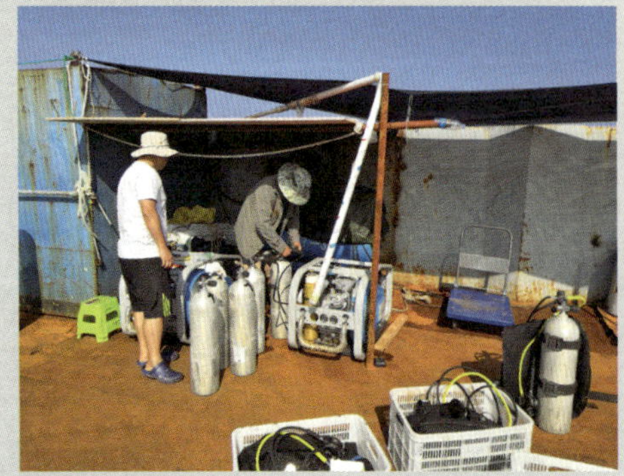

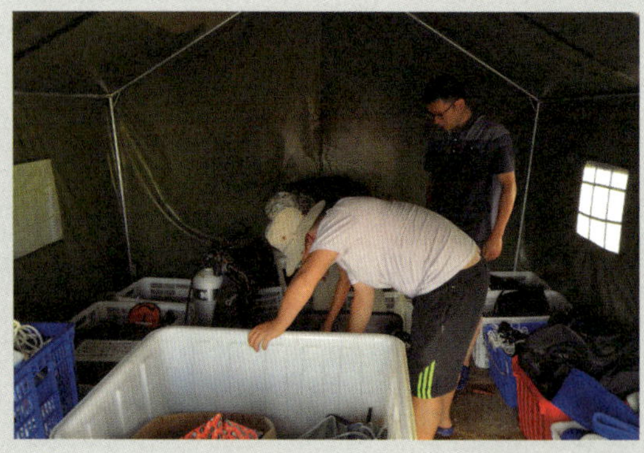

下水了。今天和我一起下水的是张敏和张海成，我们三个人一组，下水的主要工作就是了解海底的实际情况和熟悉潜点环境，适当进行水下探摸。可能是由于内心比较激动，下潜时动作有些着急，耳压平衡没有及时做，等到下潜到6米的时候才感觉到右耳鼓膜有点疼，我赶紧停止下潜，在下潜绳上用力做耳压平衡。还好没有费太大气力就把耳压平衡了。说说今天水下的情况吧，下潜到沉船之上后，海底的能见度正如我们的预期一样不是很好，能见度很差，只能看见眼前20~30厘米，水中有很多的悬浮物。就在我们入水点位置，刚刚下去时还能近距离看见部分高出海床的舰体铁甲堡，那铁甲堡非常宽厚，钢铁在海水的腐蚀下锈迹斑斑，上面布满了各种海底生物。随着打捞局那边重潜潜水员的抽泥工作的进行，顺流而下的悬浮物越来越多，能见度也逐渐降到零。我悬停在沉船边上，扶着“铁甲堡”，想了解一下海床表面沉积物成分的大体情况，于是我双手就顺着“铁甲堡”钢铁外壁往下摸，一直用手摸到了“铁甲堡”与海底平面的结合处，用单手在海床表面往下挖，最后一直挖到整个胳膊都已经埋进海床里才最终放下手头工作。在完全黑暗的情况下，我只能用手感觉，手感觉到的都是细细的海泥夹杂着大量的牡蛎贝壳，从表面向下一米多没有任何变化。临近出水时间，我拍拍厚重的船体，心满意足地上水了。这一潜总共潜水25分钟，最大深度9.8米，水温有25摄氏度，能见度最大0.3米。对于我今天的“2018经远舰遗址调查工作第一潜”，虽然视觉上没有完全看到太多的沉船状态，但是能够亲手抚摸一下这么沧桑的埋藏在海底的战舰，激动的心情久久不能平静，我对这一潜感觉还是相当满意的。

出水之后，大家简单地在水房里冲了个淡水澡，我们的队员们就又开始对后甲板过滤槽淤积的海泥渣进行筛选，我们很清楚这项看上去有些脏乱的周而复始

寿佳琦

1984年12月出生，河南开封人，郑州大学考古学及博物馆学学士、历史学硕士，就职于海南省博物馆。2011年参加国家水下文化遗产保护（考古）培训班；2014年至2016年参加辽宁丹东“致远舰”水下考古调查项目；2017年参加湖北丹江口均州故城水下考古调查项目；2018年参加山东威海“定远舰”水下考古调查项目；同年参加辽宁庄河“经远舰”水下考古调查项目。

邱秀华

1961年12月出生，福建福安人，现就职于福建省文物考古工作队。自2003年至今从事中国水下考古工作以来，曾参加过广东省“南海一号”水下考古调查项目，福建省平潭水下考古发掘项目等中国水下考古工作。

的工作将延续整个工期。大家都很齐心，不会把这项工作完全丢给文物组队员们去做，不论是哪个岗位的队员，只要有时间就会加入进来，大家齐动手，人多好干活儿。今天我们找来了船上的一个抽水泵，接上了后甲板工作间的电源，用海水一边冲洗淤泥，一边分拣文物，工作效率成倍地提升了。

夕阳西下，又到了海上晚餐的时间了，我端着晚餐来到船边拍了一张和在“南澳一号”沉船考古工地“南天顺”号工作平台时一样的照片。看着海上落日，看着归港的渔船在碧波尽染的大海中摇曳，此情此景是何等的相似。那年的我是中国水下考古工作队里的新兵，此时的我已经是经历了九年时间通过各地水下考古调查发掘项目工作磨砺成长起来的中国水下考古队伍里的老队员了。细想起来，我现在不仅要做好自己在队内的本职工作，还要更多地去关注队内年轻队员的方方面面。这是一项艰苦严谨而又时刻充满危险的工作，俗话说水火无情，安全问题从来都是我们中国水下考古工作队内头等重要的问题。要让每一位队

员，不仅能完成好每一天、每一项具体工作，更要能平平安安地潜水，高高兴兴地回到牵挂他们的家人身边。突然感觉这已经是我这样一个中国水下考古老队员肩上应该扛起的一份责任了。

2018年8月10日 晴

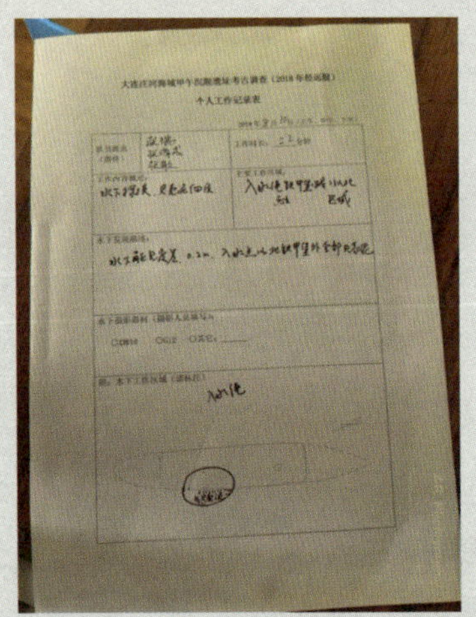

今天天气晴朗，风平浪静，是一个潜水的好天气。按照昨天的分组，我们继续下水探摸，熟悉沉船区域水下情况。受限于整个遗址上还有一些渔网没有清除，再加上能见度依旧没有转好，我们的水下行动受到了很大的限制。大家在水下都非常小心，靠手摸逐步沿着“铁甲堡”向前移动，以此来判断大体的情况和状态。要说不紧张那是不可能的，我只能尽量压低这种紧张感，让自己慢慢地放松下来，大脑尽可能冷静，充分相信自己和潜伴的经验与能力，稳扎稳打，在水下做正确的事情。我们三个人这一潜，对“铁甲堡”东侧入水绳以北的区域进行了部分探摸，用手基本上摸出了裸露在海床上的“铁甲堡”形态以及保存状况。相比较于昨天的紧张与兴奋的状态，我感觉自己今天已经大为好转，慢慢地开始进入了工作状态，通过这一潜对“经远舰”沉船遗址又增加了几分亲切之感。

等我们上水收拾完毕后，老王开着他的丹渔0859号把岸上驻地的水下考古队员连同大量的淡水补给捎过来了。领队还带上了两个全新的GPS，按照领队的要求，我们这次工作要同时使用两台GPS，这样我们工作平台就可以用双GPS完成工作平台方向

定位。一上船，我们的工程部领军人物王志杰放下手里的行李立刻拿起了电焊机，按照水哥的指挥在浙奉662号工作平台左舷围挡上，把GPS定位杆焊接好，装上天线头，连上电脑，朱世乾就立刻开始了双机定位工作。话说现在这支团队的工作效率，简直无人能敌。

我们此次工作之所以要使用双GPS，是有着实际的工作需求考量的。浙奉662号工作平台是采用四锚定位来锚定在整个沉船遗址上方的，而它的工作平台四周有一圈两米多高的围挡，我们在船平台正中位置两侧临时切割开了两个豁口，用于潜水员下水工作和停靠交通船上下人员物资。工作缺口需要随着水下工作位置的变化，同步进行平移和转向，以配合人员上下水、大型抽泥设备的起吊下放以及长臂挖掘机对水下确定位置的精确清淤工作。后面实际的工作也证明，这次“经远舰”水下考古调查项目水哥创新性地综合运用各种机械手段的工作模式非常高效，保证了此次水下考古调查工作的顺利完成。

中午过后，换班队员回港，我们的老王驾着他的“法拉利”渔船往回走。同以往的海上工作一样，交通渔船既要负责水下队员、广州打捞局人员以及浙奉662船员的上下船的运输工作，同时又要肩负起这三个单位的后勤物资运输工作，包括全体人员的蔬菜、肉类、粮食的运输和工作平台上各种工具材料以及最为重要的淡水的运输。你们看看这两侧摆放的巨大的塑料桶里面放的都是淡水，总共加起来有十多吨重呢。上了渔船之后，我突然发现，老王的渔船后面已经支起了一张遮阳网。在这样炎热的夏天，船上驾驶室里闷热又狭小，船后面的这张遮阳网对我们简直就是莫大的福音呀！现在我们几位可以坐在船尾，免受太阳曝晒之苦，优哉游哉地吹着海风唱着歌，欣赏着美丽的海景啦。坐在船尾，穿行于如此通透的海面上那是无比享受的，享受着城市中难得的清新的空气，享受着极目远眺的无遮无拦的宽广，享受着

海天之间的无拘无束、自由自在，整个人的心情都跟随着这样美好的景色愉悦万分。

回到驻地，安安稳稳地吃过晚餐，散步上山，静静地坐在狐仙庙前的台阶上等待着，极目远眺着海上落日。晚霞如期而至，光彩夺目，毫不吝啬地铺满你整个视野，就是这么的豪爽、这么的奢侈，人包裹其中，周身溢彩。余晖肆意挥洒着它的绚烂多姿，使你整个人都感觉到目眩神迷。

忙中出错恰逢台风初至劳心费力

2018年8月11、12日 晴

这两天在驻地休息，可我一点都高兴不起来。

我的右耳鼓膜终于还是出问题了！

前两天我的第一潜因为心里有些小激动而下潜速度过快，导致没能及时做耳压平衡被海水压了一下右耳膜，这一个小小的失误，在今天终于体现出来了。昨天晚上觉得耳朵里面有些痒痒的感觉，用棉签轻轻试探了一下，从耳朵里面流出来了一些血水。于是我就继续用棉签往外吸，又吸出来一些，没有感觉到疼，所以也就没当回事。今天早上起来，发现枕头上有部分血迹，我心里知道肯定是耳朵里面流出来的，用手摸摸耳根处，还是没啥太明显的感觉，只是吃饭的时候，耳根部有些疼痛，感觉吃饭都不香了。回到宿舍，我侧躺在我的平板床上，熟练地一遍一遍地把过氧化氢倒进我的右耳，那过氧化氢在耳朵里像开锅水似的咕噜咕噜地冒起气泡，这感觉又热又痒。现在我只希望我这只右耳能够尽快好起来。

我就这么忐忑地和我的过氧化氢亲密地度过了两天的时间……

2018年8月13-15日 台风

今年的辽宁、今年的东北天气都是罕见的，无论如何我们大家都没有想到台风居然能够跑到辽东半岛，隔三岔五地打断我们八月份的水下考古调查工作。

这不，电视台、电台、手机里面的气象软件都清楚地预警着台风的脚步正一步步地逼近。没等我们上船接力工作，工作平台上的水下考古队员们又都抓紧时间坐船回驻地了，就连浙奉662号工作平台船也不得不起锚开往

庄河港内进行紧急避风。这几日整个黑岛都成了台风的舞台，这里的台风景色也是变幻万千。

对于在海上从业的水下考古工作而言，每一次台风到来，工作船只都要离开沉船潜点跑到安全区域内避风。等风平浪静后，工作船再回到潜点继续工作。回来时，首先就是要给工作船重新做四锚定位，这项抛锚工作看似简单，实则需要消耗将近一天的时间。今年的整个工作期间，我们不断地重复这样的工作，不断地定位抛锚，消耗了大量的人力精力以及最为重要的工作时间——这是水哥最不想看见的情况，但是却又实实在在摆在我们的面前。我们只有在剩余的时间里加倍努力，提高效率，才能圆满完成预定的工作目标。当然运气也是很重要的一个因

素，后面也会详细地讲出来。

台风到来的这段时间，大家也只能休整了——休息与整理。

一方面让工作期间疲惫的身体得到恢复，另一方面就是不断地查找更多资料，更好地熟悉一下相关背景知识，以及潜点的水下情况。我们不断地刷新对沉舰的认知，把每个人这些天以来收集的信息进行汇总整理，逐渐还原出更为接近历史真实的状态，为下一步的工作厘清思路，提高工作效率。

闲暇之余，我们大家都喜欢在我们驻地门口的木质小观景平台上休息聊天，给家人发信息、打电话，傻傻地欣赏着台风过后美丽的晚霞。

队里这边趁着台风休整期抓紧跟当地海事部门进行沟通。寿佳琦连续两天冒着大风暴雨分两次前往大连拿回来了本次工作的水下工作许可证和航行通告，同时又前往庄河港北黄河经济管理委员会和庄河海事局管理处协调浙奉662号工作平台的出海问题。

R Photography
张瑞 摄影

R Photography
张瑞 摄影

风过雨停欧哥赶到逛大集喜出海

2018年8月16日 晴

台风过后，天气格外好，只是此时的海底估计已经是一片浑浊了（强力的台风会掀起巨大的海浪，海浪会把海底泥沙卷起，导致海水能见度急剧下降），加上我们的浙奉662号工作平台因为某些特殊的问题还未能离港。于是我们趁着这个机会，抓紧时间进行工作平台的升级改造，把之前的一些工作进行改进。

我们全体水下考古队员此时虽然还处在休息状态，但是每个人都已经收拾好自己手头的工作，随时等待领队的指令。

人们都说庄河黑岛旅游度假区自然风光很原生态，植被茂密，生物繁多。今天我就在房间里面深深地体会到了。这不，我一转身进入卫生间，猛一抬头，看见墙面上趴着一只叫不出名字的大蜘蛛，就在我的淋浴旁边，伸展开来足足有一个拳头大小。看着这只吓人的大蜘蛛，我的后背直冒凉气，心想这要是洗澡时没有注意掉到身上，那后果简直不堪设想。赶走卫生间里的巨型蜘蛛后，心有余悸的我拉开窗帘，在纱窗外面赫然出现了另外一只黄黑斑纹的蜘蛛在我的纱窗外织了一张巨大的蛛网，而且这个巨大蛛网里面已经有了一只更大的知了成了这只蜘蛛的猎物。我倒吸一口凉气，心里暗想，难怪昨天半夜睡觉时迷迷糊糊地听见知了撕心裂肺地在窗前惨叫呢，原来它是在垂死挣扎呀!

定定神，我决定要全面检查一下自己的房间。我把床上的被褥全部翻起来，床也整个抬起，里外观察，然后我又对着各种家具一通地敲打，连同卫生间里也不放过。折腾累了之后，我这颗脆弱的小心脏才感觉到些许的踏实。我可不想在休息的时候，被某个小动物突然骚扰……

2018年8月17日 晴

今天来自广东海上丝绸之路博物馆的林唐欧（又叫欧哥）从祖国的大南部广东阳江千里迢迢赶来，到东北参加我们“经远舰”水下考古调查工作。欧哥可是我们的老熟人啦，在“致远舰”水下考古调查这些年里一直负责出水文物的绘图工作，这项工作对于他这样都已经可以独立开画展的大画家而言，真是小菜一碟。可以说，他这方面的能力在全队是无人能敌的。水哥看到欧哥终于可以抽身赶来，自然是非常高兴的，晚餐大家一起小酌，好好地叙了叙旧。吃完饭后，趁着天色还早，我们一行几人上山散步，带着欧哥好好地游览一下黑岛的美丽海景风光，一行人来到了黑岛的林永升雕像前。按照每次来到这里的习惯，先带人到林永升塑像

前祭奠英雄。

中、日黄海海军大战，从中午12时55分开始。战火一开，日舰快速横越“定远”“镇远”两舰，进攻北洋舰队的左、右翼。右翼的“超勇”“扬威”舰旋即中炮起火沉没。午后15时半，左翼的“致远”舰被四艘日舰炮火猛烈围攻，引起大火，舰体严重倾斜，危在旦夕，最终其鱼雷发射管中弹，内置一枚鱼雷发生爆炸，终致“致远大爆炸”，遂沉（注：致远舰沉灭原因有多种争议，鱼雷舱中弹为其一）。“济远”“广甲”2舰离阵，“经远”舰失去掩护。日本的“吉野”“高千穗”“秋津州”“浪速”4舰乘机专力进攻“经远”舰。“经远”舰被逼出阵外，在号称“帝国精锐”的“吉野”舰等围攻下，中弹甚多，“船群甫离，火势陡发”。在紧要关头，林永升沉着指挥，“发炮以攻敌，激水以救火，依然井井有条”。激战中，林永升发现有艘日舰受伤，便下令“鼓轮追之，欲击使沉”。但“猝为日舰所环攻，船身碎裂”，林永升亦“中弹破脑而亡”。战后，清政府下诏照提督例优恤，追赠太子少保。

祭拜完林永升之后，我们继续陪着欧哥上山观景，一路上一步一景，欣赏着落日之下黑岛与大海共同构成的壮美景色。

黑岛的狐仙庙坐落在黑岛最东面面向大海突出的山岩之上，在狐仙庙的门前有两棵寄托当地民众美好愿望的树，上面挂满了信众的心愿，在这两棵被装饰成火红色的树中间有一条向海中延伸的小路，小路尽头正对着的大海，就是那片老人石海域。

林永升塑像由来

甲午海战后，海战场附近人民在黑岛（今庄河市黑岛镇境内）西阳宫庙前曾建一座庙（新中国成立后被拆除），专门供奉林永升。1994年

ZR Photography
张瑞 摄影

林唐欧

1972年12月出生，广东阳江人，毕业于广州美术学院中国画系。现就职于广东海上丝绸之路博物馆。参加历次广东省“南海一号”“南澳一号”水下考古调查与发掘工作；参加广东台山上下川岛水下考古调查项目；参加辽宁“丹东一号”致远舰水下考古发掘工作；参加广州珠江水域海上丝路遗存调查工作；参加辽宁庄河“经远舰”水下考古调查工作；2016年6月，在江门市博物馆（陈白沙纪念馆）举办个人画展。

春，黑岛镇人民政府集资，在鳌头山前坡修筑了一座壮观的爱国将领林永升塑像，为后人瞻仰。同年9月，中共大连市委、大连市人民政府将林永升塑像列为大连市爱国主义教育基地。1998年8月，中共大连市委、大连市人民政府在大连英雄纪念公园为林永升建立塑像，褒扬他为反抗帝国主义侵略英勇战斗的爱国精神。

2004年9月10日，是中日甲午海战110周年纪念日。这一天，黑岛镇3000余名中小学师生聚集在鳌头山山顶林永升塑像前，缅怀先贤抗日壮举，激发爱国主义情怀。

东港大鹿岛至黑岛南海域是中日甲午海战的战场。1894年9月中旬清政府派北洋舰队提督丁汝昌率领10艘军舰运送军队和军需物资赴大东沟，17日晌午，与日本海军联合舰队司令海军中将伊东祐亨率领的12艘舰艇相遇，并遭其猛烈炮击。清军将领丁汝昌、邓世昌、林永升等率舰与日军展开激烈的海战，战斗持续5个小时，于傍晚结束。经远舰管带林永升在敌众我寡的危难之际，置个人生死于不顾，

督率全舰官兵勇猛抗敌，直至经远舰沉没于黑岛南海域老人石附近，林永升与全舰200余名官兵壮烈殉国。为纪念这位爱国将领，在中日甲午海战百年之际，黑岛镇人民在黄海岸边的鳌头山塑以林永升全身塑像，时任大连市委书记曹伯纯在雕像下方题字“林永升”。1994年9月，这里被大连市委市政府确定为大连市爱国主义教育基地。

——资料引自百度百科

塑像碑文

堪歌堪泣景林公，一百余年日永东。宁许倭奴凌寸海，敢将舰马啸罡风。

凤凰山上苍松绿，猿鹿岛边血水红。国难当头犹战死，是真民族大英雄。

2018年8月18日 晴转多云

今天是个好日子，绝对是个双喜临门的好日子。第一个好消息是水哥通知大家，浙奉662号工作平台已经顺利办好所有手续并且升级改造完毕，从庄河港起锚赶往老人石海域了。由于又吊了两个集装箱上船，能有地方住宿，所以我们可以全员出海上工作平台啦。如果没有特殊情况，我们全体考古队员可以都住在工作平台上持续工作了。另外一个好消息是今天上午正好是黑岛镇的大集，大家可以自由活动赶大集。听到这个消息，朱世乾、滕磊、魏超（又称大魏）、王尚博、余万勤（又叫余馆）和我一行利用这难得的机会，赶紧跑到大集上，逛逛人多的地方。来到黑岛这么多天了，一直在海上和宿舍间两点一线，好长时间看不见其他人，也确实想逛逛人多的地方了。

您还别说，黑岛镇平时没有什么人，但是大集的日子还是热闹非凡的。有提着篮子卖山上自己采摘蘑菇的老奶奶，有开着货车现场制作各种蒸的炸的面食的中年夫妻，当然也少不了现场分割卖猪肉羊肉的屠户。有些卖吃的的商户在我平时看来有些不卫生难以接受，但是今天这些丝毫不影响我欣赏这人来人往、摩肩接踵、热闹非凡的农村大集的景致，我很享受也乐在其中。

寻寻觅觅，我和魏超、王尚博终于找到了传说中卖羊汤的那家小店。店铺很是不起眼，一位三十岁上下年纪的农村大姐，操持着一口用柴火烧的大锅，里面装满了熬得白白的羊骨高汤，旁边简单摆放着一个大面板，面板上一半放着做熟的各种羊杂，一半放着等着出售的各部位的羊肉。大姐很是热情，用她那地道的黑岛方言招呼我们后面屋里坐，我们三个围在大锅前，一边闻着锅里面飘出来的羊汤的鲜味，一边看着大姐熟练地切着羊杂并把三个大碗装得满满的，端到我们面前。我们二话不说，赶紧围坐在小桌前，顶着黑岛夏季的高温，卷着尚博大集上买回来的刚出锅的烙饼，吃完了这一大碗热气腾腾的羊杂汤。我浑身湿透，打着饱嗝，心满意足地回了驻地，撑得我中午饭都没有吃！

午饭过后，高平潮的时间也到了，渔船此时可以出港了，为了节省时间我们没有休息立刻全体出发。因为平台加装了住宿用集装箱房，可以住下

魏超

1983年3月出生，山东青岛人，陕西师范大学历史学学士，现就职于青岛市文物保护考古研究所，从事水下文化遗产保护及出水文物保护工作。2011年参加全国首届国家水下文化遗产保护培训班。至今参与全国各项水下文化遗产保护、发掘调查工作共计二十余项。曾参与历次近代甲午沉舰“致远舰”和“经远舰”的水下考古调查与发掘工作。

王尚博

1989年7月出生，河南安阳人，东华理工大学测绘学学士，2011年就职于海南省博物馆。2012年参加海南省第一期水下考古培训班。参加历年西沙群岛水下考古调查与发掘工作，2016年四川彭山江口明末战场遗址考古发掘项目，2018年辽宁庄河“经远舰”水下考古调查工作。

余万勤

1972年12月出生，广东曲江人，现就职于广东省韶关市曲江区博物馆。先后参加了广东“南海一号”“南澳一号”、辽宁省“丹东一号”、湖北省“丹江口均州古城水下文化遗产调查”、辽宁“经远舰”、“广东上下川岛水下考古调查”、“汕头至昆明高速公路广东段考古发掘”、“广东东平岛核电厂”、“韶关机场文物考古调查、勘探”、“韶关仁化武深高速公路城口遗址的考古发掘”、“岭岗边遗址的考古发掘”、“大鹿岛海域的水下文物遗产调查”、“博罗横岭山遗址”、“深圳屋背岭遗址”、“曲江光顶岭遗址”、“重阳小茶山墓葬遗址”、“圆墩领遗址”等国家、省级重点水下及陆地考古调查项目二十多个。

朱世乾

1987年9月出生，山东济南人，山东大学考古学及博物馆学硕士，2013年就职于湖北省水下文化遗产保护中心，从事水下文化遗产保护、出水文物保护、物探、测绘等工作。2015年参加国家文物局主办的“全国水下文化遗产保护（考古）培训班”，至今参加全国各项水下文化遗产保护、调查、发掘共计十余项，曾参与西沙群岛水下考古调查、长江口二号沉船调查、近代甲午海战沉船“经远舰”调查与发掘等工作。

我们所有考古队员，所以这趟出海大家把个人所有的东西全部带上了平台。来到收拾一新的浙奉662号工作平台上，甲板上的功能区已经重新进行了调整。我们水下考古队的住宿集装箱被安排在了紧靠船右舷围挡内，两个集装箱之间是我们的帐篷库房，库房外侧是我们自己焊接的个人潜水器材框架，上面整齐地摆放着所有队员的个人潜水装具。我们原先的住宿集装箱已经改造成为我们的厨房了，原先厨房区域改造成了露天小餐厅。厨房旁边紧邻以及对面的集装箱都是打捞局的宿舍和库房，中间的过道后来就是朱世乾定位设备的办公区，也成了我们全员后来的“CBD中央商务区”。我们大家和打捞局队长聊个天喝个茶开个会什么的都在这块区域进行。大家集装箱房的住宿问题解决

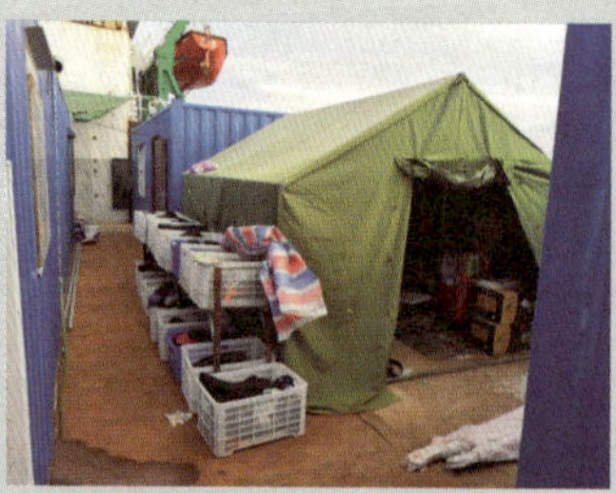

了，每间房间里摆放了四个铁架子上下铺，里面黄色箱子的那张铺位就是我的。因为每次工地的住宿和物品摆放的情况都得根据现场环境来调整，所以一些基本家具都是按照实际能够利用的空间量身定制的。二哥带着余馆和刘春健（人称老刘）这两位主力，陈启流、胡思源、于海明、尚博等小帮工，用上各种钢管、夹芯板等材料一起开始了各种桌子架子的制作。当然黎总、水哥这帮闲不住的老同志也会亲自上阵，从设计到制造一样都不落后。

如果有人对船上的性别比例有所好奇，我可以负责任地对你说，它是唯一一个雌性动物，相较于全船四十多个老爷们儿来讲，它的唯一性是无可比拟的——它叫二妞，大妞在同一海域另一条船上（浙奉661号）。二妞平时不声不响的，你有时候能看见它在甲板上溜达溜达，吃饭的时候，它会到每个人身边转悠转悠，如果你心血来潮喂它一块排骨，二妞会根据自己的心情考虑吃或不吃。如果是一块牛肉或者一块鱼肉，它就肯定会欣然接受。有一次我从二楼下来，刚刚走到楼梯口，就看见二妞跑上来。它抬头撞见我，马上就转身跑下去，蹲在楼梯口望着我。我喊了它几声让它上来，它就蹲在那安静地看着我。于是我走下楼梯，当我从它的身旁走过后，二妞一个箭步蹿上楼梯。看来，二妞是只懂礼貌的小狗，它也给我们全船人带来了很多的快乐。

我们这边收拾房间，摆放库房物品，制作各型桌子架

刘春健

1952年7月出生，福建福州人，水下考古队专业技师，擅长船载电气焊、数控操作、物探设备布设及拆装等。至今随队参与全国各项水下文化遗产保护人员培训、项目调查发掘等二十余项工作。参加历次近代甲午沉舰“定远舰”“经远舰”“致远舰”的水下考古调查发掘工作。

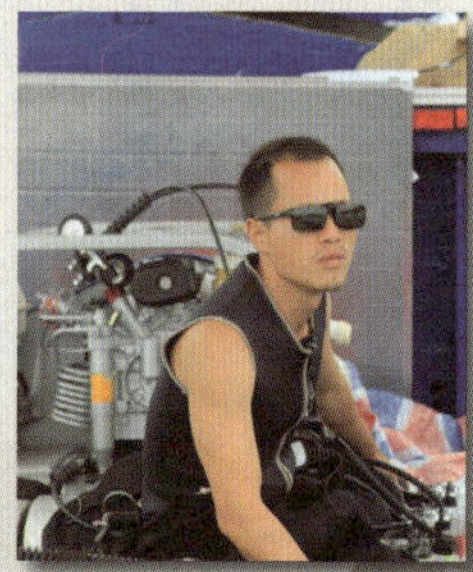

陈启流

1990年2月出生，广西河池人。本科毕业于南京大学考古学专业，现硕士研究生在读于厦门大学文物与博物馆专业。2015年参加全国水下文化遗产保护（考古）培训班。曾参与广西合浦汉晋墓发掘报告和草鞋村汉城遗址发掘简报编写；参与广西武鸣骆越文化考古调查；江苏无锡太湖水下考古调查；宁波望京门文化公园遗址考古发掘和简报、报告编写；辽宁绥中三道岗水下考古调查；2018年6月，参加山东威海甲午“定远舰”水下考古调查；同年8月，参加辽宁庄河“经远舰”水下考古调查。

胡思源

1989年4月出生，云南曲靖人，中山大学考古学学士。现就职于广东省文物考古研究所。2012年参加“南澳一号”水下考古发掘工作；2013年参加“南海一号”保护发掘工作；2015年参加全国水下文化遗产保护培训班；2016年参加广东上下川岛水下考古调查；同年参加广东西樵山石燕岩水下调查；2018年参加辽宁庄河“经远舰”水下考古调查。

于海明

1985年2月出生，辽宁大连人，辽宁师范大学考古学硕士，现就职于大连市文物考古研究所，自2014年起先后参加了辽宁旅顺明清海防调查，金州明清海防调查，辽宁庄河“经远舰”水下考古调查工作。

子。那边朱世乾带着魏超和海成几位队员去捞工作平台四锚定位用的锚标去了。台风期间，留在大海里的锚位浮标已经移位了，需要人力拉起来，再重新定位重新抛好。然后，浙奉662号工作平台再根据新抛好的锚位浮标依次抛好四个船锚，最后再拉紧船锚定位在沉舰遗址正上方。在有风浪的海上，渔船会剧烈摇晃着在海浪中逐渐接近移位的浮标。队员们趴在船舷边上稳住自己的身体，用长长的带着钩子的铁杆子，眼疾手快地勾住浮标，再用尽全身的力气把浮标拉上船，在摇晃的渔船甲板上把绳子拉到绞锚机旁，用渔船绞锚机把浮标和底下的沉块一起收上船来。然后朱世乾会指挥着船长对照手持GPS数据，慢慢接近投放点位。位置一到，大喊一声让队员们再把收上来的沉块和浮标再次投入大海。四个浮标依次投放完毕后，再指挥大船把四个船锚按照浮标位置放好，这才结束四锚定位的工作。这项工作说起来简单，但是干起来

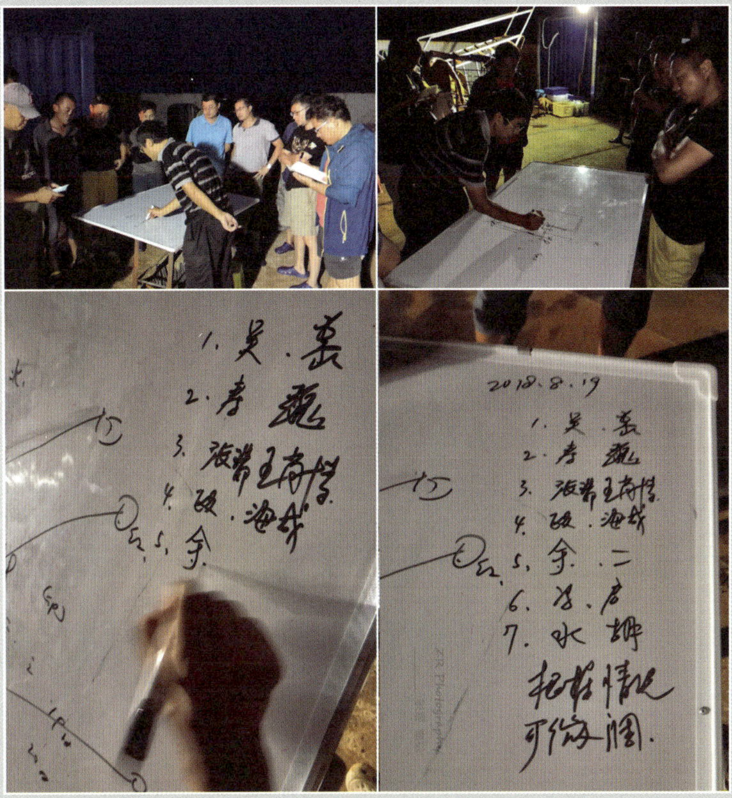

确实是非常吃力的。不仅要求人员在摇晃的海上能够稳住，而且需要手疾眼快，力气超群。这两点我都不行，所以我很服气这几位超人般的水下考古队员。

晚上，刚刚吃完晚饭，水哥马不停蹄地召集全体水下考古队员甲板集合开现场会，他用白板给我们标明下午投放的每个不同颜色的潜水浮标对应的沉舰出入水点位置，还具体介绍了一下水下整体情况，让大家对目前水下这艘战舰的“铁甲堡”现存结构与状态有了进一步的了解。最后水哥还给大家布置了明天一早所有队员的任务。全队目前整体任务是要由“铁甲堡”东北端点向南测量20米和25米两个坐标点，然后以这两个坐标点为基础，向沉舰外东侧拉一个5米×5米见方的软探方，再由打捞局在这个框架探方内抽泥抽沙，也就是由水下布设准确的抽沙位置，这个位置就是船侧耳炮的位置。这个活儿在陆地上可以很容易完成，但闭上眼睛你能完成吗？这次在水里工作，就相当于闭着眼睛干活，海水浑浊一片，伸手不见五指。人员按照领队的分组，逐次下水接力工作，如果有哪一组没有完成工作，顺次交由下一组完成。按照以往的潜水工作经验，各组人员各自讨论本次潜水工作的具体实施方法，各自准备各自需要的各种材料和工具。各组明天下水前务必做好相应的准备工作。此时，昏暗的甲板上，借着微弱的船上的灯光，我们这群来自天南海北的

中国水下考古队员，围在领队水哥身边，仔仔细细地逐条讨论明天潜水工作的各种情况和各种细节，有着一种“山雨欲来风满楼”的战前大会的味道。会后我来到海明和启流的宿舍，看见了他们下午从后甲板过滤槽海底泥渣中分拣出来的一颗毛瑟步枪子弹弹壳。文物组的启流和海明用白油把弹壳泡在了密封的塑料保鲜盒里。这枚刚刚出水的弹壳经过了海底一百多年的时光，现在依旧是如此的光亮如新，看着它，我仿佛回到了当年炮火连天的战舰上……

我的心里百感交集……

庆老婆生日迎苏力驾到再次避风

2018年8月19日 阴

今天是老婆大人的生日。

我一大早起来跑到厨房，发现严大厨正巧做了一大盆的挂面。看着这一大盆的面条，我心里美滋滋的，放上一点老干妈和榨菜条，这顿早餐吃得真应景真满足。

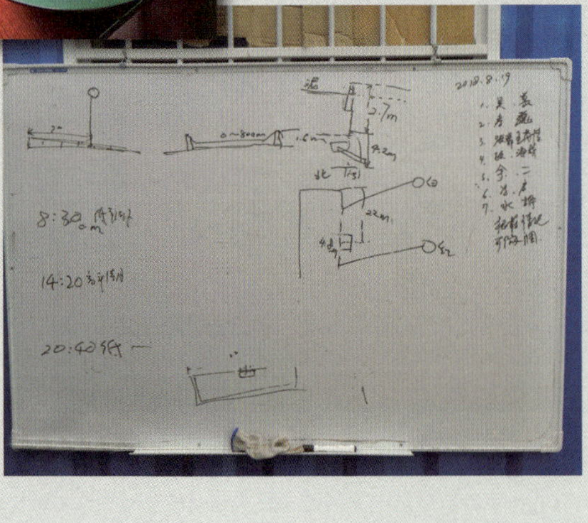

大家陆续吃完早餐后，整个工作平台仿佛从晨曦的昏昏沉沉中一下子就清醒过来，水下考古队员和广州打捞局队员们不约而同地都忙碌了起来。昨天晚上水哥给大家画的作战图板已经静静地挂在了我们集装箱宿舍的过道上了，几乎每一位队员路过的时候都会再仔细地端详一下白板，思考着自己将要进行的工作。按照昨晚安

排的工作计划，黎飞艳带领第一组人员准备下水。其他队员按照水哥之前安排的分组各自进入自己的工作岗位。冯雷副领队带领王尚博开始搬运气瓶设备，并且协助潜水员着装以及做下水前的安全检查；第二组下水队员魏超和寿佳琦开始着装，并为第一组队员担当应急潜水员；朱世乾使用移动图形工作站利用Trimble SPS361 GPS定位仪和hypack软件将工作平台左舷工作开口位置调整到水下工作目标区的正上方；余万勤站在潜水梯上进行水面观察；张海成和陈启流架设好水下喇叭，对水下人员进行时间提醒；我还是走位飘忽，流动摄影外加各种接短补缺工作。现场不需要领队指挥，大家就是这么有默契地开始了今天的潜水工作。

第一组上水后黎总对全体队员做了潜水简报。水下能见度不好，只有三十厘米左右，他们顺利地下到舰体上，初步判断了一下铁甲堡的东北角弧顶位置，然后沿着铁甲堡向南，用徒手丈量的方式量出来了铁甲堡20米和25米两个点位，并且做好了标记，最后顺利出水。第二组魏超

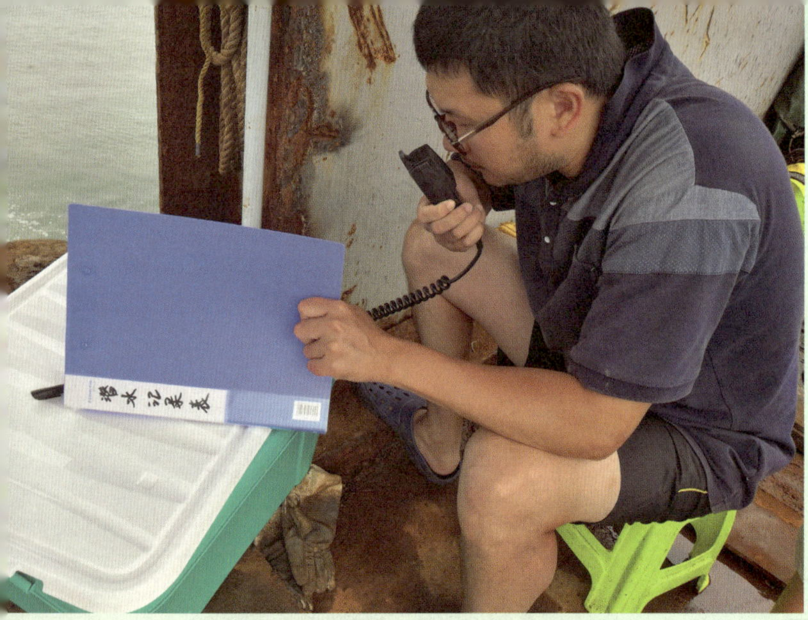

和寿佳琦听完简报，立刻带着他们准备好的钢钎和绳子下水。他们按照第一组标识的点位，继续进行下一步船体东侧拉软探方的工作。

我来给大家介绍一下他俩的本次潜水工作流程：昨晚平台现场会后，他们已经开始着手准备今天水下要用的一根将近20米的绳子和两根一端削尖的钢钎，这是他们除了潜水设备以外需要带下水的布设软探方的工作材料。今天下水前，寿佳琦亲自用我们潜水队员收绳子的方法（俗称“水手结”）把绳子收好，这样做能确保在水下可以顺利地把收好的绳子打开。如果出现意外打不开，那也只能怪自己咯。魏超下水后，我们会在水面把钢钎递到他的手中。他会首先下潜，寿佳琦跟在他的身后。这个下潜顺序是出于安全考虑，因为没有任何一个潜水员在下潜的时候会同意头上方有位拿着重物或者钢钎的潜伴。魏超到达底部后，会等待潜伴寿佳琦到达，然后他俩一前一后紧跟着，在低能见度的水底先用罗盘或者参照物的方法判断好方向，然后用手摸着铁甲堡向南移动至第一组潜水员标定的第一个20米处点位。然后让后面跟着的寿佳琦把绳子解开，固定在点位上。他俩再垂直于沉舰的铁甲堡向东游动5米，将钢钎插在海底，固定好绳子，再向南游动5米插入钢钎再固定好绳子，再向西游动5米，找到第二个25米处点位，将绳子固定好。一切顺利的话，沿铁甲堡向北返回至入水绳位置，最后安全上水。

他俩大体上也是这么完成了水下软探方的布设工作，为广州打捞局的潜水员标定好了要抽泥的位置与范围。随后，广州打捞局的队员们登场了，他们一面为潜水员着装和安全检查，一面开始吊放巨大的抽泥管。很快，巨大的抽泥管在水下重潜潜水员的操作下开始了咆哮，在工作平台的后甲板，抽泥管出口的过滤箱喷涌着黑灰色的海水，我们的精确定位发掘工作至此也开始步入了正轨。

2018年8月19–21日

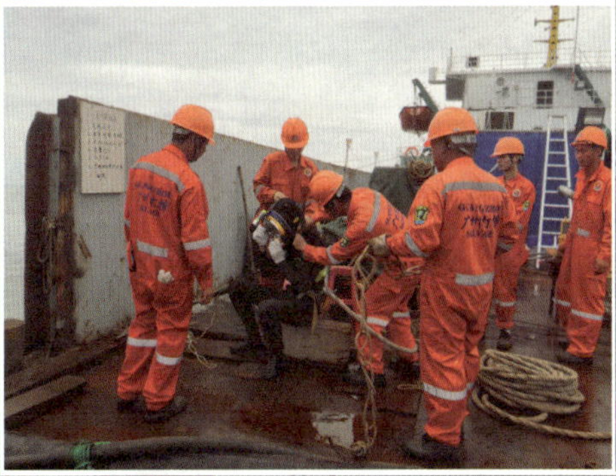

我们这组今天的潜水时间因为打捞局的人员在海底工作延迟而被延后到中午。我和王尚博下水时领到的潜水工作任务是检查打捞局在我们标定的探方内的抽泥抽沙进展情况。闲话少叙，我带着尚博慢慢地开始下潜了。因为我的右耳鼓膜前段时间流血，虽然这两天有所好转，但是我还是有些顾虑，所以我把下潜的速度放到最慢。随着深度的增加，视线越来越模糊。我右手举着手电使劲向下照，左手能清楚地感觉到下潜绳在手中划过，当我什么都看不到的时候，身体终于接触到了海底，我感到腿和手都能接触到海底细软的泥和中间夹杂着的碎牡蛎壳。明显地感觉到自己掉进了一个大坑。当我触到海底后，我的第一反应是回手沿着入水绳去摸我的潜伴的手，黑暗中我终于摸到了尚博手的时候，感受到他的手不是很用力很紧张的状态，并且对我的手有所回应，我悬着的心一下子就踏实了，此情此景下我俩手摸手幸福的感觉比我摸老婆的手还要好。这话要是让我老婆知道了，估计没有我的好果子吃。话说回来，我之所以这么担心，主要是我和尚博是第一次作为潜伴下水，况且他是海南省年轻的新队员，知道这两点后，我想大家就能理解我此刻的心情了。回到正题，就在我确定了潜伴的状态以及我俩现在所处的环境后，我飞速转动的脑袋立刻做出了一个决定。我拉住尚博的手，让他抓住我右手朝上的大拇指。他立刻明白了我的意思，上水。随后，我在下面垫后，跟随着他慢慢地向上升，离开了这个一片漆黑的大坑，来到了水下8米的位置，在这个深度我俩能看到彼此。我让尚博用力抓紧入水绳，然后比画我自己继续下去，观察情况。透过面镜，我看到了他稳定的眼神，在他明确回应后，我就自己下潜，再次进入那个抽沙坑里。到了坑底我一手拉着入水绳，伸展身体向外游，用另一只手向左摸摸，又向右摸摸确定了坑的大体范围，然后沿着坑的边在一片黑暗中摸到了“铁甲堡”。沿着“铁甲堡”我去找上一组人员安放的标定物——钢钎，从坑底“铁甲堡”慢慢爬上海床平面后，我一直顺着“铁甲堡”往南侧摸，摸到了第一根钎子，然后我又转身向北摸，始终没有摸到另一根钎子。此时，觉得时间差不多了，坑的尺寸和深度也差不多弄清楚了，我决定开始返回，接上潜伴尚博后沿着入水绳我俩顺利出水了。在海底临上水时，我在坑边摸到一块沉舰的条形铁板，顺手也带上出水了。上水之后，我把水下情况向领队和后面的队员做了简要的汇报，还把我带出水的沉舰的构件放在甲板上拍了一张纪念照片。我把照片发给老婆，这是我今天在海上送给老婆大人最为特别且意义非凡的生日礼物。

在我们之后，欧哥和海成、余馆和二哥也陆续下水了解沉舰情况了。上水的欧哥还饶有兴致地在白板上画出了他在水下用手摸出来的铁甲堡水下保存状况三维图像，真不愧为开过画展的美术家呀。

因为海上天气预报台风“苏力”正在往辽东半岛赶来，一步紧似一步，浙奉662号船长通知大家要赶在下午起风之前离开潜点回到锚地

避风，所以我们必须抓紧时间收拾东西下船回到岸上。工作刚刚顺利开展，又被台风打断，此时领队和大家的心情都很低落，心里总有些不甘，但又无可奈何。临下船前黎总和欧哥主动对水哥提出要留在工作船上，方便台风期间照看一下已经上船的设备和物资，其余考古队员们就都坐着渔船返回黑岛驻地了。看着我们高大威猛的浙奉662号工作平台船，在阴沉的海面上开始起锚，此时我想到的只是要和“经远舰”短暂相聚后又要短暂离别了。根据以往几十年来的工作经验，中国水下考古工作从来都是像此次工地这样历经挫折并百折不屈地走过来的！过两天再来吧，四锚定位再来一遍，我相信这次同样也难不倒我们……

2018年8月20日 阴转雷阵雨

我们又回到岸上驻地避风了！

避风的日子对大家来说相对轻松，没有什么特别的任务。台风“苏力”步步紧逼，眼瞅着就要在辽东半岛登陆了。本来朱滨（又叫朱老大）今天要

朱滨

1963年1月出生，福建福州人，服务于福州市文物考古工作队，主要从事水下考古工作，1998年参加第二期国家文物局水下考古专业人员培训班。参加水下考古工作二十几年来一直工作在水下考古一线，参与了国内绝大部分水下考古调查和水下考古发掘项目。

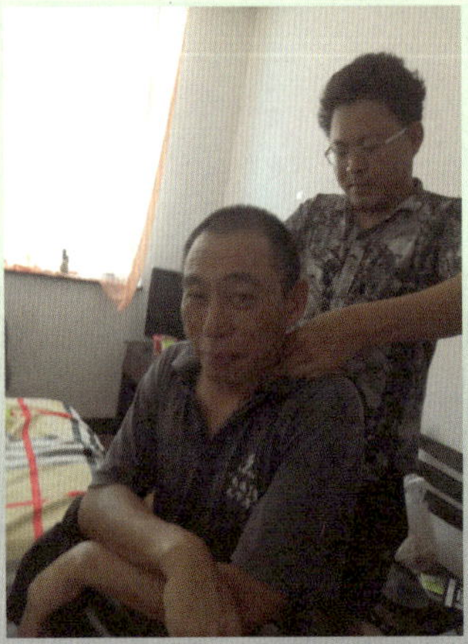

飞大连的，也是因为这个台风的原因推迟了。不过我们大家还是为朱老大腾出了一个屋子，大家把库房里的东西规置了一下，两个库房并作一个。小意外是余馆的手指肚在工作结束前最后一刻，被扫测支架的钢板夹破皮了，看着他翻着肉的那处伤口我自己都感觉疼。这边余馆的手被夹破了，那边二哥的脖子好像又不太好使了，看谁都得靠腰转来转去的。我们的太极传人、习武之人朱世乾自告奋勇要给二哥来个带劲儿的按摩。当然啦，一通惨叫之后，二哥的脖子貌似比之前好多了，也不知道他是真的好多了，还是其他原因呢？其实我觉得主要的问题还是由他的感冒引起的，外加晚上睡不好觉，最终导致脖子落枕。二哥目前是个病毒携带者，到处散播着他的感冒病毒，我走哪都绕着他。但是后来事实证明，魏超和我都没能幸免，陆续地跟着二哥感冒了。

随着时间的推移，天空中的“苏力”慢慢地在酝酿着它那狂暴的力量，一切都在不知不觉当中逐渐显现出来。你看那天空中自上而下一直压迫到海面之上的层峦叠嶂般的云，那种不给大地一丝喘息余地般的气势，简直就是气吞山河。

我们大家都被这样的景色所吸引着，毕竟，站在观景平台远眺海天之间的景色那是无比的壮丽。在乌云与狂涛的上下压迫之间，一丝光明顽强地划破这两个黑暗势力的联手夹击，映衬出连绵的山峦，倔强地给人们以光明的指引。

紧接着，我们就真正感受到了台风“苏力”的威力了。狂风暴雨之中，整个黑岛全都停电了。度假村的老板赶紧找来了蜡烛分发给大家。这蜡烛很有特点，用冯雷师兄的话说——这是从庙里拿来的吧。我把蜡烛点着，左右分开摆在房间的小桌子上，马上拍了张照片给老婆大人。

老婆大人也不着调地问我：“今晚你这是要跟谁洞房呀？”先别提跟谁洞房了，你就看看二哥和王尚博两位玩儿得这么开心，看一眼我都不用睡觉了。

领队看我们把蜡烛都玩儿出花儿了，赶紧叫老刘来救场，毕竟我们这还有一台崭新的大号汽油发电机，油桶里面还有一些汽油呢。老刘给发电机加好油，抬到门口的屋檐下，发电机轰鸣着运转起来——大家赶紧烧水充电呀！喝生水可不是闹着玩的。接线板一个连着一个，结果就是，一帮大老爷们儿围着接线板，烧水、充电……

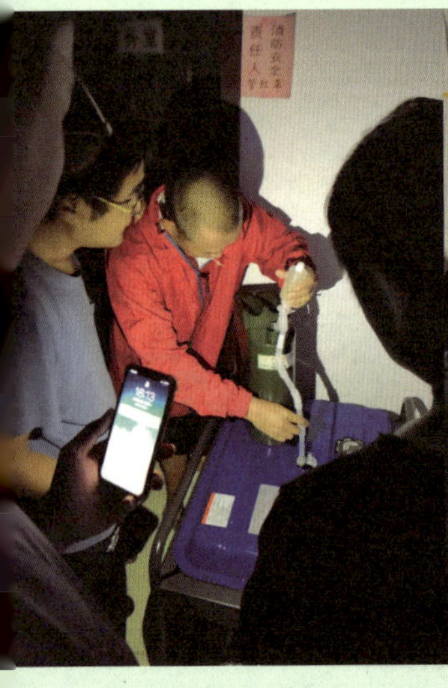

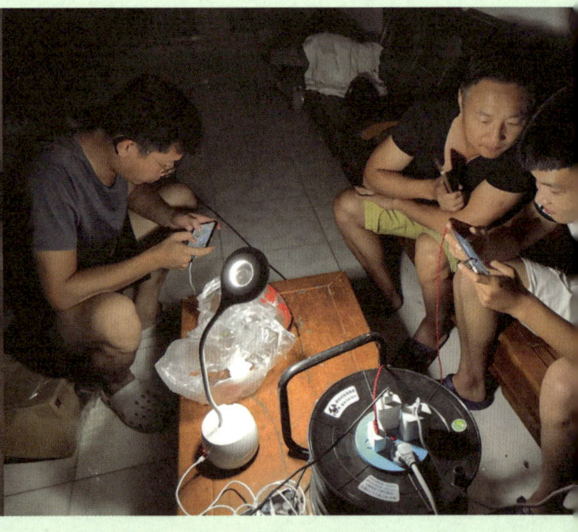

2018年8月21日 晴

经过台风“苏力”一夜的洗礼过后，今天黑岛上的天空甚是晴好，干净通透，阳光明媚。上午风力依旧比较大，没有办法出海。我们大家利用这样的好天气好好地欣赏了一番黑岛上台风过后的壮美风光。大家沿着岛上临海小路，边走边逛，参观了“迎潮通天洞”。黑岛的山、黑岛的树，映衬着大海和蓝天那么自然地结合在一起，无论从哪个角度看去，都是一幅幅壮美的海岛风光油画。

下午，国家文物局水下文化遗产保护中心宋建忠副主任和姜波所长风尘仆仆地从北京赶来我们在黑岛的驻地，慰问大家和视察工作。领队把目前所有工作进展情况向两位主管领导做了详细的汇报，队员们也一起参加了座谈，大家各抒己见畅谈着对本次“经远舰”水下考古调查项目的想法。大家坐在一起好好地吃了一顿晚餐，这是我们来到工地第一次参加这么多人的聚餐。

ZR Photography

一天之内出海往返领队无奈回港

2018年8月22日 晴

今天的风力明显减小了很多，大家听到领队通知今天全体队员出海的消息后都十分地开心。相比窝在驻地里而言，大家更愿意去海上平台忙碌。

简单地吃过早餐，我们就背上包，抓紧时间徒步赶往黑岛镇渔港码头。天空依旧是那么的晴朗，抬头望去，那些发光的云彩映衬着湛蓝的天空，组成令人赏心悦目又有些魔幻色彩的景致。

乘着老王的“法拉利”渔船，我们大家一路上有说有笑地往工作平台上赶。一登上浙奉662号工作平台船，所有人立刻就都自觉开始忙碌起来，大家很自然地开始了各项准备工作。王志杰带着刘春健和余万勤抓紧组装我们将要使用的小型抽泥抽沙设备。根据领队水哥的想法，我们要在整个工作平台前、中、后三个位置放下三个抽泥抽沙管。目前，大抽沙管在工作平台中部，由打捞局负责操作，抽前两天布设好20米至25米的探方区域。这次计划在平台前端、后端分别放置两个小型抽泥抽沙管，这两个抽泥管对应的是“铁甲堡”的北侧、南侧两个区域，由我们考古队员自己制作并且由水下考古队员操作。之所以这么安排，目的是为了能最大限度发挥所有水下考古队员和广州打捞局潜水员的工作效能。这样，一旦有好天气，我们将在沉舰北、中、南三个点位同时进行抽泥抽沙作业，以最快最高效的方式完成既定的工作目标，把台风耽搁的时间抢回来。

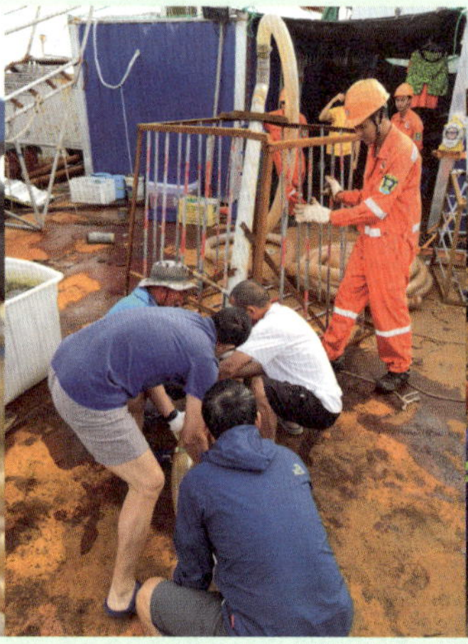

魏超、海成和王尚博他们跟王志杰领到了一个水管工的工作。他们负责组装王志杰设计制造的大型淤泥清洗过滤槽内的配件。他们在甲板一角围坐在一堆已经做好的零件旁，把打满孔套螺口的钢管逐个缠上防水生胶带，再把这些短管组装起来，最后装在过滤箱里面，成为多向喷水口，用来冲洗长臂挖掘机清淤上来的海底淤泥。客观地讲这个设计确实不错，接上高压水泵后，可以完成对挖掘机挖出来的海底淤泥的自动冲洗工作。但有一点问题，就是速度有些慢，跟不上我们挖掘机张增国小伙儿的节奏。后来我们只好放弃了费好大的劲儿才做好的这套自动清洗系统。改用“全自动冲泥机”——水下考古队员！以后的日子里水下考古队的启流、海明、尚博、余馆和红兴等等，广州打捞局的杨水得、黄国超等，大家轮流上阵，太阳高悬的大晴天里穿着雨衣抱着高压水炮直接冲，浑身上下溅满了泥汤。此刻，黎飞艳和林唐欧开始清洗出水文物，为文

物更换清水，利用文物整理箱，分割小隔间来浸泡小件文物等。

您看这位坐在我们工作船全阴凉中央大街正中间“CBD”位置的大神正优哉游哉“乘着凉”的是朱世乾。相比较于大家顶着太阳在甲板上忙碌而言，这里是不是看上去既舒服又惬意？不过可别小看这个位置，这里是我们工作平台的指挥中心。此刻他正在用对讲机指挥船长和船上的船员们利用四锚定位系统调整船位，按照海底“铁甲堡”北、中、南三个位置，逐个点位移动工作平台上左舷工作开口位置，这样我们就能把三个抽泥抽沙管逐个儿下放到预定位置。

时间在忙碌之中总是显得很短暂，大家都很投入，就连中午吃饭都是打完饭找个地方，草草地吃了。我们的临时餐厅很简单，几张折叠小桌子，加上几把塑料凳子，就这几样东西还会经常被搬走支援其他工作。我们坐在这里吃饭，上面有遮阳网遮挡刺眼的阳光，又能享受到偶尔吹过的清凉海风，还能边吃边和大家聊聊天沟通一下最新情况，感觉很是不错。

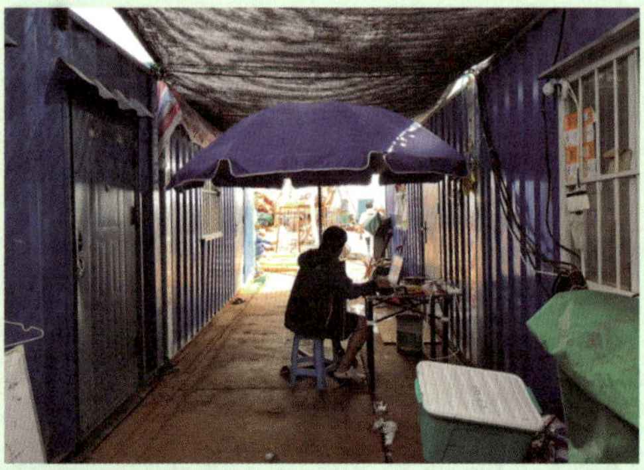

今天还有一件让我非常开心的事，那就是梁国庆和韩飞跟着领导上船来啦。国庆和韩飞他俩可都是我2009年一起参加全国水下考古技术人员培训班的好兄弟，虽然之后也陆续一起干了好几个水下工地，但我们也有好一段时间没有见面了，在海上工地能见上一面，那也是格外地让人高兴。我们感慨从2009年一起培训至今，时间一晃而过，都已经过了九个春秋啦。

中午刚过，船长又通知要回港避风了。这简直就是要逼疯领队的节奏呀！

于是我们又一起随渔船回驻地了。你要是问为什么大家又都下平台了。原因很简单，就是又要起大风了，船长要按照安全规则回驻地避风。无奈，我们干完了手头的活儿，全体登上老王的渔船再次返回驻地。上次“苏力”台风横贯辽东半岛，大连市中国船舶重工集团有限公司第七六〇研究所的国家某重点试验平台出现重大险情。在危急关头，第七六〇研究所党委委员、副所长黄群等12名同志组成抢险队，对试验平台进行加固作业。作业过程中，黄群、宋月才、姜开斌同志被巨浪卷入海中，英勇牺牲。所以，现在海上风浪预警提高了避风等级。

开船了，我恋恋不舍地回望眼前矗立在海中近在咫尺的安静的老人石，脑海中忽地闪现出当年那场海上战斗的情景：尾部大火冲天，伤痕累累

的舰体已经进水，严重倾斜的经远舰上的官兵们，他们彼时也许正在船上忙着灭火，也许还在奋力操作大炮还击，也许还有用绳索把自己吊在船外躲避船上大火的，也有在保护重伤的林永升管带的，当他们拼尽最后的力气驾船冲向老人石的时候，当浓烟布满海面，海水和血水模糊了双眼的时候，在经远舰弥留之际，他们咬紧牙关拒绝升起降旗，他们僵硬地最后抬起头，眼前的老人石从模糊的视线中翻滚着最终消失的时候，他们在想些什么……

当年，现场亲历者，亲眼看见经远舰最后沉没时刻的日方吉野舰上的常备舰队参谋釜屋忠道记录下了当时的情景：

> 先是，济远西奔已远。广甲亦当经远右舷舰首，奔近陆岸。此边一带为未测之地，经远航迹为泥沙混搅，吉野之航迹亦为泥沙混搅。吉野尽量避免无的放矢，照准开火。以予所见，至少五分之三命中，或于装甲带炸裂，或命中甲板上之物件而炸裂，于二三处引起火灾，烟焰暴腾而起，遂至满舰大火。其身倾斜，可见露骨铁梁，颇为奇观。乘员于舷侧垂绳

索至水际以寄其身，或攀于缆绳樯上以寄其身。及舰体渐倾，先下之以避火再登之，只管勉力不失性命。然而尽管机器依然运转，未知舵具有损，抑或操舵手不在其位，航向未有一定之数。虽然舵急转，左舷倾斜，而一时未至沉没。吉野欲放鱼雷立即破坏之，下令准备鱼雷。少顷，水雷长报告鱼雷准备完毕，而第一游击队之二号、三号、四号舰已近，频频炮击。吉野即使中止炮击以鱼雷攻击亦已不及，于是变航向为左舷十六点，旁观二号舰等舰之炮击。少顷，经远已告弥留，暗轮空转，赤色之舰底暴露水面之上。我军鼓掌高叫万岁。

——日方资料提供 张黎源先生

避风之日准备之时大家抓紧学习

2018年8月23日 晴

上午在黑岛驻地，我和领队周春水、副领队冯雷、刘烜赫一起研究沉舰结构，推测我们现在施工区域具体进展的位置以及各种可能性。

大家再次比对“经远舰”设计图纸（德国多特蒙德LWL工业博物馆提供，魏超翻译）与水下考古多波束扫测图像，我们大家得出了一致的结论：扫测图像内的长方形遗址就是“经远舰”水线带防护装甲“铁甲堡”（第91页上图：多波束测绘图显示出“经远舰”铁甲堡清晰的轮廓。第91页下图：“经远舰”原始图纸，绿色部分即铁甲堡的形状）。铁甲堡在海底呈东北西南走向沉态，且西南方向的短边有可能损毁并埋没在海底泥沙里。

刘烜赫提出了一种猜测：铁甲堡东北方向的短边露出海床约1.8米。但是这部分装甲顶面不是平的，而是向下凹陷的。这并不符合“经

刘烜赫

1982年4月出生，黑龙江伊春人，天津财经大学电脑美术专业学士。现就职于深圳市中科领航海洋科技有限公司。2005年至今在《现代舰船》杂志上刊登近代海军舰艇复原图纸30余幅；2007年在“数字化故宫”项目中负责VR数字建模部分工作；2008年在“麦积山石窟”项目中负责VR数字建模部分工作；2016年参与辽宁“丹东一号”致远舰水下考古项目；2017年为“定远舰”复制舰设计复原锅炉及蒸汽机；2018年作为资料顾问参与辽宁庄河“经远舰”水下考古调查工作。

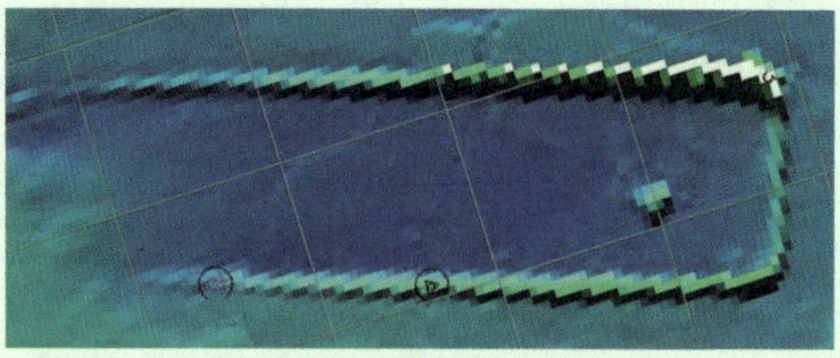

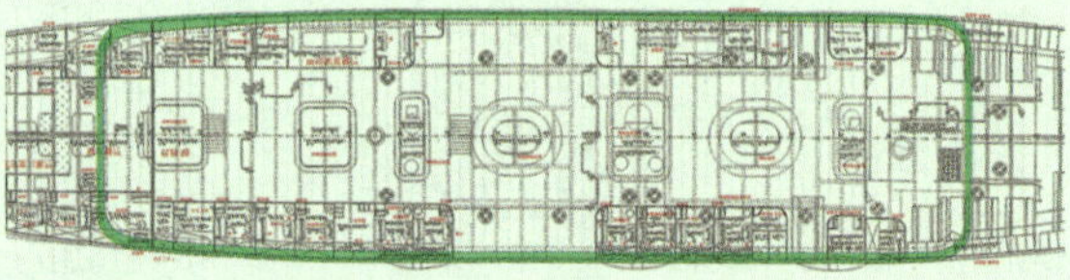

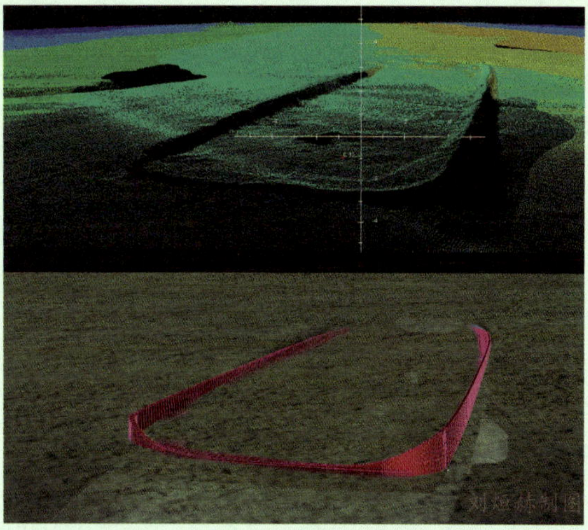

远舰”铁甲堡前壁的特征。经远铁甲堡底缘前后接连75毫米拱形防护装甲板，清末称其为“穹甲”，作用是保护水线下的重要设施。而铁甲堡与前后的穹甲的连接处正好呈现出弧形凹陷。而多波束呈现的状态是弧形凹陷朝上，难道说“经远舰”是底朝上倾覆的？这让我们想到了两条线索；日本战后记载中的确说“经远舰”是倾覆的。此外“经远”的姊妹舰“来远”沉没时也是倾覆，这极有可能和该级军舰的设计有关。“经远”级军舰在船体纵向设置了中央水密舱壁。本意是为确保一侧进水时另一侧动力完好，提高舰船的生存能力，但是单侧进水会造成严重失衡，反而成为加速舰船倾覆的祸根。

（上图：铁甲堡多波束测绘图。下图：根据“经远舰”原始图纸通过3D软件绘制的“经远舰”沉舰状态3D图，粉红色为铁甲堡部分，为倒扣状态。注意铁甲堡前臂的弧形凹陷。刘烜赫供图）

再次分析水下拍摄的视频，发现铁甲堡两侧的装甲板，其横截面顶部成楔形，并且有部分肋骨与其连接。这些特征与“经远舰”原始图纸上装甲带底部的信息完全相符，更加证明了船体是倒扣状态的推测。（下页左图为“经远舰”原始图纸中铁甲堡舷侧装甲带结构图，红色阴影为装甲板，黄色阴影为柚木衬层。注意红色虚线即装甲带底缘，设计成楔形，下部与大横肋相连。刘烜赫供图）

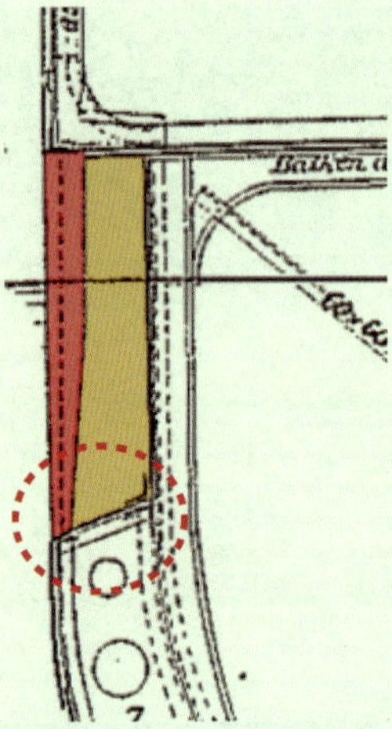

刘烜赫制图

假设这艘沉舰目前是倒扣状态，那么船艏又是朝向哪边呢？我们大家继续从铁甲堡上寻求线索。通过大家仔细分析设计图纸，发现“铁甲堡”水平造型并不是一个规整的长方形，而是船艏一端宽，船艉一端略窄。我们立刻对多波束测量图像进行计算，很快得出了结论。船艏朝向东北偏东！至此，沉舰的姿态在我们大家的推论下已经完全清晰，这将为我们下一步的发掘工作指出行动方向。

水哥看了我们的数据推演后，在图纸上指出了最有利于潜水探摸工作且能够辨别船身特征点的位置，那就是船舷两侧经远舰耳台——船舷两侧的炮台，这也是目前抽沙的位置。根据史料记载，这两侧炮台上各装有一门口径15厘米的克虏伯大炮。根据目前图纸测量，耳台宽4.8米，伸出舷外1.5米，是沉舰特征最为明显的地方，也是我们最容易发现的位置。水哥当即决定在沉舰右侧位置扩大抽沙，也就是沉舰的左舷耳台位置。以图纸上铁甲堡的底沿向上计算的尺寸和我们目前海底沉舰铁甲堡底沿露出海床的尺寸来看，我们在海床上向下挖3米深应该可以触及耳台的下沿突起位置。但是目前我们抽泥已有3米的深度了，还没有发现突起底沿，证明可能是我们水下计算的位置有所偏差，这也是水下工作中允许范围之内的偏差。现在，我们只需要向下和向左右两边拓展一下发掘范围，就应该能够触及耳台。我们确认耳台之后，就可以以耳台为计算起点，再向后去找经远舰铭牌。这也是我们这个发掘季的发掘重点。我们从经远舰历史照片中，可以清楚地看到在耳台的大炮后面，有两个清晰的汉字——“经远”，寻找这两个字，是我们工作中的重中之重，它能够确凿地证实这条沉舰的身份。

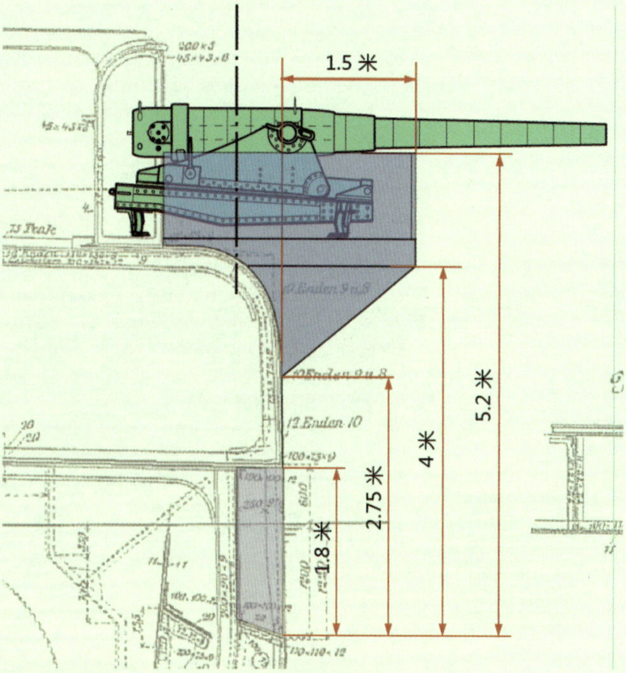

经过一上午的讨论和研究，两位领队都觉得很有必要向全体人员做一个直观的介绍，让大家都能够清楚地了解当前沉舰的状态，和我们现今工作区域的形态与沉舰的关系，让大家清楚地知道接下来水下行动与工作的方向，更好地在没有能见度的情况下保障潜水员的安全，并能够清晰地明白自己工作的方向。下午，领队通知全体队员都来到小会议室，大家通过刘烜赫的讲解与3D模型电脑演示，直观地了解了沉舰每个部位的具体形态与尺寸，使每一位水下考古队员都能够做到心中有数。

送别队友医院看病让我心生苦恼

2018年8月24日 晴

今天天气晴朗，气温也在不知不觉中降下来了，有秋高气爽的感觉。今天水哥要去庄河采购工作船上急需的钢管和槽钢等物品。张海成和寿佳琦跟单位请的假也到期了，他俩要从庄河北站坐高铁再转机回各自单位了。我的右耳仍感到一点点疼痛，于是大家一起出发去庄河，我打算去庄河市中心医院检查一下右耳耳膜。

寿佳琦自今年六月份就从海南省博物馆出来了，先在山东威海“定远舰”水下考古调查项目里工作了一个半月（项目也是水哥领衔，真是能者多劳），再转场到现在的辽宁庄河 “经远舰”水下考古调查项目，已经连续在外将近三个月的时间了。要知道，寿寿可是刚刚结婚，为了水下考古工作与家人分别，相隔万里之遥连续在水下考古工地奋战了三个月时间啊。想想每日只能在海上对着电话诉说离别的相思之苦，每每这些默默的付出是多么令人敬佩。同样，张海成是广东省东莞市博物馆的骨干，单位里的工作也是非常的繁重，他的单位只给了一个月的借调时间。他家里尚有年幼的儿子，为了能参与这次水下考古项目，他也是克服了诸多的困难。每天为了能够安抚儿子，无论是在海上的工作平台上还是在岸上的驻地里，每到晚上儿子在家的时间，他总是跟儿子连线视频，陪儿子聊天，给儿子讲各种各样我们遇到的事情，看各种各样他从海边采集来的小贝壳、小石头。临行之前，他给儿子打包了整整一大袋子从海边采集的小石子和小贝壳，比他所有的行李加起来都要重。其实，我们水下考古队里的每一位队员，都和他们一样，爱家人、爱水下考古事业，都是勤勤恳恳、任劳任怨的好儿子、好丈夫和好父

亲。分别总是让人有些不舍，但这也是很无奈的事情。一方面是对家人的眷念，一方面是海底考古环境刚刚熟悉，毕竟目前国家文物局水下文化遗产保护中心项目工作人员的组成方式就是这种模式，从全国各省市各个单位借调人员，水下考古队员再按照各自单位的请假期限回去报到。很多情况是水下考古队员们刚刚熟悉沉舰遗址的水下情况，刚刚进入最佳的工作状态，借调时间就已满了。此时，就必须要离开队伍，这种情况很是令人遗憾。

为两位兢兢业业的水下考古队员送行后，水哥和贾宾把我送到庄河市中心医院。我先去看病，他们去买船上需要的钢管、角铁等材料了。到了庄河市中心医院，看着医院宏伟的大楼和楼内现代化的设施，我的眼前一亮，没想到这么小的地方，居然有了这么现代化的大型综合医院。大家也许还记得我前面提到的由于下潜速度没有把握好，耳朵做反压的时间稍微晚了一些导致鼓膜有一些压伤，流了一点血疼了两天，后来也就没太在意。再后来19号我又再次下水，到今天又有几天时间了。昨天晚上耳朵开始疼得有些睡不着觉了，今天来到医院就是要让医生好好看看，接受正规治疗。庄河市中心医院耳鼻喉科王选胜医生听说我是国家文物局水下文化遗产保护中心的水下考古队员，正在调查老人石海域“经远舰”沉船，是潜水时把耳朵压伤的，对我格外的重视。他先是让我去做耳朵的测音，然后亲自为我做右耳内窥镜检查。最后跟我仔细说明了病情。我的右耳是潜水水压压伤导致的耳鼓膜炎，需要吃消炎药，外用滴耳药和滴鼻药，并且坚持要我休息七天，七天之内绝对不可以再下水。对于王医生认真负责的叮嘱，我是万分感谢。记得参加2015

年在浙江舟山"里斯本丸"号水下考古调查项目时，我得了重感冒，连续几天发高烧，我们工作驻地在东极岛上，这个岛坐落在祖国最东边，是中国最早看见太阳升起的地方，岛屿距离大陆很远，没有办法回到城市去医院看病。热心的房东阿姨为我找来东极岛上最著名的巫医，上门为我念经做法。仪式过后，我回房间继续坚持吃药休息，又过了几天，病真的就好了。参加2016年辽宁丹东"致远舰"水下考古调查项目时，我的左小腿在我搬抽泥抽沙管的时候，被甲板上工作平台的锚缆擦伤发炎，这个小伤口化脓后就是不肯愈合，前前后后折磨了我将近一个月的时间。那时候多亏队内有干式潜水服，为了不耽误工作，我就天天坚持用干式潜水服下水工作。至今，我的左小腿上还有一个"7"字形的疤痕，我给孩子们的解释是我参加"致远舰"水下考古调查工作期间得到的勋章。今年，2018年，这次我是右耳耳鼓膜压伤发炎，这次难道又要折磨我很长时间吗？我心里默默地想，每次参加水下考古项目都会有点小意外，然后让我印象深刻。那这次我就当作也是"经远舰"水下考古调查工作给我留下的又一个难忘回忆吧。

不添麻烦带病上船尽我能尽之力

2018年8月25日 晴

昨天白天看完病，水哥了解情况后让我安心在驻地修养。一直到晚上吃饭，我的心里总是感觉很不踏实。如果不能上工作平台，我会感到有劲儿使不出来；看着大家在平台上工作，自己在驻地休息，心里总是感觉过意不去。晚上，吃完晚饭，我没有像往常一样跟大家上山散步，而是直接去宿舍找到水哥跟他讲我明天只要不发烧，就想跟大家一起上平台。我不想自己一个人留在岸上，我的主要工作是拍照，只要病情不给大家添麻烦，应该不会受太大影响。水哥最终同意了我的想法。

今天早上六点起床，感觉右耳的症状比昨天减轻了一些，试了试表，体温正常。我决定要跟大家一起出海。我带上昨天买的各种各样的药，跟大家一起来到了黑岛渔港码头。经过前几次的重复抛标引导浙奉662号做四锚定位后，今天这次避风过后出海，还是需要重新定位抛四锚，那之前四锚的锚点浮标沉块已经都丢到海里没有了。我们在码头就地取材，用码头防波堤上的大石头当作沉块。不太走运的是今天码头停靠的船只很多，我们的渔船被迫停靠在最外侧，渔船与码头相隔三条大铁船，大石头需要传递三个船位才能运到老王的渔船上。我们一个船里站一个队员，岸上的队员把石头一个一个往下传递。工作中最显眼的就是我们文物组的陈启流啦，别看启流身材瘦小，搬起大石头一点也不含糊。

老王的“法拉利”渔船在清早通透的大海中顺风顺水，一会儿的工夫就已经开到了，大家兴致高昂地爬上工作平台，又见到了分别几日在台风期间留守的黎总、欧哥等兄弟，分外得高兴。

说笑之间，我这边还未安顿好，那边魏超已经跳进了淤泥收集筛选箱里了，谁让他长了一双让人羡慕嫉妒恨的大长腿呢！跳进去肯定比谁都方便，嘿嘿，我不厚道地笑了。其实是我们大型过滤水槽箱子的出水口需要加装更细的钢丝网，防止小件文物遗漏。魏哥是不怕脏不怕累自告奋勇主动请缨的。结果就是，这些细软的海底泥沾满了双脚，冲洗的时候都是格外地费劲。不知道大家是否看到亮点了——对咯，就是魏哥那妖娆的红色脚指甲。每个亮点的背后都有着一段鲜为人知的故事，这次也不会例外。这红色的脚指甲其实是充满着父女情深的脚指甲，是大魏女儿特地给爸爸选的颜色，然后亲自一笔一画画好的。大魏来到工地后都舍不得洗掉，这次让我们这群兄弟们全都看到了。我都能想到那是多么温暖的画面呀！女儿知道爸爸要远行，要那么长的时间离开自己，为了让爸爸在离家的这段时间里不会孤单，小女儿能找到的陪伴爸爸的方法就是撒着娇给爸爸涂上自己心爱颜色的指甲油。多么感人的小棉袄呀，那么体贴细心；多么温暖的父亲呀，高大威猛的大魏在女儿面前仿佛就是一只温顺的小绵羊。

二哥王志杰和老刘刘春建的工作也紧锣密鼓地展开了。角钢、槽钢、钢管摆满一地，切割电焊忙碌起来。他们今天的重要任务是要完成安装两台电动吊机，分别安装在工作平台的前端和后端，用来控制由我们水下考古队员负责的前后两个抽泥抽沙管。这台吊机看着不大，但是都是由钢材料构成的，重量非常大。我们大家一起给二哥打下手。他负责焊接一个合适的底座，然后再焊接一个和船身结合的吊机工作台面，再把吊机稳坐在底座和这个工作台面上。这项工作整整持续了一天时间，直到傍晚吃饭前，一群人才七手八脚地把最后一台吊机安装到位，看着这靠在船舷边的吊机，我在想要是有地笼就完美了，这机器起吊个地笼捞点螃蟹应该非常实用啊。

下午四点，穿着潜服待命了一个小时的欧哥和余馆终于下水了。之所以等了这么长的时间，主要的影响因素还是天气。海上的风实在是太大了，风吹起来的涌浪有一米多高，我们等风力稍微小的时候才让他俩下水，估计这两位潜水员下水前全副武装穿着潜水服已经热得不行了。虽然海面看上去有些险恶，但是水下已经是平潮期了，还是比较安全的。等他俩上水后，身为开过画展的画家欧哥兴

奋地给冯队长边讲边画了他水下摸到的船上零件的形状和尺寸。画完后他还不知道，这东西的样子和尺寸就在他左手边，是之前刘烜赫在他下水后刚刚画好的，也是我们在这个探方内要找的船体结构之一。这也充分说明，这位大画家在完全没有能见度的情况下，单单依靠手摸，就能够如此精确地把握物体形状结构和尺寸，真是令我们佩服至极。他画的正是我们要找的那个倒着的排污管和防撞台。这个标志性舰体结构的出现，完完全全地证实了我们先前的判断，经远舰是翻沉倒扣在海底的。如今的海底残存的是船体的中上层建筑。换句话讲，这下面的沉舰里面还沉睡着近两百具经远舰将士的骸骨。

在我们这边忙着帮欧哥和余馆下水的时候，广州打捞局的潜水员们换上工作服，系好救生衣，用抽水泵把我们渔船运来的十多吨淡水加到了工作平台的水仓里。之后，我们可爱的来自广东省文物考古研究所的胡思源带好行李登上渔船与我们挥手告别了。我一下子还没反应过来，心想怎么也不提前说一声就走了呀。他单位的借调假已经用完了，不得已，要离开今年的"经远舰"水下考古调查队了。小胡在队里和蔼可亲、温文尔雅，除了潜水工作外，为大家做的都是不显眼不出头的后勤保障工作。在我们被台风从海上吹到驻地两边来回赶的时候，都是小胡为我们大家协调船只，安排住宿吃饭。此外他还负责记录各种信息，报销登记繁杂的各项票据。这一下子就要和他分别，也不知道什么时候还能再相见，心里一下子有了很多的不舍之情。看着他还是像往常那样的开心，那样满脸阳光灿烂地跟我们挥手告别，而我就只能站在平台上，

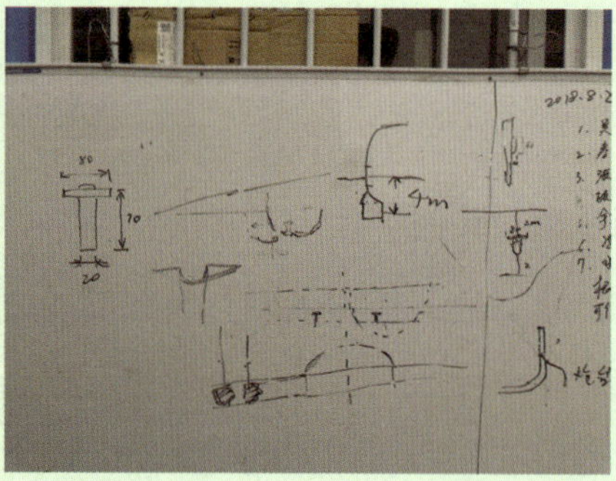

用力向他挥手大喊一声保重！

送走了小胡兄弟，我又来到了厨房看看严大厨给我们准备了什么好吃的。不看不知道，严大厨得知我们今天上船，提前给我们酱好了牛肉，这会儿正给我们切酱牛肉呢，满满的一大盆，我忍不住偷吃了

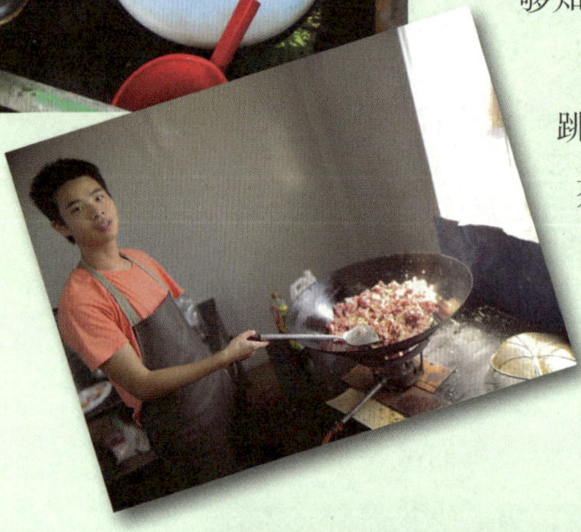

几片，真是过瘾呀。其实严大厨也是我们全船最为辛苦的人之一，每天早上大家都还在熟睡的时候，我们的大厨就早早地起床为大家准备早餐了。每天白天还要负责四十来人的两顿正餐，光是准备收拾材料都是已经非常大的工作量了，更何况他还要负责做熟，还要尽量满足这群来自天南地北的人的不同口味，也是难为严大厨啦。不过你瞧瞧我们中央大街开饭时候的盛况，就能够知道我们的严大厨有多棒啦！

晚饭过后，领队周春水召集大家去平台后面跳板集合。今天是中元节，我们带来了烟、酒、茶。点上香，为当年奋勇战斗而壮烈牺牲的经远舰将士们深鞠一躬，敬上我们深深的哀思。

在激烈的交战中，经远舰遭到了日本第一游击队的围攻，林永升和舰上许多官兵都负

了伤。此时，若紧急靠岸，只需10多分钟林永升和舰上官兵便可转危为安，但林永升宁可战死也决不撤出战斗。

甲午海战中，经远舰的英勇表现不亚于致远舰。对于勇战沉没的经远舰，连日本海军也不得不表示敬意，称“敌军终未升起降旗，一直奋战，死而后已，当可瞑目海底”。

——引自网络公开资料

纪念完将士们，大家陆续各自开启晚上的休息时间。二哥累了一天了，还是精神抖擞地坐在船边开始钓鱼；大卫今天没有德语翻译任务，拿出手机趴在床上开始玩射击游戏；黎总支上电脑看起了抗日剧，还用我的泡面碗改造的茶盘泡起了工夫茶；朱老大来工地只能待几天，时间紧迫，拉着世乾在电脑前仔细分析所有测绘数据，指导世乾接下来如何工作；水哥开始了他一天中最后的记录工作，他要把今天所有的工作内

容，以及他的想法用笔详细地连写带画地记录到他的工作日志中去。他经常是等到大家都睡安静了才开始动笔，写到凌晨一两点钟也都是很平常的事。我和他住在一个集装箱房，铺位相对，共用一张桌子，每次我都会和他一起写工作日记，想多陪陪他，但每次都是我实在是困得熬不住了，就先去睡觉了。

不能再写了，得赶紧睡了，今天凌晨两点要趁着低平潮指挥长臂挖掘机司机张增国小伙儿对舰体东侧外面位置进行清淤工作，我还得起床拍照呢！

经过近段时间的潜水与抽沙试掘，发现整个海床表面1米深度内均是支离破碎的木板、铁块，为以前抓斗船盗捞抓损扰乱所致，且挂满渔网。队员在商讨之后，计划花五六天时间用挖掘机去除表层渔网及盗捞碎片，下挖深度控制在50厘米左右，并为确保以后人员潜水安全，清开抽沙障碍物。

天气晴好全力开工不分昼夜轮班

2018年8月26日 晴

我们在浙奉662号工作平台上船宿的夜晚其实并不是通常想象的那么惬意与安宁。昨晚大海的涌浪不断地拍打着船身，躺在床上你能清楚地感受到船体发出的低吼与震颤，透过空气中弥漫着的永不停息的柴油发电机的轰鸣声，你也许还能隐隐约约听到海浪们相互追逐的沙沙声。我们宿舍里的四个铁架子上下铺装满了整个集装箱，睡上六七个人，伴随着船的摇摆，蛤蟆吵坑般吱吱呀呀地响成一片。即便领队已经把最能说梦话最能打呼噜的大专家刘烜赫请出我们宿舍，安排到船舱里面的封闭单间了，其他人的鼾声混合着铁架子床的吱呀声，依旧是此起彼伏。船随着海浪摇晃，床随着船摇晃，我随着床摇晃，在这摇摇晃晃之间，睡意先是不断地向我袭来，然后又被各种声音与晃动扰去。这来来往往之中，困急眼的我终于算是睡着了。迷迷糊糊中，我好像感觉水哥起床了，但是自己是无论如何也睁不开眼了，哎，放纵了自己吧，我又睡去了。

早上六点不到，船上的各工位人员都已经陆续起来洗漱吃早餐了，得知昨天夜里挖掘机工作了一个小时，大家都抓紧时间吃饭尽早开始投入工作。等我洗漱完毕吃过早餐后，启流和海明已经开始清理和冲洗夜里长臂挖掘机带上来的泥巴里夹杂的各类文物，这其中大的有沉舰木板、纯铜管和铅管了，小的有各型号弹药壳、底火和小件生活物品。我们用铜刷子洗掉文物表面上附着的海生物和海底泥，然后把大件文物放进我们准备好的大塑料箱里，再注满清水进行脱盐处理。小件文物放进各种型号的保鲜盒里，写好出水文物标签再放进大箱子里并用全黑的塑

料袋罩好。小件文物就放在我们队员的宿舍里，在大卫的床铺下。高大威猛的大卫睡觉时，还能兼职仓库保管员。

在平台上前前后后地忙活完好多事了，拿起手机一看居然八点还不到。这真是早起三光呀！水哥这会儿赶着要潜水看看情况，他要带着钢筋做的钎子，想在昨天探摸的基础上找到副炮炮台的具体位置。按照我们目前的工作探方的深度，对应舰船的图纸，应该已经接触到了副炮炮台最底下的凸起位置了。水哥上来后对大家说，扎不下去，底下的泥很硬，扎不动。听到这，我心里咯噔一下子，心想，难道细软并带大量牡蛎壳的埋层已经过去了，接下来又遇到致远舰当初的问题了？（致远舰发掘期间船体埋藏在硬泥层里，泥质坚硬而且黏度很大，根本抽不动。这种硬泥，当初使用最大压力的水炮才能一点一点地打碎，进度会非常慢。我们最后确定致远舰沉舰深度，还是使用了攻泥器才勉强抵到船底完成测量工作。）这次要是还遇到这样的沉积层，那对我们现在的工作进展与所剩工期来说，真是雪上加霜了——这也是没有办法的事，水下考古就是那么危险复杂的工作，其中的变量太多，只能随机应变尽力而为了。通过

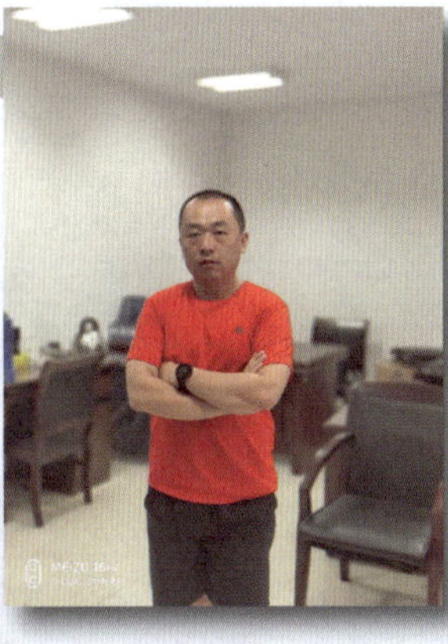

贾宾

1981年7月出生，河南开封人，毕业于郑州大学历史学院考古学与博物馆学专业，硕士。现就职于海南省博物馆南海水下考古研究中心，主要从事水下及陆地考古工作。

林忠弟（左）

1970年12月出生，广东揭阳人，1993年毕业于广州潜水学校工程潜水专业，毕业后就职于交通运输部广州打捞局，从事潜水员工作。2007年先后参加广东“南澳一号”水下考古调查和“南海一号”整体打捞工作，2018年参加辽宁庄河“经远舰”考古调查工作。现就职于广州打捞局救捞工程船队，任第五工程队队长。

我们在图板上反复推敲，我们觉得现在的抽泥坑最深处的位置应该与副炮炮台下面凸起的位置有所偏移，这才会导致深度足够但我们却还没有摸到炮台凸起的原因。

因为要处理安置昨晚的出水文物，今天上午所有人一直都在忙碌，我们队员中午吃饭时餐厅的塑料凳子基本上都被征用了。冯雷师兄中午吃饭时，左右两位哼哈二将张敏和贾宾只能站着陪吃啦。话说贾宾是我们的历次工地的大总管，除了正常潜水工作以外，还要负责工地各种物资的采购，平台上缺什么东西都得负责采购，一天到晚地各处跑，找各种各样的设备物资。

今天下午注定是一个异常忙碌的下午。二哥他们那边中午也没有休息，加紧在大水槽里组装喷水系统，用于筛选清洗海底淤泥，实现文物与泥水分离，忙碌一下午总算安装完毕。这边长臂挖掘机的张师傅也不休息，利用下午低平潮时段加紧清理船体外侧的表层淤泥。因为以前盗捞的原因，很多船体钢板已经被打碎，扭曲变形，散落海底，挖掘机不断地挖上来船体残块，大家就

2018年8月26-27日

不断地去筛选出来，不断地去清洗、分类，进行保护处理。说起来比较简单，真干起来工作量却是非常的大。看着照片里忙碌的人们，就能感受得到这一下午是多么地累人了吧。

晚饭过后，疲惫的大家都或躺或坐休息下来，完全不像前一天在甲板上三五成群地溜达闲聊了。八点不到领队已经累得躺下睡着了。看了看自己的手机步数，在船上这么小的空间里，我今天居然走了将近一万步。

晚上八点半，拉上二哥，我俩找船长要了四个地笼，放好诱饵，丢到海里，然后就等着美味自投罗网啦——这是我们目前最大的业余乐趣！

2018年8月27日 晴转阴

早上，还是不到六点钟，虽然我还是睡眼稀松的，但是船上的人员已经逐渐活动起来了。我咬牙起床，晃晃悠悠走到洗漱的地方后，惊奇地发现这里已经处于排队的状态了。不过这里还不是最为抢手的地方——最为抢手的地方莫过于厕所了，船上有十来个船员，再加上广州打捞局的潜水员和我们的水下考古队员，总人数不下五十。可是在浙奉662号工作平台整条船上只有两个一人位的厕所，早上高峰期用起来时真是僧多粥少。鉴于这种情况，我都是直接把生物钟调整到下午或者晚上，不跟他们排队抢厕所。特别声明我们的厕所在船舱内部，从我们住的集装箱房间去厕所需要经过船的一个隔板外加一扇水密舱门，晚上起床去船舱厕所需要走过一段非常艰辛的路途。所以我都是直奔甲板开口处解决，当然我会格外小心抓好扶手，以防坠海。

收拾停当后，我来到厨房。今天早上严大厨给大家准备的是西红柿肉片挂面外加蒸糯玉米和煮鸡蛋，当然还有稀饭馒头和榨菜。我对面条还是比较中意的，很不自觉地多捞了几块西红柿，毕竟船上已经两天没有吃水果了，看见蔬菜还是情不自禁地想多吃两口。我的右耳鼓膜还没完全好，外加有点儿感冒症状，开始有些咳嗽。这感冒我敢断定完全是二哥传染的，他已经感冒好几天了，接连又把我、魏超和刘烜赫好几个人都传上了。我这已经算是第二梯队了，估计就是因为耳朵发炎抵抗力下降，这才被二哥传上感冒的。好在问题不算严重，症状不很明显，应该有三五天就能好了。吃完一碗热乎乎的面条，啃了半个玉米，我这顿早餐也算是顺利完工了。

我赶紧来到后甲板看看大家都在干什么。嚯！眼前看到了两个黑乎乎的大家伙，一个桶形两米来长，六七十厘米的直径，看上去像是个小锅炉；另一个是一大块铁板，由几块铁板铆接连成一片，总共有五六米长，两米多宽，上面全是黑乎乎的海底泥。看来昨天半夜长臂挖掘机在清理船体后侧被盗捞严重区域海底表面的时候，捞上来了这么多船体残块。从铁甲板的扭曲变形以及破碎的情况来看，前几年来到这里盗捞沉船废铁的那帮人是多么的疯狂，他们对这艘战舰造成了无可挽回的严重伤害。

我们水下考古队员全体出动，先是对这些出水文物用水管进行冲洗清理，然后又是铁锹，又是撬棍、推车、铲子能用的工具全都用上了，甲板上一阵忙碌。黑乎乎，黏糊糊的海底泥这会儿已经弄得满船都是了。我们用的小型抽水机抽上来的水压力太小了，对黏度非常大的海底泥来说根本没有什么作用，忙活了半天，效果不明显。这时候，林忠弟队长指挥广州打捞局的队员们上了，他们打开高压水泵，用水炮冲洗，三四个人抬着水炮对着出水的这两个大件儿一通冲洗，这才有些效果。冲完文物，顺便冲洗甲板，这

高压水炮确实厉害，所到之处冲洗得非常干净，效果非常好。当时我就在想，要是没有这个设备，单凭我们队员人力，这个“烂摊子”不知道要收拾到什么时候呢。

东西收拾得差不多了，副队长冯雷召开临时会议，商讨目前工作。大家都来到集装箱里集合，冯师兄希望大家踊跃发言，他首先带头发表意见，他表示当前我们的工作遇到这么大体量文物出水的情况已经超出了我们的这次发掘季的工作范围了，更多的大体量文物出水，会导致工作船无法容纳，同时后面的文物保护压力太大，船上无法处理更多的大体量文物。后期单位接收库房存放空间、文物处理、文物保护等一系列问题都很难得到很好的解决。我们不应该再提取大体量文物，应该让它留在原址保存。工作重点应该是抽沙，重点放在对船体右侧耳台的发掘上，继而以耳台为参照，向后计算“经远舰”舰名标牌位置并以此为发掘重点。随后，刘烜赫、王志杰和我都发表了一下各自的看法，大家也都同意以耳台和舰铭为发掘重心，但同时也表示了我们会努力处理好今

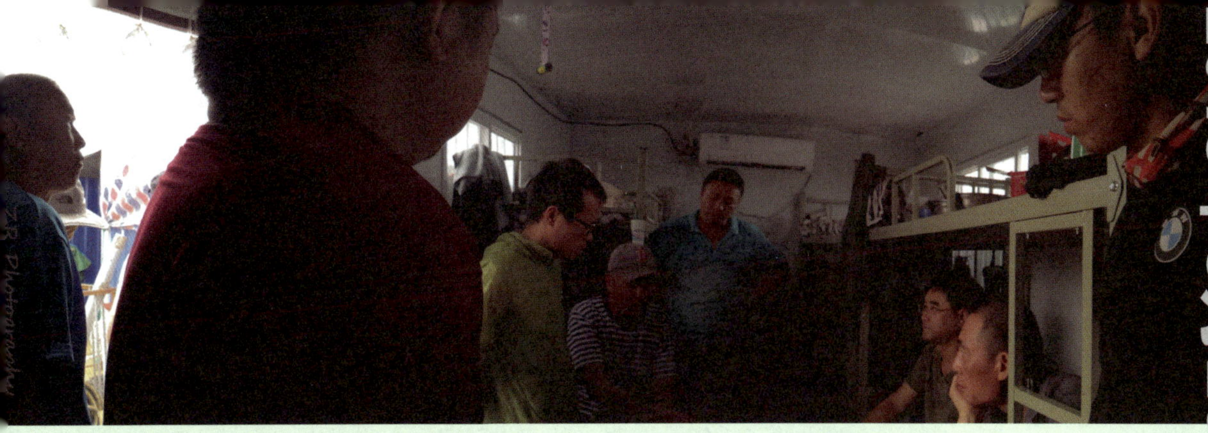

后更加多的出水文物。最后领队周春水向大家解释说明了下一步的工作安排。他首先说明这几天工作平台与沉舰处于十字交叉位，长臂挖掘机的工作效率非常高，要充分利用低潮时间，全力把现在已经确认的扰动很大的舰尾部区域的海底表层清理完毕，所以这几天工作以挖泥为主，是为了将来我们队员对舰尾餐厅和军官舱进行抽泥抽沙工作时尽可能扫清障碍；抽沙不在这一时半会，等长臂挖掘机将舰尾表层泥巴清理完毕后，工作平台将做90° 调整与海底沉舰平行，这才开始以广州打捞局为主力进行大规模抽沙，对耳台和舰铭区域进行攻坚战，我们监控抽沙进度，计划用十至十五天时间完成。与此同时，我们水下考古队员也操控已经做好的两个小号的抽泥机在沉舰铁甲堡北侧和沉舰铁甲堡南侧舰尾餐厅和军官舱进行抽沙作业，尽量获取小件文物和带有舰名的文物。另外，本次调查机会难得，能提取的文物就尽量提取，谁都不能保证将来这里不会被民间盗捞破坏。接下来能否找到“经远舰”的实证，不仅要靠大家通力协作，更需要些运气了，但愿我们能够顺利完成预期任务。

现场碰头会开完了，大家各自散去，恢复手头自己的工作。由于船上没有网络信号，水哥的电脑不能上网办公，他要回驻地处理岸上与海事局的相关报备问题，我就跟着水哥和贾总管（小胡离开后，后勤工作转由贾宾负责，我们笑称他为贾总管）一起下船回黑岛驻地拿东西了。我的电脑、潜水表，目前都不在工作平台上，等过两天我能下水了，我还得需要它们呢。这些必备装备可是一件都不能少呀。

晚上十点，我已经在岸上驻地了，看到在微信群里二哥不高兴，好奇这么好脾气的二哥这是怎么了？敏仙张敏博士回答了，二哥又没有钓到鱼，很不爽。我赶紧问二哥我们前一天放的地笼收获如何。二哥埋怨我说：“你把绳子放得太短啦，地笼悬在海中，笼子里面什么也没有，现在我把地笼放到底啦。”我的天啊，我们这运气背到家啦。话又说回来，钓没钓到鱼，抓没抓到螃蟹，这些都是无关紧要的事。大家烦躁的心情估计主要还是工作进展得不顺利造成的。今天的现场会开得及时明了，水哥也给了大家一个明确的工作思路和心里预期。当我们每个人都清楚要干什么以及怎么干的时候，下一步就是我们大家齐心协力，努力实施了。我期待着令人振奋的成果出现，我也相信它就在我们努力方向上不远的前方！

风浪渐起挡不住大家的工作热诚

2018年8月28日 多云转雨

一夜无梦，我休息得很好，比起船上夜晚的热闹，岸上知了的鸣奏于我而言，就算没有。简单地吃过早餐，我就已经开始收拾东西，迫不及待地准备回工作平台了。一方面跟大家在一起还是热闹非凡的，两相比较这里实在是太过冷清了；另一方面，酒楼大厨们做的饭菜我实在是不敢恭维，果腹而已，而船上的严大厨的饭做得又是那么的好吃，这中午饭我们几位无论如何也是要赶到船上去吃的。

我前几天买的气胀式救生衣，今天已经送到了，穿戴好救生衣，装好上船的一堆物资，我和水哥兴致勃勃地赶往码头。

乘着老王的“法拉利”渔船，我们迎着风右满舵拐出渔港。刚出渔港渔船就开始大幅度地摇晃起来。我知道，以这种摇晃程度，我今天注定将是比较难受的一天了。快到平台，水哥和我还跟我们的浙奉662号工作平台合影留念。我们刚一靠船，副领队冯雷师兄就站在高高的平台船舷边对我们大

喊："你们都上来，东西交给我们搬，赶紧去打饭！去晚了就没啦，哈哈。"我们爬上船赶紧往房间走，短短的几十步路就可以明显地感觉到，工作平台船今天实在是晃得很厉害。

吃完午饭，稍事休息后，低平潮时间又到了，长臂挖掘机张师傅抖擞精神开始清淤工作了。我赶紧爬上了挖掘机的驾驶室，和张小胖师傅一起开始清淤。他负责开挖掘机，我负责拍照片。挖掘机挖上来的淤泥如果有沉舰碎片，我们会把淤泥倒入淤泥筛选箱里，文物组的启流和海明与打捞局的人员相互配合用高压水炮清洗淤泥中的文物，再把文物从过滤水槽中拣出来做进一步处理。启流和海明这两位文物组的兄弟这两天的工作压力那是相当得大，每一个低平潮期，挖掘机在清淤过程中会打捞上来很多的舰体碎片，各型铜管、大量的木材残块和不同的小型文物，各种文物的清洗、浸泡、收集、包装等工作都是由文物组工作人员负责。启流和海明就轮流冲在最前面，完全顾不得乌黑的海泥已经溅满身体，就这么不声不响地干呀干呀干呀。当然我们

其他人也会在没有手头工作的情况下和他们一起干。这些中国水下考古队伍里的新生力量工作起来是那么的兢兢业业，很是令人敬佩。

水哥这些天加班加点设计了一个潜水员上下水使用的吊笼，为了这个设计他还专门找了二哥和他们的工程组队员们一起商量计算了一次。今天下午总算是被心灵手巧的二哥从草图上的涂鸦变成了眼前的实物，如果能够安全运行，那么大家今后潜水工作时出入水就可以多了一个选择，可以坐这个吊笼由船尾的起吊机上下水了，潜水员会省好大的力气，不用在水面上长距离地游动，也不用背着八十多斤的双瓶组爬三

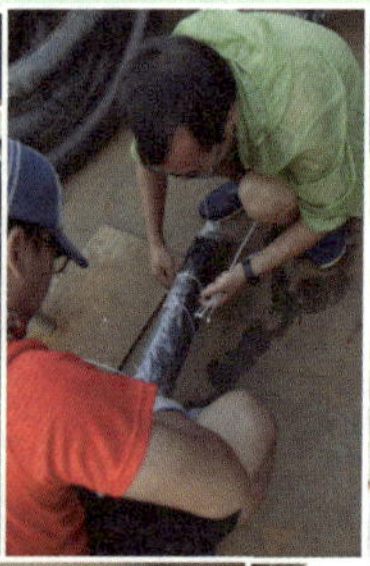

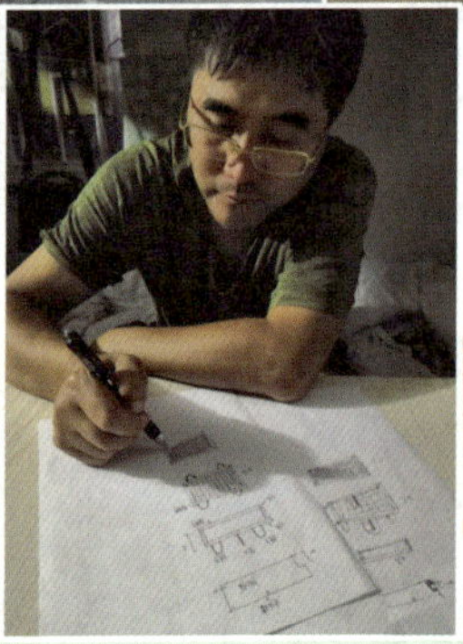

米多高的潜水梯了。领队水哥自告奋勇，要当“小白鼠”。我们一群“吃瓜群众”当然是格外小心的。此时，这工作平台船随着涌浪也有一点晃动，水哥就这么坐着吊笼被我们放到了海面，又安全回吊到甲板上——实验圆满成功，吊笼的各个细节再加以改进，提高一下可操作性，就能够安全投入使用了。

今天我们在非低平潮期间还干了一项重要的工作，那就是把已经组装好的小型抽泥抽沙设备吊放到沉船遗址的预设位置。当然这期间，还需要朱滨和朱世乾两位扫测定位人员指挥浙奉662号进行精确移船工作。完成了前后两个抽泥抽沙小型设备的安放工作后，文物组的队员们从过滤槽内乌黑的海底泥中发现了一个小铜帽，就立刻拿给水哥看。这个小铜帽闪闪发亮，水哥看到后非常高兴，他举着这个小文物兴高采烈地给我们讲这个究竟是什么武器弹药。这是我们这次考古工作第一次出水哈齐开斯47毫米5管速射炮的霰弹弹帽。这应该是从弹壳上脱落下来的相当完整的一个弹帽。

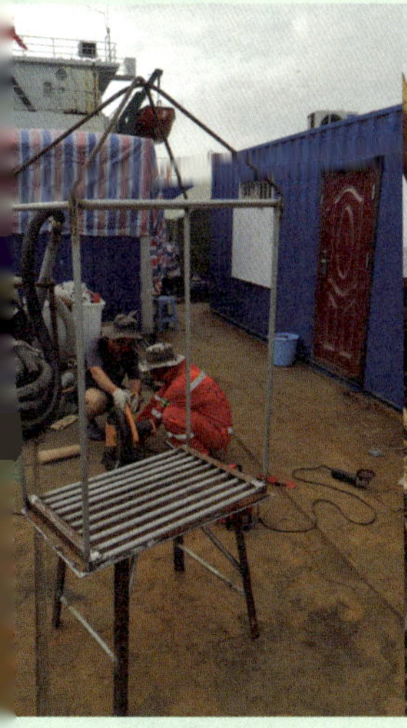

今天因海面起浪，人在平台上走路晃、喝水晃、吃饭晃、上厕所晃、拍照晃，干什么都是晃得厉害，照片好多拍得都有些模糊。

因为要在低平潮期间抢工作进度，大家都坚守着岗位，晚饭时间被往后推迟，直至天色已经完全黑了大家才吃晚饭。挖掘机张小胖师傅边吃边跟我说，这一下午晃得头晕，下车后感觉头更晕了，上船这么长时间，今天算是第一次晕船了。其实他不说还好，听他这么一说，本来控制得还不错的自己，感觉也是很不舒服了，晕晕的感觉开始上头了。上头归上头，饭可不能少吃，在船上的人都知道，上船后饿得要比在陆地上快。那是因为人在船上，就算你什么都不干，身体也会随时随着船在摇摆调整，赶上涌浪比较大的时候，身体对抗涌浪就会更用力，所以自

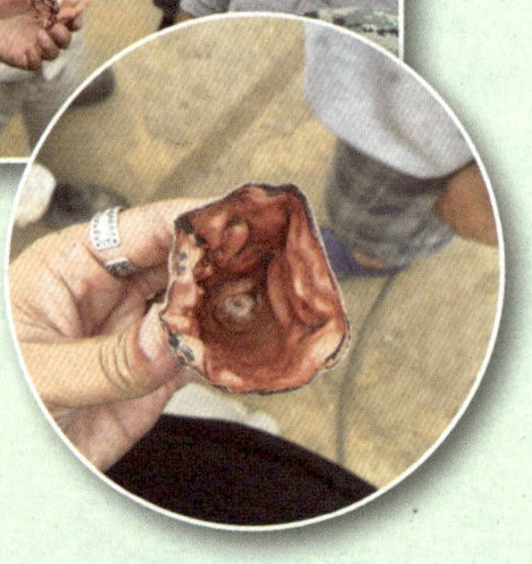

身的消耗会加大，饿得也更加快。今天晚上严大厨师做了一道经典菜——西红柿炒鸡蛋。打上两勺米饭，浇上西红柿炒鸡蛋，其他什么都不吃，这都是一顿美味佳肴——不知不觉间，自己又吃多了。

吃完饭，和水哥到打捞局林队长的集装箱喝南方带来的茶叶——潮汕单枞。我也不知道为什么人家喝得这么气定神闲，反正茶一入口我就感觉无比得苦，差点没有吐出来，这简直比喝中药还难以下咽。我实在是受用不了，就赶紧回到自己的集装箱里去，喝了两片罗红霉素，用来治疗我这被二哥传染的感冒引起的咳嗽，顺便漱漱口。当我打算抓紧把今天的日志写下来的时候，努力地看了几眼屏幕后，想吐的感觉就不断地涌上来，胃口里面有些翻江倒海了。无奈之下，只能平躺下来，这船是越摇幅度越大，真是让人无处藏身啊。有首歌仿佛正从我的耳边飘过——“我想哭但是哭不出来”，确实，现在的我是想吐但是吐不出来！

如果我说潜水加上船宿，不知有多少人会羡慕我有这么好的生活。然而此时此刻、此情此景让我该如何向你形容呢，就是你去做太阳神轮大摆锤难受得想停下来，但是不知道什么时候才能停下来，唯一的办法只能一边忍耐一边等待，这是何等的煎熬呀。闭上眼睛，躺在床上，我感受着船前后左右地摇晃，外加时不时地上下颤动，你真的能清楚地体会到涌浪从船底的船头位置一直拍打到船尾位置，就好像有人用板子从你的头贯穿你脊背一直拍到你的脚一样，清清楚楚地，一遍又一遍，并且无休无止。外面的风雨声更大了，混合着海浪撞击着船身的声音，在你的耳畔萦绕着。我努力地想着自己的救生衣、手机、眼镜和水杯的位置，默默地记清楚。慢慢地，迷迷糊糊地，我终于睡着了……

半夜时分也不知道是几点，我被尿憋醒了。外面的雨下得还是那么得大，此刻，船好像比我睡着时晃得还要厉害。我就忍着，忍着……心想这要是出去了，一边淋着雨，一边左摇右晃地往船舱里跑岂不是非常危险！我们平时夜里起来上厕所，都是去船舱里面的厕所或者后甲板船舷开口的位置解决。在今天这种情况下，看来这两个方法都是很具有挑战性了。忍了许久，也掂量了许久，我决定不出去冒险啦，摸黑找了几个矿泉水瓶子解决问题。说实话，确实不习惯，一方面容量有些小，500毫升只够半次，中间还得停下来换瓶子；另一方面，口太小，对技术要求太高，用户体验不是很好。总结起来，下次得买个脉动一升装的备着。

2018年8月29日 晴转多云

昨晚的风整整咆哮了一个晚上，我半夜迷迷糊糊之中还梦到走锚了。早上醒来看到船员都在后甲板上忙忙碌碌的，问了一下，居然是锚缆断了，正在抢修锚缆。拍拍脑门，我这是醒着了呀！心里暗想我这梦做得真准，虽然不是走锚，但是比走锚更严重。锚缆坏了这也是够麻烦的了，抢修锚缆的工作整整持续了将近一个上午。

浙奉662号工作平台船现在是少了一个锚，船又在左右摆动，没有办法四锚定位，工作平台无法精确定位导致了清淤工作也得暂停。吃过早餐我们大家在甲板上闲逛，大部分人暂时处在失业状态，突然就感觉没有什么可做的了。最先启动的还是我们文物组的兄弟们。他们开始继续清洗文物，给文物编号、装箱、浸泡清水等等。打捞上来的船板因为长短不一无处存放。领队水哥突然蹦出来个想法，这思路是我们无论如何都想不到的。他找来二哥很认真地说了一件正儿八经的事：让二哥他们工程组把两个塑料大水箱拼到一起，这样就可以把比较长的木板整体泡到清水里了。神奇吧！水哥居然想出来这么一件工作交给二哥他们。谁让二哥他们刚刚半开玩笑地跟水哥汇报钢管用完了，角钢也用完了，就连焊条也快没有了。这不，领队马上就想出来这个新点子，这群工程电焊组的大神们、无钢管不欢乐的小伙伴儿们，这回又有新的玩具可以玩耍啦。

要说他们的效率也是够高的，先是用蓝色的小号塑料箱做了一个实验，实验成功后，他们使用传统锔碗的手艺用易拉扣把两个巨大的塑料桶给锔到了一起，然后用玻璃胶枪把玻璃胶打入缝隙中做好密封，最后还东拼西凑地找来剩下的角钢和镀锌管做了一个大水槽的架子。不仅如此，他们居然还找出来四个大脚轮，愣是把这个大水槽子变成了一个可移动的推车，真是“脑洞大开”。我给他们这个组干脆改名叫“我爱发明”组。组长周春水专门负责出主意，设计各种现场实用工具，组员王志杰、余万勤和刘春健等负责把组长想出来的想法变成实物。

船一直在摇晃，站在平台望向海面，大海的涌浪像一个个大水泡向我们的船涌过来，我们这条船就在这一个一个涌浪的推搡下，左摇右晃得像个醉汉一样。我看大家都好像没事一样，就我头胀得难受，晕得总犯恶心，我就拿出我仅存的葡萄干，一点一点地慢慢吃，只有这样才能稍微平复一下恶心呕吐的感觉。

经过一个上午的紧张抢修，广州救捞局队员们和浙奉662号船船员们一起把锚缆接好了，并且在朱世乾和朱老大的指挥下再次完成了工作平台的四锚定位工作，为我们保住了下午宝贵的平潮期工作时间。我们的潜水和清淤工作终于

又可以恢复正常了。

下午平潮期还没有到，吴立新就已经急不可耐地要一个人下水了，我们招呼他坐水下考古队工程组的新作品“电动吊篮”下水，这位大叔望着我们流露出疑惑和恐惧的眼神，然后毅然决然地选择自己去跳海，他这是不屑坐呢还是不敢坐呢？我们大家满脸诧异地目送着他。只见他从距离水面将近四米高的后甲板上，背着单瓶义无反顾地纵深一跳，整个身体深深地砸入大海里，海面上泛起了巨大的白色水花翻涌着白色的泡沫。感觉隔了好长时间，他浮出水面，跟我们打了一个“OK”的手势。我们大家这才长出了一口气，然后开始七嘴八舌地给他刚才的这个动作打分……

送走了老吴同志，我们水下考古队全队下午的潜水工作正式开始了。水哥和欧哥要下水检查一下我们现在探方抽泥抽沙位置工作进展情况。只见欧哥毫不犹豫穿戴好全套双瓶组装备坐进吊篮里，二哥主要负责操作吊机，我们其他人负责两条不同方向的控制绳。欧哥这么洒脱地坐在水哥设计的吊篮里，这个小小的动作也从一个侧面充分反映出我们中国水下考古队员这么多年彼此之间形成的默契与信任，那种背靠着背生命相托的精神，已经扎根在我们彼此各自的心底了。欧哥开心地看着大家为他拉好绳子，在二哥统一指挥下开始慢慢放下吊机。他就在大家的注目礼中缓缓地降到海面上，然后从容不迫地游了出去。这是我们第一次完美地使用电动吊机外加潜水吊篮投放潜水员，入水动作完美，

完全没有水花，各位评委一致给出了“十分”最高分。随后水哥也紧接着坐在了我们这台自主研发的吊篮里安安稳稳地下水了。现在我们把这个装置称作“潜水员电梯”。作为这个装置的主设计师领队周春水和总工程师二哥领导的“我爱发明”组，我觉得他们可以赢得本届“经远舰”水下考古调查项目发掘季中工作队的“最佳发明奖”了。等水哥和二哥的时候，这个电梯又一次证明了它的实用性和便利性，圆满地完成了今天的“潜水员电梯”工作。有了这个电梯，我们又多了一个选择，可以不用背着八十多斤的双瓶组在海浪中游上几十米，再拖着疲惫的身躯爬回四米多高的镀锌管焊接的潜水梯啦。

夕阳西下，吃完晚饭，眼前铺满无比绚丽的海上落日风景，身处其中，让我目眩神迷。但是，海面上的风力又加大了，直接的结果就是，我又很快地被迫躺下了，而且只能躺着没得选。今天的日志肯定是写不了了，我只能躺在床上心里默默地记下来，等待着明天再找时间补。此时此刻，虽然身体还是非常难受，但是，我的心里却感到了无比的享受，我享受着和这帮我可以全身心信赖的水下考古兄弟们一起工作生活的美妙感觉……

长臂挖掘机显神力绝对清淤主力

2018年8月30日 阴

今天虽然阴天，但是涌浪比昨天要小好多了，船体比较平稳，对我来说这样的感觉可就好很多了。

上午，领队安排工作要求把我们自己做的小型抽泥抽沙的吊笼放到铁甲堡北侧，大家说干就干。虽说这是个小型的抽泥抽沙机，但是大小的说法是根据打捞局那个抽沙管对比来说的。即便说是小个儿的抽泥抽沙机，为了搬动这个小机器，我们全队人马几乎都出动了，抬、搬、拉、拽，十八般方式全都用上了。全体水下考古队员，有拉绳子的，有拉气管的，有拉抽泥管的，费了九牛二虎之力，才把吊笼放到了水底。这还不算完事，欧哥还下水检查了吊笼投放的位置情况，进一步调整了各种管路长度。他下水后没多久就浮上水面，告诉平台上的我们各个管路还要再放三米。我们就按照他的要求，慢慢地把各个管路再投放三米。接下来开始用另一组绳索往下滑放我们先前装好牡蛎壳沙袋，水下的欧哥再摸黑把用于配重的沙袋放进抽沙吊笼。他每放好一个沙袋，就

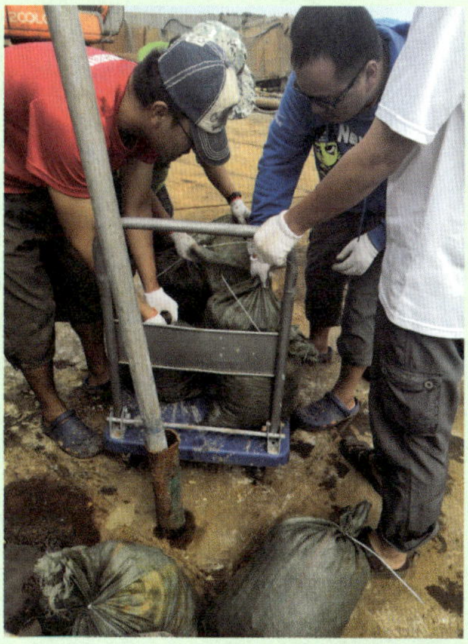

在水下拉拉绳子给我们一个提示信号，我们就再沿绳子滑下去下一袋，以此类推，直到欧哥潜水时间到了出水。紧接着魏哥接替欧哥下水，继续这水下摸瞎搬运沙袋的工作，直到把所有沙袋全部都压在吊笼里，才算彻底完事。等魏哥出水之后，也就是这项接力工作刚刚做完没多久之后就传来要挪船的消息，因为又要避风了！又需要把吊笼再提起来，真是白费工夫了！当吊机把吊笼又提到了水面时，魏哥振臂高呼一句，演习结束，完美！

虽说我们全体队员这将近一上午的工作至此全部报废，但是大家的心情好像没有受到任何的影响，没有人抱怨什么或者表达不满。这也从另一个方面充分地说明了这支队伍的成熟和海上工作的瞬息万变。为什么这么说呢，因为只有经历了多次水下考古项目的队员才会理解，水下考古工作的特殊性就在于在工作中所遇到的情况是时刻都在变化的，为了应对好这种变化，需要领队当机立断，及时调整。像这种刚刚完成的工作，就马上需要调整是很有可能发生的，我们大家也遇到过很多次，都习以为常了，所以就不会介意这点小事。领队布置工作，我们马上付诸行动，这是在考古现场每个人都能遵守的基本原则。

午饭时间不知不觉中就到了，大家此时的心情是最为愉快的，厨房很快就热热闹闹地排起了长队。但不用多久，大家打好饭后就分散各处闷头吃起来。热闹来得快，去得也快，因为下午还要赶低潮时间潜水和清淤。大家显得很默契，没多长时间，饭吃完了，碗也都刷好了，整个甲板立刻就都安静下来了，只有发电机的轰鸣声依旧在耳边萦绕，听久了，这声音也就慢慢地感觉不到了。接下来是大家的午睡时间！

我吃完饭开始写日志，写到一半出来放放风，对着大海“唱唱歌”，看到了远处老王的渔船从海上开过来，我就在甲板上等他们到达，协助老王上船。国庆和邱哥带着各种物资上船了，当然我最关心我的脉动饮料瓶，这是我特意嘱咐滕磊帮我买的两个一升装的大脉动，哈哈，有了它，这下我就安心啦！

国庆是个大嗓门儿，他这一上船，哇啦哇啦的，就把我们全屋的人都喊起来了。水哥一看国庆到了，立刻坐起身来用他那特有的四川普通话大喊一声：“玻璃胶到了，二哥，起来干活儿！”二哥也从床上坐起来跟着用他那特有的潮汕普通话大喊一声：“老余头，起来干活儿啦！”老余头很无辜地揉揉眼睛坐起来发呆片刻。然后这两位老潜伴倒是很麻利，不一会儿就都叽里咕噜地爬起来穿好衣服，出门开始玩起他们的大玩具了。

话说山东大汉梁国庆是我们五期水下考古培训班里最强劲的潜水员，人高马大的他是各个工地的绝对主力，他工作起来兢兢业业。这会儿，他拍拍这个，问问那个，问有没有人想和他一起作为潜伴下水。他主动申请要下水干活儿。不巧的是，我的耳朵还没好，暂时是没办法陪他一起下水了。我中午写日志都没合眼，这会儿正困着呢，实在是需要稍微休息一下……

等我小睡一觉起来后，正好赶上刚刚上水的队员做简报呢。我赶紧凑过去仔细听听。因为每一个人、每一次下水上来做的简报都是水下最新情况进展，作为潜水员，要时刻了解最新的水下情况，尤其是在这种水下能见度很差的地方潜水工作。其他人的每一句对水下情况的介绍，对于自身在水下的行动与判断都是极有帮助的，这些信息会帮助你在水下遇到问题时第一时间做出正确的判断，避免错误的发生。据他们介绍北侧船头位置的轮廓已经很清晰地出现了，船头两侧相接的沉舰舷板还在，角度北偏东10°左右，这与我们最初的判断相吻合，并且船舷板之间铆接位置的铆点清晰。在左侧船舷板距离船头四米多的位置有从内向外延伸的沉舰锚链。根据刘烜赫找到的经远舰线图，以及经远舰历史照片等资料所示，在这个位置往下，应该会有船体侧面龙形船雕的存在。当然，这个装饰件的存在也取决于它在交战期间能够幸运地保存了下来，以及在战舰翻沉的过程中没有发生什么可以使得这个雕件脱落的意外。假设任何意外都没有发生，那么，这个龙形雕件此刻应该正静静地躺在海底沉舰的这个位置以下。这是一个令人振奋的好消息，只要想到这里，无论谁的心里都会无比的激动。听本地人讲十年前南边来的盗捞船用重锤和抓斗，在经远舰上作业了一个月。就目前的调查情况而言，船体水线以下的船舱和船底，以及前后穹甲和部分铁甲堡已经被无情地打碎捞起来卖废铁了。而且他们很有可能盗捞了不止一次。在这种背景下，船舷头部侧板连续并在原位置上出现，很有可能向我们表明，在这个位置，在这个埋藏深度，当时的盗捞活动并没有触及此处，此处应该还是沉舰的原始状态。那么我们更有理由向好的方向考虑：在这个位置以上的舰体，在倒扣着的状态下，都仍然在海底，并且有幸完整地保存了下来。“经远舰”经历了数次海上强盗的洗劫，能够有这样的保留，实属不易。现在我满脑子都是在想象着我们有可能找到的沉舰遗物：主炮、舰铭、龙形雕饰、耳台、副炮，还有各种各样的武器、弹药、生活物品……下午平潮期一到，舰首部位的清淤工作就如期开始了，伴随着挖掘机的轰鸣和那呛人又躲不开的柴油机废气，紧张的工作在甲板上全面地开始了。负责瞭望的人员不时地通过对讲机指挥着长臂挖掘机司机把清理出来的海底泥往巨大的筛选箱里倒。筛选箱边的队员们用两个高压水枪冲洗清

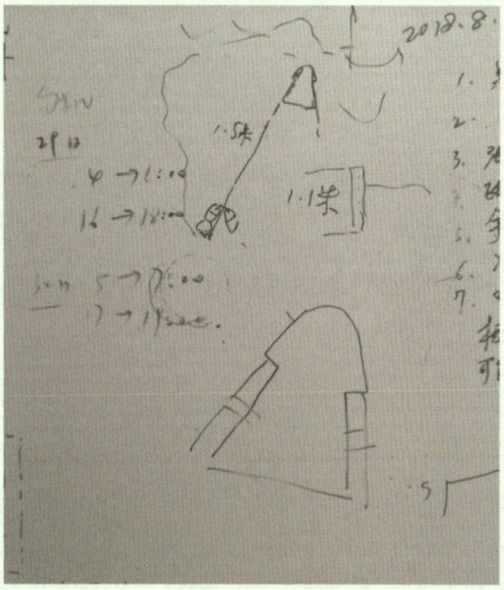

梁国庆

1982年10月出生，山东齐河人，山东大学历史文化学院考古专业学士。现就职于国家文物局水下文化遗产保护中心。2009年参加国家文物局第五期全国水下考古专业技术人员培训班，2013年参加国家文物局技术潜水培训班技术潜水60米。迄今已经参与或主持数十项水下考古调查和发掘项目。其中主要项目有天津沿海调查，河北东坑坨一号沉船重点调查，浙江舟山海域、山东东平湖、山东庙岛等水下考古调查，参与了西沙群岛调查、南澳一号沉船发掘、南沙群岛调查、西沙珊瑚岛一号沉船发掘、南海一号沉船发掘、小白礁一号沉船发掘、“致远舰”和“经远舰”沉船的水下考古调查与发掘等。担任2017年“一带一路”沿线国家水下考古培训班负责人。

淤上来的海泥，并清捡出各种包含物。你此时可以看到这样的一幕，人们随着挖掘机铲斗的到来转身向甲板的另一侧跑开，此时铲斗放开，像浪花拍打着礁石的样子，海泥受到巨大的冲击，黑泥点在空中喷洒开来；铲斗随后移开下水进行下一次铲沙，人们又会随着铲斗的离去跑向筛选箱，抓紧时间冲洗筛选。这样来来回回、循环往复的结果就是每个人身上都或多或少地点缀上海底泥的大点点小点点。于海明是文物组的小兄弟，也是队中比较年轻的队员，刚刚参加水下考古调查工地。虽然是第一次正式参加水下考古队队内的工作，但是他的敬业精神和专注力非常出色。他一直在挖掘机往复的工作中，利用中间的间隙时间，冲到筛选箱排污口的铁栅栏处，徒手清理各种碎块，努力寻找文物。这一下午，他不仅从里面找出来各种木板、铜管等大块文物，还摸出来37炮弹壳、毛瑟枪弹壳等小件文物。而他的身上、脸上早已满是污泥。就这样，你也能一眼就看出他洋溢满脸的兴奋之情。

伴随着清淤工作的持续进行，这艘沉舰的相关文物陆续出水，我们找到了竹制麻将牌八筒、毛瑟枪子弹壳、37炮弹壳、瓷器碎片、金属构件、家具残片、格栅木板、玻璃仪器碎片等各种文物。今天下午还出水

了一个铜制商品标牌，魏超现场翻译，上面写着“清漆，涂料颜色制造厂，英国利物浦帝国化学公司”。每一次文物出水，船上的人员也不分是考古队的还是打捞局的抑或是船员，大家都围拢在一起，谈论、拍照、微笑着，欢乐的情绪在船上所有人之间传递着……

受限于工作平台上的空间，我们没有足够的空间和设备把所有文物都浸泡清水并进行出水文物保护工作，水哥把重要的易氧化的文物放在塑料箱中，用挖上来的海底泥埋好封存，基本上能够实现文物的保存环境与海底不变，为接下来的文物保护工作争取了时间。

不知不觉中，天色已经渐渐地暗下来了，太阳慢慢地落山了，映红了西边的海水与山脉。那晚霞、那海上落日，是如此的美丽与绚烂。我被这绚丽的色彩所震撼着，拿起手机，赶紧跟家里视频，第一时间把这美得如此梦幻的景色与家人分享。看着爸妈和孩子们兴奋的表情，这一

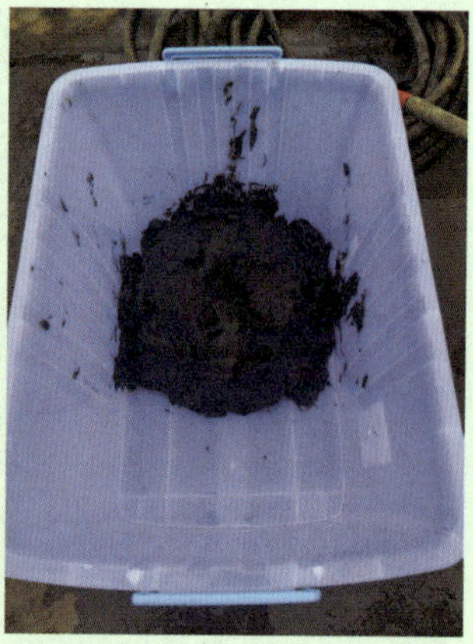

天的疲倦与辛劳此刻都在这色彩斑斓的海上云霞中烟消云散。

太阳落山了，我依依不舍地挂断了电话。跑回宿舍，我吃上了自己的晚餐。严大厨看大家忙碌了一整天，很体贴地给大家加了菜——油炸蒜香鸡翅，虽然我不怎么吃鸡翅，但是还是品尝了一下，这鸡翅做得味道正宗，确实很好吃。

晚饭后，大家上网、聊天、跟家里人视频、打牌、看书、喝茶，干什么的都有。而我呢，就开始继续写我的日志，边写边排队等洗澡，这一排，就排到了十一点多。洗完澡，继续写，困了累了，我也就躺下睡了……

明天早上四点，还得有人起来配合长臂挖掘机观察呢！谁去？水哥高喊：“老同志去——老同志起得早嘛！”这当然是句玩笑话。其实在本质上是，这个队伍里的每一个人，都在主动地贡献着自己的力量，没有人强求，领队也不强制你去干什么，全凭自觉！而这种自觉性，我们这支久经考验的水下考古调查队里每个人都有……

2018年8月31日 晴

凌晨四点钟，天色还没有亮，挖掘机的轰鸣声就已经开始了。水哥也跟着机器的轰鸣声起床了，我知道他这是又出去看挖掘机清淤工作了。早上起床后了解到，凌晨时分的监督工作又是由刘春健、冯雷和水哥他们几个老同志承担的。

早餐之后，水哥要求对现有文物开展遴选、登记、填写文物记录表，并开始进行正式文物拍照。因为今天是个大晴天，风平浪静的。我和黎总目测太阳升起来之后光线会很强烈，光线太强会影响到文物的拍照效果。大家集思广益，最后决定用现有材料做一个简易遮阳摄影棚。说干就干，二哥领衔的“我爱发明”组的同志们立刻把遮阳网拉起来，用绳子和钢管打支撑，然后又把摄影布用钢管吊起来。这样，一个工作平台上简易摄影棚仿佛瞬间就搭建好了。

今天早上，二哥他们锔好的大水箱密封玻璃胶已经干透了，我们大家把大水箱推到甲板中间，进行注水测

试。我们七嘴八舌地称这个是海上露天双人大浴缸，有哪位可以先来一试，免费！接下来，水哥招呼着文物组的同志们和帮忙的各位队员一起开始文物清洗工作，再把筛选入编的文物，交给文物组于海明和陈启流进行测量，由林唐欧负责登记描述和绘制草图。我和黎总再接手已经给出文物登记号并填写好登记表的文物，再把登记编号的文物拿到摄影棚下，进行文物拍照。然后再交给下面的朱世乾和梁国庆，进行包装保护。这样，一个完整的文物遴选、登记、拍照、包装、保护的流程就顺利地运转了起来。我们流水线般地一直工作到太阳升起影响拍摄为止。这时已经接近中午，大家可以稍事休息，准备吃午餐啦。

俗话说“中午不睡，下午崩溃”。我这又是蹲着又是歪着地拍了一上午照片，身体甚是乏累，躺下就睡着了。等我醒来时，老同志黎总已经出水了。他上来跟我们说今天的能见度竟然有20厘米了，这真是好消息。黎总是带着Gopro下水的，这会儿他连上手机给我播放了他这一潜在水下拍摄的视频。我们大家赶紧围拢过来认真地看了两遍视频，这下是直观地了解到了黎总拍摄水下沉舰北端船头位置的具体情况，以及左侧的沉舰船舷板和船锚链的情况。今天的水下能见度可能是我们近期内最好的能见度了，可以看到20厘米，视频当中的沉舰形状清晰可辨。对于我们来说，这样的视频资料已经可以提供出很多

重要的水下信息了。这样稍微好转的水下环境，一般都会伴随不好的消息。这个不好的消息就是十有八九又要起风了，我们需要再次上岸避风，船只也会离开潜点，开往锚地避风去。从我参加水下考古培训以来，在我们国家沿海各个海域已经遇到过很多次了。基本上就是，每当大海风平浪静的时候，接下来就会是疾风暴雨的天气了。每一次都是非常的灵验，比气象预报还要准确。

走与不走的这事咱现在是管不了了，能干活儿目前是最重要的。长臂挖掘机张师傅又开始清淤工作了，目前的工作区域是在沉舰铁甲堡北侧，在沉舰舰首的位置。我回屋拿出了对讲机，爬到船舷边上的一个绞盘机上面，协助挖掘机司机观察挖出来的淤泥情况。因为我们的工作平台四周都有一人多高的护板，只是在左右两侧留了一个车道大小宽度的缺口供我们上下船和出入水工作。挖掘机也是在船的缺口中工作，我们观察挖泥情况要登上船舷边的垫高物，这样才能看得到外面。我站在这台绞缆的机器上趴在船护板之上，上身就能露出来，眼前是宽阔无比的海面，不远处就是老人石，这之间也就是两三百米的距离。此时，海鸥在头顶上盘旋着，清爽的海风从北面扑面而来，真是神清气爽的感觉。巨大的挖掘机的长臂，在眼前和头顶上来回地转动。当我发现有可疑物的时候，我就用对讲机喊话，让挖掘机小胖师傅把整斗的淤泥倒进我们的淤泥槽里以待进一步的清洗。每一斗淤泥出水，都会带出来一股浓郁的腐臭的味道，海底泥为细腻的纯黑的充满有机质腐败味道的沉积物，有点儿像陈年下水道淤泥的味道。当长臂挖掘机那巨大而修长的钢铁长臂从海里呼啸着挺拔而起并且在你的头上呼啸辗转的时候，满眼都是天空中洒落的海水飞沫以及淤泥砸向海面溅起来的浑浊泥汤，一遍又一遍，循环往复着，就在不经意之间，我发现有一铲子淤泥中似乎有一个圆柱状的东西，就急忙提醒小胖师傅注意，将其小心倒入淤泥中清理槽中。过了一会儿在那边清理淤泥的二

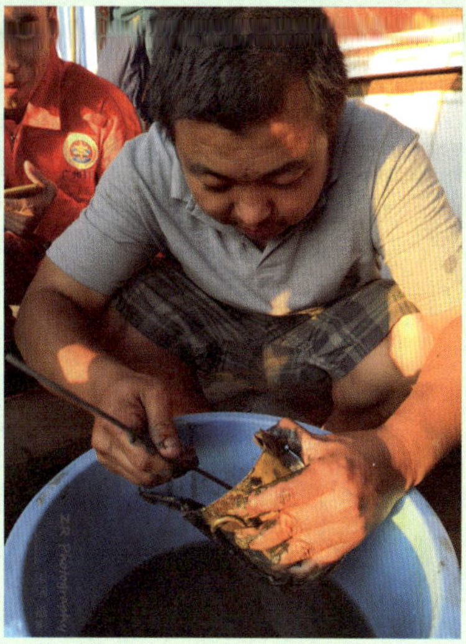

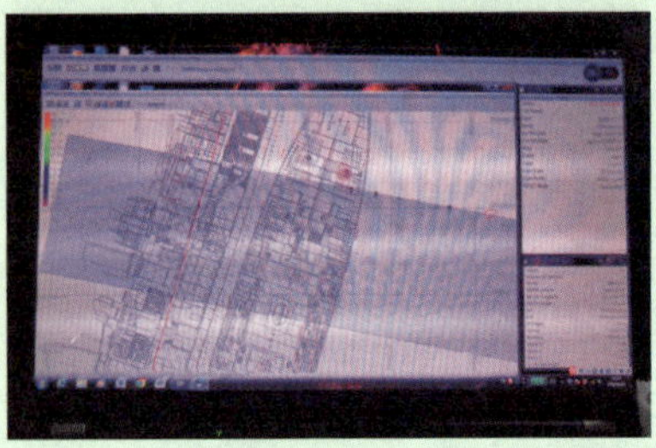

哥浑身黑泥点子满脸乐开花地举着一个东西走过来。我们大家立刻围拢过来仔细端详。用清水稍微清洗一下后，一件手持的铜制前开窗的煤油灯就那么好好地出现在大家的眼前了。大家看见出水了一件这么好的文物，一个个都用手机拍照，兴奋之情溢于言表。

看完了新出水的文物，我又回到了我的观察位上，继续吹着海风，淋着海水的飞沫，望着那静静的老人石，脑海里一次又一次地拼凑着当年经远舰战斗的场景。根据目前我们已知的资料和水下沉舰的状态推测，当时经远舰浴血奋战，左侧船身身负重伤，弹痕累累，整体倾斜，进水严重。危机之时，经远舰奋力一搏，应该是拼尽全力右满舵冲礁，想抢滩老人石，以期避免战舰沉海。可是偏偏就是遗憾地翻沉在距离老人石如此之近的距离。历史没有如果，更不能重来。此刻的自己，在经远舰舰首正上方，脚下8米深（低平潮期）的海底，静静地躺着这艘著名的战舰，心中真是感慨万千。但我还是常常忍不住想，如果当年经远舰能再坚持两三分钟，成功抢滩老人石，那会怎样？如果当年舰队的弹药充足，配备合理，那又会怎样？如果战斗中，那些中途撤离的战舰都像“经远舰”“致远舰”那么勇往直前舍生忘死，那又会怎样？如果当年，北洋海军能充分备战那会怎样？如果……怎么能有如果呢？！历史真的没有如果，关键时间点的错误，导致整个民族几十年的收缩、被动，不是如果能够解决得了的。我们后人能够做到的，就是更好地尊重历史、吸取教训罢了。

整个下午，我们大家都在甲板上忙碌着，工作虽然辛苦，但是惊喜不断。陆续有令人惊喜的文物出水：有精致的还处在密封状态的小药瓶、有仪表的铜质表盘、有各种纯铜的弹药壳等等……

ZR Photography

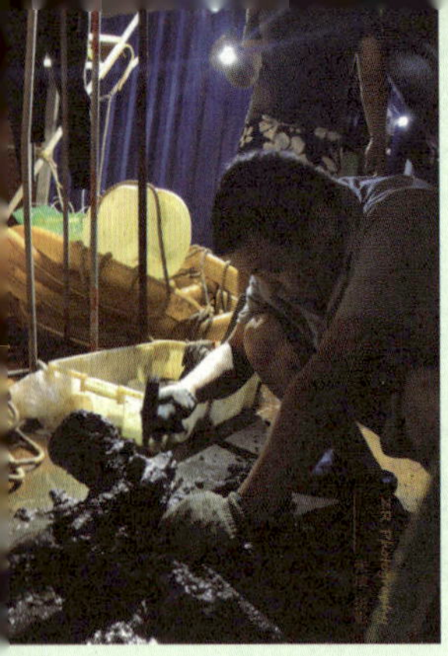

吃完晚饭，船员和广州打捞局的队员们开始进入一天当中最为悠闲的休息时间了。我们则继续清理今天出水的各种文物。甲板上，我们的队员仍然是一片的忙碌，跟淤泥打了一天的交道的大家继续奋战，直至把我们今天出水的文物都清理安置完毕，我们才陆续开始休息。真是忙碌而充实的一天啊！

终于忙完了，今天的工作完成得很顺利，水哥兴致很高，开工以来一直闷头干活儿的水哥，今天居然配合国庆打扑克牌。不论输赢，打会儿牌放松放松，对大家来说都是好的。此时，房间里充满了欢乐的气氛。打完牌，都已经是十一点多了，我努力地在写还是不写日志中徘徊，这时水哥居然又拿出了他的小本本，一脸严肃

地写起他的工作记录了。他就是这么一个人，不苟言笑、严丝合缝的。水哥不管多晚，都要整理好手头的工作，写清楚，记明白，然后才会去睡觉。凌晨四点，他又会起来，盯个把小时挖掘机清淤工作，然后再回来小睡一会儿，六点多再起床开始继续干活。这就是他这些天来一直不变的起居作息，实在是让我很佩服。

通知避风抓紧抢工用好每分每秒

2018年9月1日 晴

今天一早果然传来通知，海上要起风了需要回港避风！中午前我们要全体下工作平台回黑岛驻地，浙奉662号工作平台要开往庄河锚地避风。我们一大早就都起床开始抓紧工作，早上六点钟，大家都已经在甲板上忙碌起来。王志杰带着“我爱发明组”在淤泥筛选槽里清理凌晨挖掘机清淤出来的大量积压的淤泥，分拣文物和凝结物，水哥带队清洗二哥他们送过来的文物，并拿出来需要登记编号的文物交给林唐欧领衔的文物组队员，文物组的欧哥和启流、海明抓紧文物测量登记和绘图，登记好的文物交给我和大魏组成

的摄影组，由我负责给文物拍照。因为我和魏哥拍照的速度要远远高于绘图，我俩就不断地起哄逗乐催促欧哥赶紧地快进，好进行下一步的拍照，然后再做最后的装箱保存。大家忙得团团转，其乐融融。

虽然今天我们只有不到半天的工作时间，但是大家都起得很早，上午陆续清理出来很多文物。有沉舰铜质名牌（译文：最高←→烟道。魏超译）、37毫米口径弹头、航灯凸镜残块和三个水烟袋。大家对能出水这么多完整的水烟袋存有很大的好奇心，都纷纷围过来跟水烟袋合影。

我们这边刚刚忙得差不多了，广州打捞局那边就已经开始研究今天的潜水工作了。他们今天要抢在平台起锚避风之前再下一班水，并继续他们的抽沙工作。在给他们的下达工作目标没有完成之前，打捞局的工作

ZR Photography
张瑞 摄影

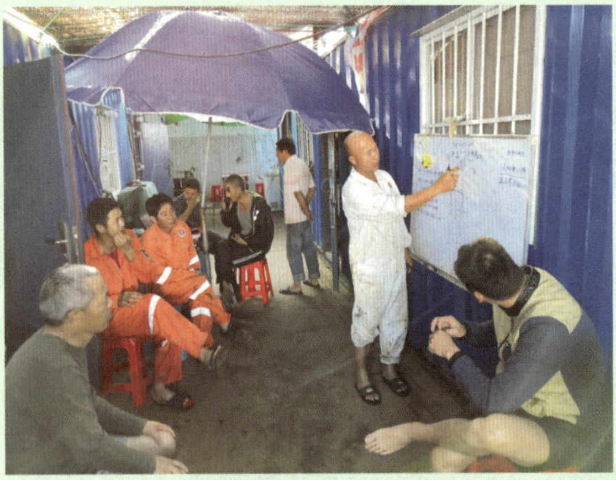

压力一直在林队长心里重重地压着。林队长是个很和善的人，不愿意刻薄他人，即使压力很大，还是对手下所有队员和蔼可亲，安排工作还是那么的严谨细致。

不得不说，广州打捞局的队伍在正式开始工作时总是那么的整齐划一，严谨细致。从头到脚统一的工作服，不论是对队伍的精神面貌而言，还是对个人的有效管理方面都是到位的，让旁人一看就是一支训练有素的职业队伍。反观我们，暂时没有统一的工作服，也没有统一的标识。也难怪旁人看完我拍的工作照片后都说，你们的队员就像给打捞局打杂的闲散人员。真是无语，要知道，我们这些水下考古队员都是各个省市地方单位的工作骨干，都有着各所大学的高等学历，怎么现在到了国家级项目后，看上去就像是一群民工了呢？

下了浙奉662号工作平台，我们乘着王船长的渔船回到黑岛的岸上驻地。吃完中午饭，所有人都回到宿舍抓紧时间睡觉。我是这一睡就睡到上吃晚饭前。不下船感觉不到身体的疲劳，这一下船，立刻就松弛下来，感觉浑身上下说不尽的困乏，所以我整个下午都在补觉。晚饭后，我们一行几人照例上山散步，路过林永升像时鞠鞠躬，到狐仙庙前吹吹风。朗朗星空之下，我们几个人用手机打光，黎总用手机拍下了旁边的照片。用这张照片纪念一下我们九月开端的第一天：我们中国水下考古人，用我们共同的力量照亮前人的光辉事迹，让林大人的“经远舰”再放光芒！希望接下来的一个月，老天爷多多给我们一些好天气，让我们能够顺利完成今年辽宁庄河“经远舰”水下考古调查工作既定目标。

爱子家中摔伤鞭长莫及愧疚满满

2018年9月2日 阴 大风

一早起来得知儿子在卫生间摔倒了，下巴也磕破了，到医院缝了两针，心里很不是滋味。人在外，照顾不了家里，家里出什么事情都帮不上忙，心里对家人对孩子有着满满的愧疚！

在这避风的日子里，我也不管外面怎么样了，窝在宿舍床上，我只想一个人好好静静……

风力稍减冒雨出海全体心憋暗气

2018年9月3日 阴转雷阵雨

今天天气阴沉，风力有所减小，早上时还飘着小雨。

我今天早上起得比较晚，没有赶上吃早餐。水哥通知十点出海，这已经是第四次因风往返了，短短一个月避风四次，都超过我国南方的多风地区了，这在夏季的北方非常罕见，我们就只能感叹好事多磨了。一看时间都快九点了，我赶紧招呼我的舍友王尚博起床，这小伙儿睡得正香呢。我们收拾好东西，打包所有能带上船的食物，做好上船就不下来的准备。我的肚子还是感觉有点饿，于是我就找出昨天队里发的一个大苹果，咔嚓咔嚓地吃到肚子里，就权当早餐了。

我们一行十七人，连带个人的物品和船上需要补充的物资，用我们仅有的一台别克七座商务拉了四趟，除了押车卸车人员，大多数队员徒步走到了码头。

低云笼罩着整个天空，阴沉沉地，港湾内空空荡荡，禁渔期已经结束，前两天在码头里忙忙碌碌的船只都出海打鱼去了，码头一片空

旷。我们全部上船之后，老王的“法拉利”渔船开足马力，迎风而去。我抓紧跑到船尾后面，在最中间的位置席地而坐，这里是船只晃动角度最小的地方。我已经预料到这一趟行程不会太好受，大风刚过，风还要几天才会完全停息。因为我总是会晕船，所以对坐船，尤其是在大风天里坐船总是心生恐惧。

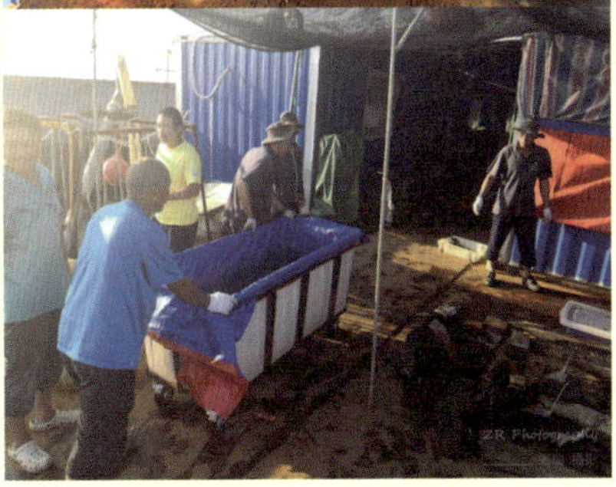

不出所料，出了港湾，渔船就上下颠簸起来。我清清楚楚地听着老王渔船上的柴油机发出时快时慢的轰鸣声。那是因为风浪太大，海浪已经冲上了渔船的甲板，王船长只能把船降速来避免船只前甲板上的浪打湿设备和物资。渔船的速度一慢，摇晃程度就立刻变得更大了。我很无奈，只能席地而坐，把眼睛闭上，把头低下支在腿上。强压着不断从身体里涌上来的恶心与呕吐的感觉，忍着脑海里的膨胀与眩晕。这个时候，你是没有任何办法的，只能忍着，只能忍着，盼望着早点到达目的地。只能等到到达工作平台，上了大船，我抓紧躺在自己的床上后才能慢慢地缓解下来。等终于等到渔船靠在大船上了，我立刻起身准备拿包，这一起来，我就再也忍不住了，趴在船边上哇哇地吐了出来。吐出来就感觉稍微好了一些，我赶紧拿起东西，冲上平台，躺在床上了。

午饭我就只吃下了一小碗面条，刚刚吐完没敢多吃。吃完饭，感觉还是头晕脑胀的，躺下来又睡了一小觉。睡醒之后，终于感觉好多了。出去一看，大家都在忙着清洗文物呢。他们把前两天下船时来不及清洗的文物都一件一件地拿出来清洗干净，泡到药水里密封好。甲板上整齐地摆放着大量的沉舰舰体木质文物，我们把这些木质文物都绑好文物标签，然后放到我们制作的最大的塑料箱里浸泡起来。我们还用铁钎子和锤子把大大小小的凝结物敲开，清理出大量的铜质小件文物，并用保鲜盒密封保存。广州打捞局的兄弟们还下水清理了残留的渔网。居然又捞上来了整整一小推车的各式各样的渔网。我用手使劲拉了拉其中一个中等型号的渔网，根本拉不断。这东西要是在水底下把潜水员缠住了，除非用刀割断，否则根本没有办法摆脱。想想在没有能见度的情况下在水下被缠住，还是挺恐怖的一件事。

我之所以把这么大的一张渔网照片放在这里，就是想让大家仔细端详一下这样的渔网。在水下，低能见度的情况下，甚至完全看不见的情况下，潜水员如果撞到这样的渔网，身体或者身上背负的任何器材被这样的渔网缠绕住，都是一件非常麻烦而且危险的事情。潜水员自己用刀割断是一个解决办法，潜伴帮着割断也是一个办法，当然能见度是个关键。如果没有能见度，可能潜伴也不能第一时间发现你有什么麻烦。这个时候，你自己只能冷静再冷静，尽可能地找到自己的潜水刀，再一点一点割断所有的缠绕绳子，然后安全出水。这是每一个水下考古队员都要注意的风险点，每一次工作，我们都会把安全放在第一位，小心小心再小心。

领队灵光一闪经远木牌神奇出水

2018年9月4日 晴

今天是个好天气，海面上风平浪静，碧空如洗，看着就让人心生愉悦之情。今天也是神奇的一天，是我们2018年辽宁庄河“经远舰”水下考古调查转折的一天！

早上也不知道几点，迷迷糊糊中感觉船上已经热闹起来了，水哥进来就说：“快起床啦，大家都起来啦。”我腾地就坐了起来，以为自己又睡过头了，正心生愧疚之情呢。睁开惺忪的睡眼，只见，老余头、二哥、敏仙他们也都陆续坐了起来，我心里这个窃喜啊！伸手摸到了手机，打开一看，晕，才六点多啊！无奈，反正也起来了，拿起我的牙刷，随便找了一管也不知道是谁的牙膏挤上一点，我就出去洗漱了。吃完早饭，七点不到，准备开始干活儿了。魏哥在我身边走过时跟我说了一句：“我听见水哥说大家都起来了，都不好意思睡懒觉了。”我怎么这么感同身受呢？

朱世乾负责船的定位和移船工作，好让我们水下操作的抽沙吊笼能够准确地将我们投放到预定的位置。也就是说，挖泥工作宣告结束，接下来就是抽沙工作了，要求海面上的工作平台与海底的沉舰要平行摆放。这不，今天的主要工作就是把船定位好，然后把两个抽沙吊笼放到“铁甲堡”南、北两端中间的位置。南侧要抽“铁甲堡”内侧和外侧相接地方，按照经远舰设计图，这个位置向下，应该是餐厅和军官舱，应该更加容易发现带字或带舰徽的物品；北侧要抽“铁甲堡”内侧，确认铁甲堡的顶盖是否还存在，结构是否还完整，顶盖其下则就是主炮的位置。

经过一个上午的移船、吊放、紧固等一系列的工作，这两个抽沙

吊笼总算是吊装完毕，投放到了指定的位置。接下来就可以开始抽沙工作了。今天的移船和吊放工作水哥全程参加，这事儿直到晚上夜深人静的时候水哥才跟我说出了他的玄机。

今天所有水下工作位置都已经布设完毕，领队水哥在白板上重新画了现有工作区域的草图，并对人员进行了新的分组。我们现在可以清楚地看到自己工作的区域，以及前后下水人员的顺序了。一号点位也就是“铁甲堡”北侧的抽沙管由副领队冯雷负责，组员由黎飞艳、王尚博、魏超、陈启流、于海明和林唐欧组成。二号点位也就是“铁甲堡”南侧的抽沙管由领队周春水负责，组员由王志杰、余万勤、张敏、朱世乾、张红兴和我组成。二话不说，抓紧时间，一组副领队首先下水开始工作，我所在的控制二号点位的吊机还需要做最后的加固，二哥、余馆、老刘三人加紧施工，一刻都不停歇。

那边厨房今天准备了金鲳鱼要给大家当午餐。趁着这边还没有我的相关工作，我赶紧自告奋勇地跟大厨申请由我来做这道北方口味的炖鱼。严大厨阿明见到有人主动帮厨很是高兴。我先煎鱼，然后按部就班地做起鱼来。最后，我不仅把鱼给熬好了，连苦瓜炒肉我也做出来了。说实在的，这是我第一次做这么多人的饭，足足有将近四十人，心里没有底。不过，就大家的反映来说，大部分人还是很喜欢的，觉得“张大

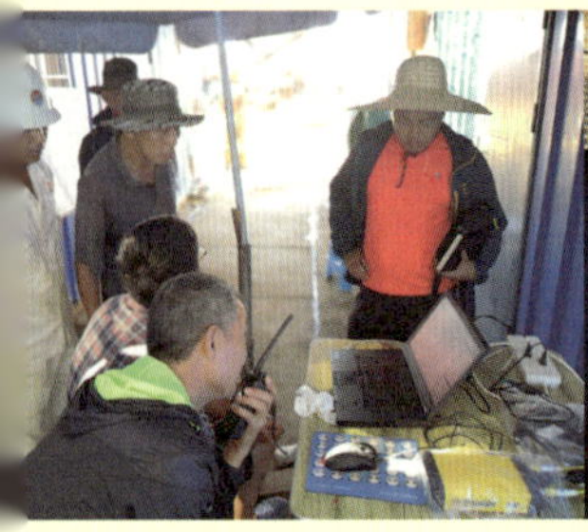
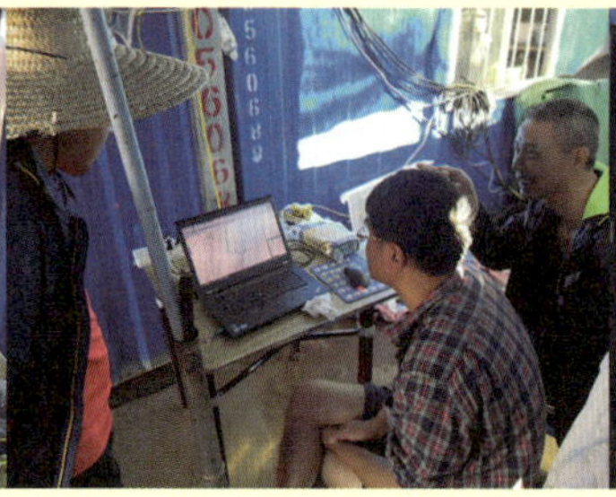
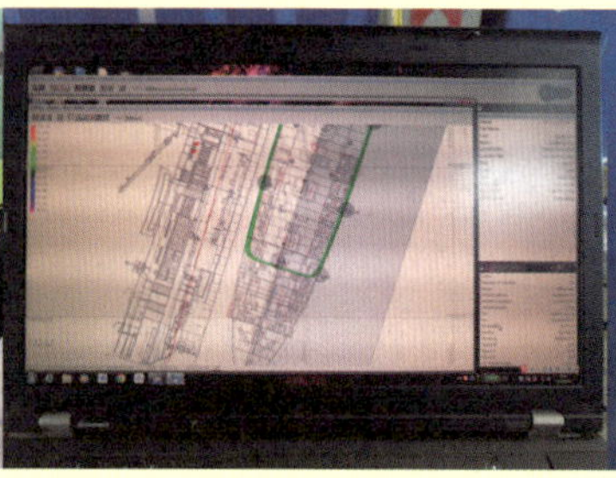
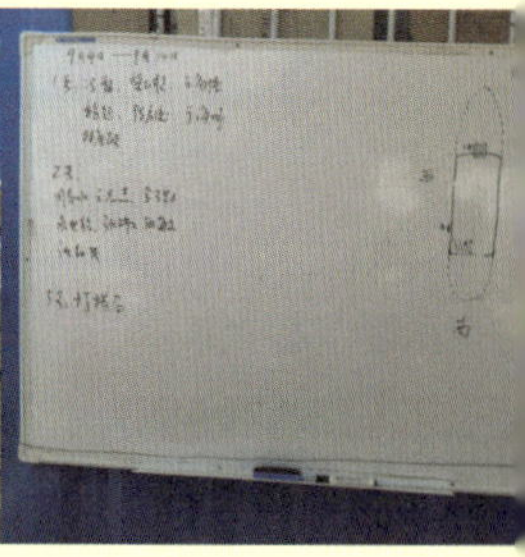

2018年9月4日

厨”做得还是很好吃的，今天晚餐北方人吃得肯定比南方人要开心。当然啦，最开心的是我啊！毕竟自己做的自己吃着顺口，而且大家还都喜欢，岂不是两全其美啊。

吃完饭，二号抽沙点的设备已经在二哥等三位的不懈努力下调试好了。水哥第一个下水测试抽泥，我和朱世乾就准备好着装，等着水哥出水后接替下水。感觉时间过得好慢，我们在平台上左等不见人上来，右等也不见人上来。这时，副领队冯雷过来交代我们可以先去一号抽泥位置检查一下抽沙设备情况。就在我们要下水的节骨眼儿，水哥终于上来了。他给我们交代了二号抽泥位前前后后所有的情况后，我和朱世乾就下水了。

由于我的右耳有过压伤，所以我把下潜的速度刻意放慢了。水下的能见度已经比前几天有所好转了，能够看到20厘米以上了。我沿着抽泥管找到了抽头，又沿着抽头找到了沉舰左侧的“铁甲堡”，开始沿着“铁甲堡”内侧往下抽泥。表面的海泥细腻松软，但是包含了大量的牡蛎壳，非常容易堵住抽头，而且这些东西又不能用手挖，它们非常地尖利，很容易划伤手指，我们手上带着的是普通的线手套不防割划。抽着抽着，抽头就没有吸力了。我赶紧沿着抽泥管往回游进行检查，并回到吊笼处去找堵塞的位置，通开之后，再回到抽头继续抽泥。然后又堵住了，然后再去检查，解决问题。如此往复了三次，我在水下终于明白了一个道理——这抽泥管子太软啦！由于吸力过大，抽泥管子在转弯处给吸瘪了，根源在于抽泥管子自身的强度不够。明白了这个道理，我看看时间也差

不多了，就带着朱世乾一起出水了。我的头一露出水面，就看到二哥和余馆他俩赶紧走下潜水梯准备接替我们。我挥手示意他俩先别下水，他俩看见我的手势后又返回到平台上。到了船上，我把情况跟二哥说明了，他说他自己下去想办法解决。我听着是一脑袋的疑惑，心想这在水下怎么能解决呢？

等二哥和老余头上水后，我赶紧跑过去问他，想搞明白他是怎么在水下修理抽泥管的。他眉飞色舞地跟我讲，他和老余头在水下把吸瘪了的管子用刀子给切开了，然后截了下来。再把新接口对着管头，把气管一开，就吸到一起了，最后用管箍紧住。厉害，我真是打心底里佩服，他俩居然这么轻易地就解决了目前的问题，这波操作可真是很顺呀。

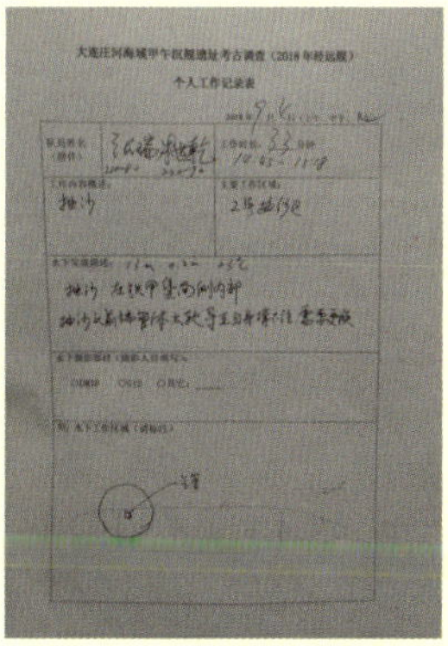
个人工作记录表

晚饭之后，大家一起拍摄下午出水的一个小木牌，这个小木牌是在我下水时文物组启流、海明和刘烜赫从船尾跳板上的过滤槽里清理出来的，木牌上隐约有一个繁体的“經”字。这是我们自开工以来第一次找到带舰名的文物，水哥非常高兴，大家也是异常的兴奋，我们用各种角度打侧光来拍摄这个小木牌，慢慢地能看出来好像有一个“走之底”。大家就更来劲头了。一群人围着这个小木牌，用各种牌子的手机，用各种办法来拍摄这个小木牌，力求能够拍出另一个“遠”字。最后用水把木牌浸湿，再找好角度打好侧光，终于能够隐约拍出来繁体的“遠”字了。当我们相对清楚地拍出来这个字后，大家那是相当的兴奋，这是一个重大的好消息。这个木牌的发现，能够有力地证明这条战舰已经出水了带有“經遠”两个字的文物，肯定了这条船的身份就是当年北洋海军的“经远舰”，这也是我们苦苦要证

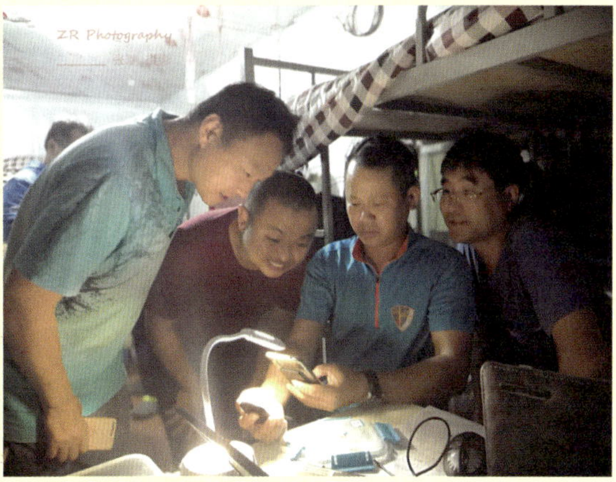

实的目标。

要说这个小木牌的发现还有很大的运气成分的，这也是领队水哥灵光一闪的结果，冥冥之中如有神助一般。我们一开始一直指挥广州打捞局用大抽泥管在沉舰右侧耳台的位置向下抽泥抽沙，力图找到耳台，设想以耳台为参照物向后抽沙再去找经远舰的舰铭。但是抽泥抽沙工作进展一直不是很顺利，眼瞅着这几天的潮水特别好，几乎全天都可以下水

作业。水哥今天突然改变策略，直接计算经远舰沉舰左侧舰铭的位置，自北铁甲堡端点向南测量32.5米处。以此处为中心点向下抽泥作业，直接去找沉舰左侧舰铭，难怪他今天一直在定位的电脑前指挥工作呢。这么一个工作方向的改动，打捞局的抽泥位置从沉舰的右侧一下子转移到了沉舰的左侧。结果就是，抽泥的滤网中神奇地出水了这块无比重要的木牌。也许冥冥之中，这是林大人在天之灵的保佑啊。但我相信，这是水哥钻研精神与勇气的体现，更是我们大家共同的努力结果！

三管齐下 火力全开 工作开始升级

2018年9月5日 晴

今天天气晴好，万里无云，阳光明媚。

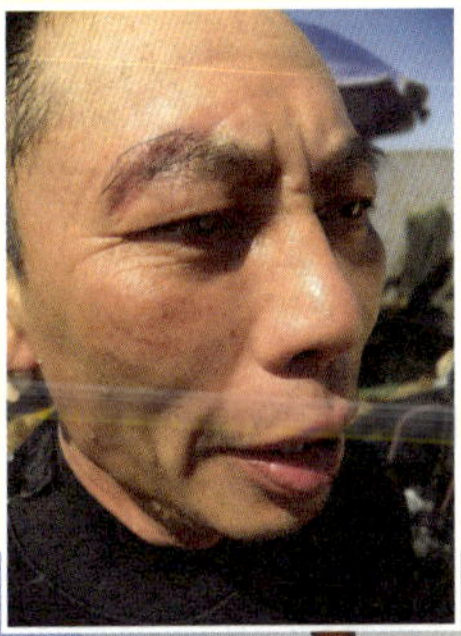

上午一号抽沙点的兄弟们陆续下水抽沙，二号抽沙点由于存在昨天抽沙时抽沙管太软导致的弯曲变形被吸瘪的问题，所以今天二哥和余馆的首要工作是下水完成更换抽沙管。他们的准备工作加上更换工作会占用很长的潜水时间，我就没有排上抽沙任务。天气好，光线充足，正好适合宝利来胶片机的使用。终于有时间开始宝利来胶片机的拍摄工作，我安排其他人员配合，拍摄了一些他们潜水工作的场景。我发现工作

平台右后舷的大烟囱上有个小平台，那个平台的位置不错，视角开阔。于是我就背着机器和三脚架，绕到船尾从后面爬了上去。果然，从这个角度几乎能把全船的面貌都拍摄进来，于是我们拍了一些潜水准备工作和大家展开队旗的合影。中午，我和刘烜赫一起爬到浙奉662号工作平台驾驶台顶上，去拍摄老人石和远处山脉的情景。我架好我的宝利来相机，找好了拍摄角度。因为此时天气晴朗，万里无云，平静的海面上矗立着孤零零的老人石。我总觉得画面过于单调，希望能有一只海鸥出个镜，这画面就丰富些。于是，我俩就边聊天边等海鸥飞进画面。此时船边正好有一只海鸥沿着我们船的左舷飞过来飞过去，可就是不进入我预设的画面中。我俩就一遍一遍地看着它悠闲地沿着船舷飞过来，飞过去，一遍又一遍地循环往复。看得我俩最后都泄气了，无可奈何了。我跟刘烜赫说，画面单调就单调吧，显得干净。于是我狠狠心就按下了快门。就在我按完快门抽出相纸的时候。那只海鸥划过一道美丽的弧线，从我的预设画面中优雅地划了过去，飞向了老人石。我们俩这个气啊，我敢肯定这是一只调皮的海鸥！

中午水哥要赶着潮水回驻地处理材料，顺便送朱斌和冯雷下船。我早早地就到厨房里帮厨，我今天做了一盆红烧黄花鱼，炒了一大盆豆角炒肉，还有一大盆醋熘白菜。我自己也不清楚这帮来自南方的广州打捞局的兄弟们口味习惯不习惯，反正我自己做自己吃着很是舒服。

下午的工作就是抽沙，我们组还剩五个人，能分成三组，每组也就四五十分钟。所以，时间很是充裕。我们大家就抓紧时间都先睡会儿午觉。因为连续早上起大早，又没有午睡，到今天感觉身体很是疲惫，还是应该先午休一会儿，养足精神再下水比较安全。

两点准时起床，我和朱世乾先下。张敏接我们的班，二哥和余馆垫后，以处理我们遇到的问题。世乾学潜水没几年，水下考古工地的下水经验比较少，加上他的主要工作是扫测定点，所以我们下水后，我先带他进行适应性潜水，让他主要在入水点位置熟悉潜水技巧，适应水下环境，并且为我提供紧急情况下的水下支援。安顿好世乾之后，我就直接奔向抽泥头开始抽泥工作。抽泥头上午已经换成结实的管路了，前面有十字交叉的铁丝。这次这个管子不会被负压压瘪，能够提供良好的吸力。但是它目前也有自己的问题，一方面是前面太容易被各种贝壳杂物堵住，一旦堵住，我就得用手头的耙子敲，敲好之后又堵，反复不息；另一方面，这个抽泥管子太过结实了，潜水员在水下很难控制，需要费很大力气才能部分拉直或者向下弯曲抽泥。因为我们潜水员在水下是悬浮状态，所以总是会不自觉地被这个结实的管子拉回它自身的弧度位置。最后没办法，我就只有两只手，一只手拉着抽泥头，一只手打着手电看着吸，就没有更多的手去清理堵塞了。如果放下手电用耙子清理堵塞，我又看不见堵塞位置了，只能凭感觉敲。总之，两只手不够用，操作起来很是不方便。在这种情况下，我就只能把抽泥头平摆着来回拉着抽，一层一层地向下抽泥。等我把附近细软的包含贝壳的海底沉积泥抽下去后，下面一层是坚硬的黑渣滓包含贝壳层。这一层真的很结实，我用耙子都很难挖散。我感觉事情差不多了，看看表已经将近四十分钟，并且身体已经感觉有些凉了，气压表也显示接近底线了，就赶紧往回游，和朱世乾一起上了水。

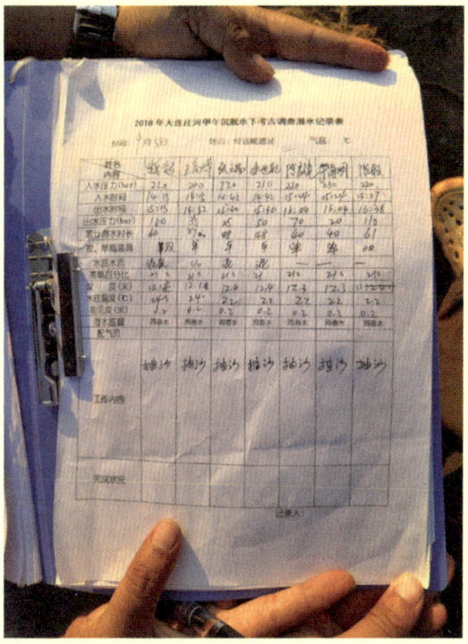

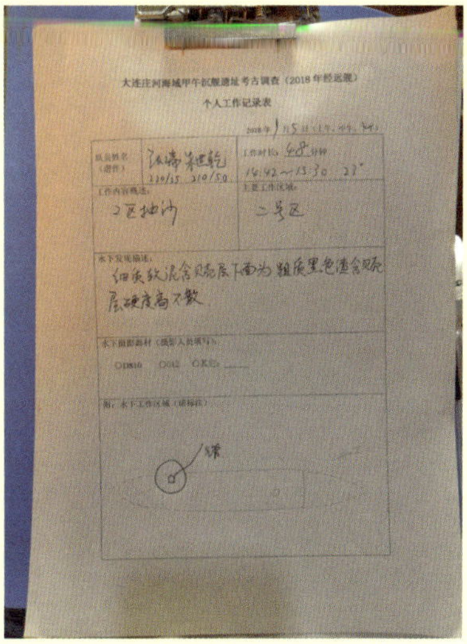

从海底上来之后，我赶紧去冲了个热水澡暖和暖和，感觉很舒服。之后，我又来到甲板，广州打捞局的

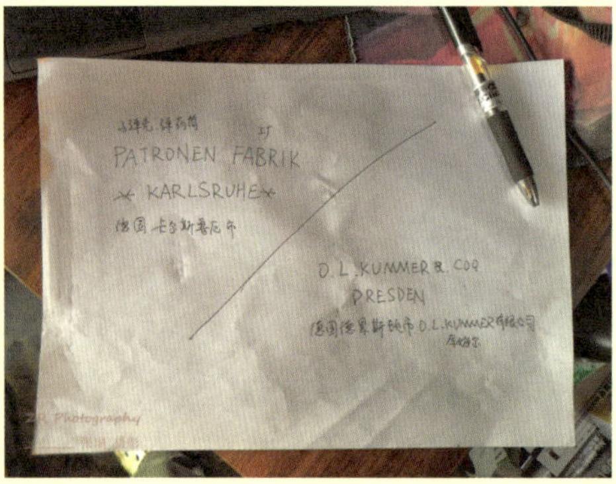

小伙伴们又找到了一个灯架和一发炮弹，上面刻有德文。我们赶紧找来大魏同学，我们的明星翻译官又要闪亮登场啦。这次在水下考古工作中所有德文的标识铭牌，都是魏超翻译的。他就是我们水下考古工作队的专业德文翻译。平时，大魏即便在工地干活儿期间，都要利用休息时间进行德文翻译工作。这些翻译出水文物的德文标识标牌等等一系列的工作，对他来讲都是小菜一碟。一般情况，大魏不仅能给我们将标牌的内容进行直译，还能给我们讲一点标牌上的德国文化背景情况。他可真是一个一米九高的高水平翻译啊。

等我们下午的工作接近尾声的时候，水哥和张红兴又乘坐老王的渔船赶回工作平台来了。水哥一上来就开始准备下水，他要下水检查一下打捞局的抽沙位置以及工作进展。红兴哥下水要观察一下沉舰整体的水下情况。

晚上开会的时候，水哥重点介绍了一下打捞局的工作进展。他们负责的三号抽泥坑也就是中部沉舰的右舷，那里出现了一个排污管，根据图纸以及历史照片看，在排污管的旁边应该有一个登船用的舷梯。所以目前我们要以刚发现的排污管为参照，去其右下方寻找舷梯，以此来确认这个排污管是不是在历史照片上距离“經遠”舰铭牌最近的那个排

张红兴

1975年3月出生，天津市蓟州区人，厦门大学人文学院历史系考古专业，现就职于福建省泉州市博物馆，任水下考古部主任、副研究员。2004年参加全国第三期水下考古培训班；2010年、2011年、2012年三次赴菲律宾参加技术潜水培训，潜水长。曾担任全国首届水下文化遗产保护培训班潜水助教、实习教练；全国水下文化遗产保护（考古）、“一带一路”沿线国家水下考古培训班实习教练。曾参加国内外水下考古调查、发掘项目四十余次。

污管。然后，我们再从这个排污管的位置往北（艏部方向）3.4米去找“經遠”的“遠”字铭牌。下一步的工作重点首先就是要把这舷梯先挖出来，然后去计算“經遠”铭牌的位置，再打上两个钢钎为标记，广州打捞局再按此标记位置抽沙，有的放矢，尽快将“經遠”铭牌抽出来。

解说完今天的工作，激动人心的时刻终于到了：水哥开始宣布明天致远舰调查人员的名单了。周春水、林唐欧、黎飞艳、王志杰、余万勤、朱世乾、老吴同志和我八个人组成临时小分队，明天一早出海去“致远舰”遗址，对“致远舰”遗址进行水下复查工作。我们的目标是重点观察“致远舰”的保存状况，检查我们前年在水下焊接的牺牲阳极锌块的腐蚀情况。朱世乾负责水面定位和抛浮标，其他人分组下水进行水下调查。明天将会是异常辛苦的一天，从我们这里乘坐渔船只是往返路程就要将近五个小时，再加上抛浮标和潜水的时间，几乎要整整一天都漂在海上。对于晕船的我来讲，明天的工作既兴奋又难熬。我今天晚上还是抓紧睡觉，养精蓄锐吧。

重返致远沉舰历经磨难思绪万千

2018年9月6日 晴

今天一早起来，精神抖擞，洗漱完毕吃过早餐，就要抓紧出发了。天气晴朗，就是海面上风有点大。老王的渔船停靠在浙奉662号工作平台旁边，七个装满个人潜水用品的潜水筐，七套充满气的双瓶组装备，两组调试完毕的水下相机，还有其他相关用品都已经装上渔船。当我跳上渔船的时候，大魏就在身后对我喊：“上船后就找个地方躺下吧。”

是啊，这么多年一起奋斗的兄弟，已经对我非常地了解了，像今天这种情况，他知道我是肯定会晕船的，就是时间早晚的问题了。不过

听到他的话，我的心里还是感觉非常温暖的。上船后，我赶紧跑到老王的驾驶室，蜷着身体躺了半张铺位，另一半水哥也是蜷缩地躺着。我就感觉着渔船摇摇晃晃地走了好久，这一半的身子都躺麻了居然还没有到达。没法子，硬着头皮下了床，找了一件救生衣就靠在床下门口角落里，席地而卧。用我自己的外套把头一蒙，继续忍着，忍着船的左摇右晃上下颠簸。这个时候，我早已经管不了什么干净不干净了，只要能躺下，减少眩晕的感觉，怎么着都行。

船终于开到“致远舰”沉舰遗址位置了，听着他们一个一个地把浮标抛下水后，我抓紧起来，趁着我还没有晕倒，趁着自己还相对清醒，飞速地开始潜水准备工作。这时，水哥已经开始着装了，匆忙中没有准备鲜花，就洒了一些纸钱海祭，以此代表我们对以身殉国的“致远舰”英烈们的告慰。自从我们开始“致远舰”的水下考古调查工作以来，已经过去五年时间了。“致远舰”的调查工作持续了三年，2016年最后一次调查工作结束后到今天也将近两年时间了。一别两年未见，今天再次来到她的身边，心里感觉很是亲切。

水哥和欧哥率先开始下水了，需要找好位置并为后续潜水人员拉好水下行动绳，这是高难度的工作，需要很好的方向感和对“致远舰”的无比熟悉才能做到。渔船开到浮标的上水位，他们两个就背滚式鱼贯入水。那矫健的身影，麻利的翻滚下船动作，激起雪白的浪花，在明亮的阳光照射下，映衬出满眼的光亮。他俩背上的双瓶闪着亮光在湛蓝的

天空下、在碧绿的海水中一前一后地向浮标游去，此情此景看上去是那么的优美而动人。有谁能知道，甲午海战“致远舰”沉没124年之后，还有那么一群人时时念着这片海、念着这片海下沉睡的英雄战舰和陪伴的将士们。

水哥和欧哥上来后，给我们带来了好消息，水下能见度很好，能有2米多，不用打手电都能看得很清楚。这可把黎总高兴坏了。他赶紧背上装备，抱着相机下水了。船上剩下二哥和余馆一组准备下水。水哥问我还能不能下水？我斩钉截铁地说：“费这么大劲跑到这来了，不下水岂不是遗憾！虽然有些晕船，但是也要下水看看致远舰。”于是，我们就三人一组准备下水。我当时还不知道，接下来，自己这趟潜水真是一波三折，拼了老命了。

ZR Photography

渔船还是重复着上两组的动作，开到浮标点的上水位，余馆背滚式入水抓住浮标，二哥也顺利地背滚入水游到浮标，轮到我了，船顺流下漂，过浮标了。我只能等船再绕一圈，等呀等，水哥说可以啦，顺水流游过去。我就一个背滚翻入水中，一冒头，发现水流方向不对，往浮标反方向流呢。于是我赶紧打脚蹼拼命游，打了几下抬头一看，顶不住水流，原地没动。我又赶紧向渔船游，抱住上水的梯子。老王开着渔船就带着我在水中再兜一圈。我就在水的表面拽着梯子，此时的我又不能松手，整个胳膊都酸了。我感觉时间仿佛凝固了一样，这段时间过得可真是漫长。终于听到船上有人大喊说可以游了，我就看好浮标松开了梯子用力游过去。哪承想，还是顶流！我心里这个骂啊，这个老王，搞不清楚海水流向了吗？玩儿我呢？向前，要拼命顶流游到浮球那边；向后，回到潜水梯估计我这班潜水就要报废了。看着浮标那边二哥和余馆还在那抱着浮球漂着，眼巴巴望着我等我过来呢！我心里一横，暗暗念叨“拼了，拼了”。我就拼命打脚蹼，边打边抬头看看方向，整个人上气不接下气的。眼瞅着二哥把脚蹼伸过来接我一把，我就使出吃奶的劲儿一把抓住脚蹼尖儿，就像抓住救命稻草一样，顺着二哥的大腿就爬了过去了，一下子感觉好幸福。我抱着浮球好一通喘啊，心里想着，也怨自己，平时锻炼少，到这个时候，差点跟不住劲儿，以后我可得好好加强锻炼啊。终于可以下潜了，我是边下潜边喘着大气，感觉自己的心跳咕咚咕咚的。还没到水底，我已经可以看到那熟悉的致远舰穹甲慢慢出现在眼前，心情更加激动了。我轻轻地落在穹甲上，像见到老熟人一样，高兴地拍拍这块穹甲，然后迫不及待地趴下来向穹甲下面的洞里看去，我要跟住在里面的大黄鱼也打声招呼。它是一条很大很大的大黄鱼，有着一双大大的眼睛，灯照上去看起来明亮又清澈。2016年在这里调查的时候，每次从这块穹甲上经过，我都要趴下来看看它。它有时在家，有时出门不在家。它在的时候，我就能跟它眼对眼地对视一会儿，心里跟它说两句话。有时我说，我真想把你抓出来带上船好好美餐一顿；有时我会跟它说，你就好好住在这里吧，我们走后你就好好在这看家，陪着这艘战舰和它的将士们。今天很遗憾，我没有看见它，它应该出去找吃的去了，我相信它不会走远的。

我暂时忘了刚才的狼狈不堪，虽然感觉有点不舒服，有些疲惫有些头晕，但是我还是顺着水哥刚刚布设的行动绳向前方游去，边走边看，一路上都是前年“致远舰”熟悉的身影。在这二十多米的海底，到处都是自己熟悉的“致远舰”的身影，这种感受恐怕这世界上也是没有几个人能有，也是够自己吹嘘一辈子的资本啦！

我这正享受着呢，黎总像个晚上开着远光灯的越野车一样向我扑来，人家可是举着水下相机，打着上万元的流明摄影灯呢！我惹不起，我躲得起，转身赶紧撤。回到入水点，看见二哥时，我看看潜水电子表已经快二十分钟了，自己好像还是没有调整好状态，我就给二哥打手势告诉他我自己上水了。二哥打出“好”的手势，转身离开了。我呢，原地继续看我的“致远舰”穹甲，跟它说说压在心底两年的话。这时，黎总从我身边上水了。我还是不忍心离开，继续一边抚摸着这块穹甲，一边想着2016年水下考古时的各个水下片段，思绪万千……

看看潜水表，看看气压表，分别的时刻很快到来，我不得不跟“致远舰”暂时告别了。再舍不得也是要分开的，我抚摸着穹甲上的斑斑驳驳，很难说一声再见，就让它在我的面镜里逐渐模糊吧，我想它会继续在这里享受平静和安宁的，我们还会再来的！这次分别没有跟上一次那样哭得稀里哗啦的，我没有掉眼泪，心里只有欣慰：“我们会很快回来的，会好好保护好你，帮你换好锌块。希望再别两年后，我还能再来看望你。”

在水下5米深做完安全停留，一出水，黎总和老吴居然还在浮标上呢，这两位怎么还没上船啊？他俩居然在浮标的位置谦让起来：你先，你请先，还是你先请吧；你把相机给我吧，我帮你带。还是不用了，还是我来带吧。我心想，您二位可真是客气啊。这时候还客气啥，抓紧上船吧，后面还有排着队等着的难受的人呢。这下可好，我抓着浮球在水上飘飘悠悠地看着他俩互相谦让着游向船去，这船就忽忽悠悠地越漂越远，在我的视野里慢慢变小了。我这无奈地继续等着船转过大圈回来接我。每一秒钟都是煎熬啊。不过比起上船后，眼下这已经很舒服了，这也是后话。

渔船终于往我这边开来，就在渔船靠近我的时候，水哥用大力把浮球连带着绳子抛给了我，我眼看着浮球擦着我的头皮从我的头顶划过。只听“当”的一声砸中了我身后的气瓶头，紧接着巨大的喷气声在我的脑袋后面响起，船上的人大喊着，“不要管它，快上船来”。此时，咬嘴里已经不能吸气了，我赶紧伸着脖子深吸一口气，抓紧绳子游向梯子。我双手紧紧地抓住挂在船舷边上的梯子，在摇晃中奋力脱下脚蹼，四脚并用爬上船舷。等卸下装备后，我这才长出了一口气。定定神，好好地缓一缓，抓紧时间跟水哥、二哥、余馆和欧哥拍了一张合影，留作纪念。我心想这还不算完事，趁着还能控制得住，赶紧抓紧换下潜服。我一边换潜服，一边开始呕吐，实在是来不及站起身趴到船边，我就直接吐到了船板上，朱世乾赶紧打了一桶海水来冲洗甲板。我知道自己是坚持不了多长时间了，越拖越麻烦。为了不让自己倒在甲板上，我加紧

时间换好衣服。当我坚持着把自己收拾好后，就一头倒在了驾驶室老王的床上了。胃口里面此时已经是翻江倒海，脑袋里面也是晕天黑地地胀得要命。我就用手一通地乱摸，摸到了老王放在床头一个塑料袋，也不管里面装的什么了，将袋里的物品全倒出来，然后对着塑料袋，一阵猛吐，感觉胃口里面的液体像是开了阀门的高压锅，直接喷涌而出。一通呕吐之后，感觉稍微好了一些，我就紧攥着塑料袋，倒在床上再也不能动弹了。回返时，海面风浪变大，船顶着风浪奋力往回开。天色阴沉，海浪翻涌，也不知道过了多久，反正是能够感觉到风浪越来越大。到后来，海浪拍打在船上激起的浪花已经打到了驾驶室我躺的床上了。我迷迷糊糊中听到了水哥在船头大声喊着："不能靠船了，太危险啦！"这会儿我心里已经知道了，回来的时候起风了，涌浪太大，我们的渔船不能靠驳海上的工作平台船，否则缆绳都会崩断。为了安全，渔船无奈掉头往黑岛岸上走，这下又得在风浪中颠簸一个小时！我心里明白，但是什么都已经做不了了，唯一能做的事情就是继续忍着，反正也是起不来了。

就这么一路吐着，一路躺着，看着袋子里面好像吐的东西已经开始发绿了，喉咙里面火烧火燎的，我明白这是胃酸混合着部分的胆汁，忍到上岸就会好受起来的。我能够感觉到渔船终于开始大转弯了，转过这道弯就是港口，船一进入港湾里面就会立刻平稳下来了。等船停好，我终于可以起来了，扔了攥了一路的塑料袋子，背好我的背包，一步三晃地爬上了码头，双脚站在地上的感觉真好。真是艰辛的一天，心有余悸啊！

慢慢地感觉自己又活过来了……

回头望着平静的港湾，我都不敢回想我今天这都是经历了什么！

看看时间，下午三点半多了，从早上上船到现在，将近九个小时了，大家饭也没有吃。这一天的折腾，船坐得简直爽上天了，水下考古有时候就是这样的辛苦。

回到驻地，洗了个热水澡，到贾宾屋子里找到了一点吃的，喝点热

ZR Photography
張瑞 攝影

水，吃点东西——终于撑过来了。

晚上来到了熟悉的黑岛酒楼吃饭，大厨把我们从致远舰遗址带来的左口鱼清蒸了，那味道真是鲜美，这也许是致远舰回馈给我们的礼物吧。晚饭过后，我去找二哥聊天。二哥眉飞色舞地给我讲回来时我和老余头的糗样子。他说我是死死地攥着他昨天的晚饭袋子躺在床上，老余头死死地攥着船头桅杆的绳子站在那里眼望前方，不敢低头，脸被太阳晒得通红，像猪头一样，海水打到脸上身上也不敢动。真是笑死啦！

这就是我们大家今天一天的行程。回到海底，看望久别的“致远舰”和将士们——这是我们大家期待了将近两年的事情。那么的熟悉，那么的亲切，那么的激动人心。为了这一次的再相聚付出再多，大家也都心甘情愿。

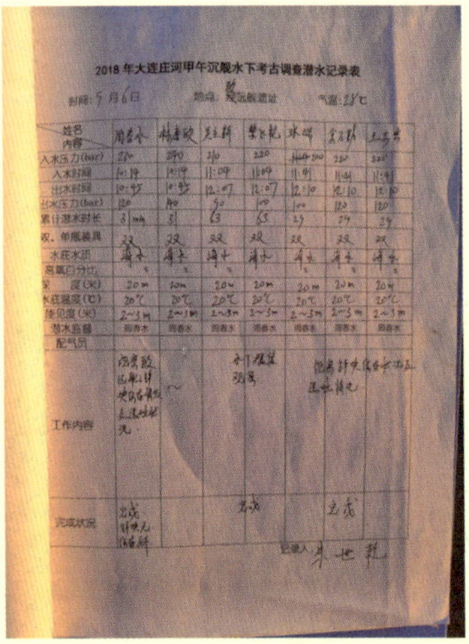

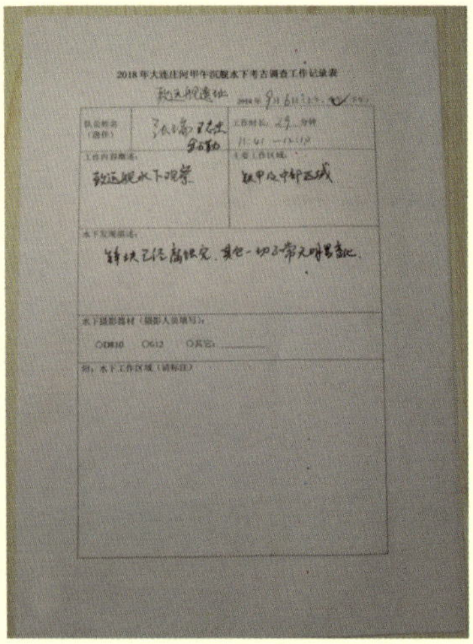

今天，在那片波涛汹涌的大海上，我们向致远舰和那些英勇献身的将士们又一次致以了无比崇高的敬意！

按图索骥主攻经远舰铭天公作美

2018年9月7日 晴

昨天晚上通知今天早上六点出海，去浙奉662号工作平台。

今天早上五点半手机闹表就吵翻了天，我就迷迷糊糊地起床了，虽然有点早，不太适应，但是经过一晚上的陆地睡眠，还是比昨天晕船时的那种状态好了很多。我收拾好东西，拿起背包坐在了大厅的椅子上，闭上眼睛打盹儿等大家出来。我实在是怕自己在屋子里又睡着，还是坐在大厅门口等大家比较靠谱儿。队员们陆续到齐了，我们三三两两地就往码头赶路。

清早的码头已经忙碌起来，加冰的车辆停在渔船旁边，渔民们用滑道给鱼舱加冰。加好冰的渔船迎着朝阳出海，远去的身影好似出征一样威风。

说句心里话，经过昨天的晕船，今天看到渔船还是打心眼里犯怵，有种心有余悸的感觉。但是没有办法，船还是要上的，我就给自己打气，给自己心里暗示，今天的天气很好，海上风平浪静，不会太晃，我也不会晕船。念叨好了，硬着头皮上船。

顺利到了工作平台，抓紧吃过早餐，就开始和魏哥一起忙着给文物拍照。大魏给我帮忙，将做好登记编好号的文物转递给我，我先拍摄文物编号，然后再拍摄文物，完成后再回传给大魏。大魏把文物连同编号一起收纳好，最后妥善放到文物储藏箱里。我们的工作就像流水线上一样有条不紊地进行着。一

个上午的时间就在不知不觉中度过了。

中午吃过午餐后开始准备下午的潜水工作。我们组今天除了要继续对二号区域进行抽沙作业以外，又领到了一个新的工作。广州打捞局在三号工作区域发现了登舰舷梯，就在我们先前预判的排污管右下方，再一次印证了我们的判断。同时问题也紧接着来了，打捞局潜水员在找到登舰舷梯确认位置后开始主攻3.4米以北位置——“經遠”舰铭牌，留下这边这个只有五六十厘米宽的发掘坑，空间狭小根本没有办法下去拍照，只能用手去摸。我们组的任务是过去把这个坑的宽度扩大，好让水下摄影机有空间伸进去拍摄。领好任务，下面就是我、余馆、张敏和朱世乾四个人商量怎么执行的问题了。具体的经过是这样的，朱世乾主要工作是扫测定位，他潜水经验少，不能让他单独一个人时间过长，于是我们商

量让张敏先下二号区抽沙，二十分钟后朱世乾下水接替张敏，张敏陪他工作十分钟后上水，余馆在张敏后面下水，去三号舷梯坑位扩大抽沙坑洞。待张敏上水后，我下水去接朱世乾，先游到二号区后，直接找到正在抽沙作业的朱世乾，叫他上水。然后顺着水哥布设好的行动绳往西游到“铁甲堡”，再沿“铁甲堡”往北摸索前进，找到三号抽沙坑后，再摸到一块铁条，把我的行动绳绑在铁条上，然后再拉着行动绳向下摸索寻找沉舰的排污口，最后再顺着排污口右侧向下摸到登舰的舷梯。我用手摸到了舷梯，一阶、两阶。因为此时我已经是处在海床下三米多深的坑底，坑的底部有大量滑落的和老余头挖掘掉落的淤泥。我感觉此时自己身体已经完全埋没在坑底的淤泥里了，旁边是黏糊糊的一片。摸清楚结构后，我抓紧离开底部，稍微停留一下，等待一下自己身上的海底泥沉降一些后就开始拿出铁锹，扩大挖掘坑。这坑壁的海底泥还是非常结实而且很有黏性的，挖起来非常费力。我给自己规定了一下，每挖十五下，就游到坑上面看看时间和气压。就这样重复工作直到潜水时间到了，我再沿着我自己的行动绳游上来，往“铁甲堡”南面回到水哥布设的行动绳上，把自己的行动绳系到水哥的行动绳上，这样顺便就完成了从二号区到三号区行动绳的布设。回到二号抽泥区时，发现抽泥头下有一张被海底泥覆盖的渔网，影响抽泥工作。这张渔网因为被一层海泥压着没有办法被拉起来，于是我把露出来的部分渔网慢慢割掉后带出水面。这就是我们全组人员今天的整个潜水经历。

在我们第二组队员工作的同时，第一组的队员也没有闲着，黎飞艳布设了一条从“铁甲堡”西北角到船艏北端的行动绳；魏超、王尚博布设了一条从“铁

甲堡”东北角到船艏北端的行动绳。一号区的抽沙工作已经打穿了坚硬含渣的沉积层了，在沉积层的下面就又是细软好抽的淤泥层了。这个消息给我们带来了希望，让我们坚信我们二号区只要也能够打穿这层坚硬层，下面就有可能也是细软的沉积层了。

秋高气爽 拍摄文物再登考古零一

2018年9月8日 晴

今天风平浪静，天公作美，天气更是格外得好，不仅阳光明媚，秋高气爽，而且天高云淡，月朗星稀，简直令人心旷神怡。

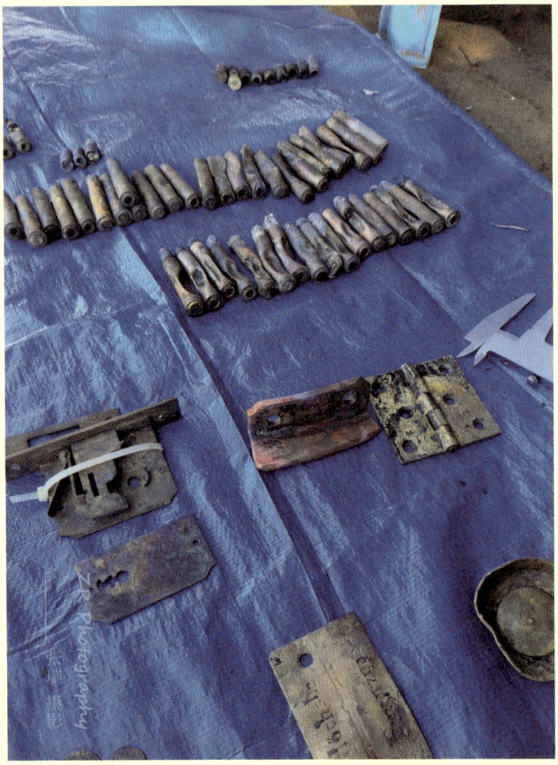

早上吃过饭，水哥也没说怎么干，大家就都已经各自忙碌了起来。今天，欧哥领衔的文物组开始整理金属类的出水文物了，他们找来一大块防水苫布，铺在甲板上，把部分小件金属文物按照品类摆放好。启流、海明和红兴对文物进行最后的清理和测量，欧哥负责登记绘图。我和魏超使用摄影棚对小件器物进行拍照，黎总和尚博负责给大家拍摄工作照片和视频录像。鉴于目前我们有着几百件的文物需要逐个登记拍照，我们大家的任务量还是非常大的。我们没有太多的空闲时间可以聊天，大家都在埋头苦干。

那边的“砸铁组”（我先暂时这么

称呼正在清理凝结物的队员们）正在叮叮当当地敲打着各种凝结块，对文物上面的附着物进行初步的清理，那声音就好像你处在一个忙碌的打铁铺旁边一样。长臂挖掘机吊着打捞局的大抽头轰隆轰隆地发出噪声，广州打捞局的人员守在缺口那，水下是正在潜水抽沙的广州潜水员。放眼望去，工作平台一片忙碌，各忙各的，好一派祥和的景象。

上午十点半，广州打捞局的抽沙工作暂停，开始我们考古队员潜水了。我被安排第一个下水抽沙作业。三下五除二，穿好潜水服，背着瓶子我就下水了。这回好干——我就沿着第二层的硬质渣泥层，把上层细软的那一大层推着抽，整整抽出来有一米半直径的大圆坑。抽完这个大坑，我把所有的小工

具系在水下引导绳上，满意地上水洗澡吃饭去了。

吃完了午饭，正值中午太阳高照，天气好得“令人发指”。水哥交代要拍整个工作区域环境，尤其是经远舰沉没时日军拍摄的那张历史照片里出现的黑岛山脉。今天黑岛镇的山脉，正好可以好好地拍摄清楚。大家中午都休息了，我就自己跑到船顶上，用手机全景把船和整个工作海域连同山脉和老人石都拍摄了下来。这照片拍得，通透无比，清澈异常。

拍完照片，我赶紧回到我的集装箱睡觉。在工作平台上干活儿，环境嘈杂，又起早贪黑的，我总是感觉不够睡的。中午这个午觉要是再不睡一会儿，下午就会头晕眼花了。睡醒一觉后，平台上的挖掘机居然又开始清淤了。一问才知道，在广州打捞局负责的三号区域里潜水员已经摸到了“铁甲堡”上沿往内收的位置，预计再向里一米多就能摸到沉舰的侧舷了，这个平面就是经远舰舰身侧面名字的所在平面，这个消息意味着我们距离最终目标——“经远舰”侧舷上的舰名，已经近在咫尺了。但是目前的问题是打捞局沿着铁

甲堡向下抽泥的纵向竖坑直径不是很大，但深度已经达到三米多了，如果再向沉舰内侧开挖，类似于陆地考古清理竖穴土洞墓一样，在水下这样发掘也会面临塌方的危险。为了降低风险，广州打捞局林队长和考古调查工作队周春水最后决定利用低平潮期，在GPS精确定位的指引下，用长臂挖掘机对三号区域发掘坑口进行扩方，以确保在下一步工作中工作人员向下、向内抽沙时的安全性。长臂挖掘机开始工作了，这意味着散落在舰体外的残块以及各种小件沉舰文物将会大量出水，这同时会给我们全队，尤其是给文物组和摄影组的工作无形之中又增加了巨大的工作量。我们水下考古队全体总动员：广州打捞局负责打水炮清理淤泥槽里的淤泥并把清拣出来文物交给考古队员，我们的考古队员负责清洗，冲刷干净后，再开始初步砸掉大块的凝结物。文物组依旧埋头苦干测量绘图。我自己呢，拿着对讲机，站在围挡边上，扒着头紧盯着挖掘机清理出水海底泥的每一铲子的情况，指挥张小胖师傅把淤泥倒入淤泥槽里。突然，我看到了一道黄灿灿的闪光，赶紧大喊，指挥他放入淤泥槽里。利用挖掘机停机的时候，我立刻跑到淤泥槽那里看，终于让我仔细看到了那个黄闪闪的东西。我费了好大的力气才把那个东西从淤泥里面拽出来，原来是一个格鲁森53毫米速射炮炮弹弹壳，黄铜色的外壳闪闪发

日方拍摄经远舰沉没照片

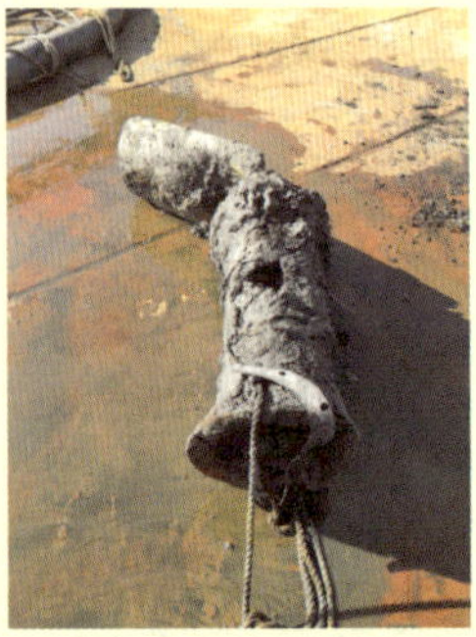

亮，弹壳在泥里保存得很好。看着自己亲手抢救出来这么一个珍贵的炮弹壳，我打心底里乐开了花，这比我在陆地考古墓葬里清理出来文物可兴奋多了。

今天下午陆续发现了一段底舱通水总管、一块管路铭牌（译文：第十六 不洩水直肋上第五十二至五十八横肋间水管。备注：船内水密舱之间的防水直肋第五十二至五十八横肋间的水管，第十六根。魏超翻译）和威布利476手枪子弹，这些都是让人眼前一亮的“经远舰”出水文物。

今天从早晨开始就是特别漂亮的天空，到了傍晚，晚霞笼罩下，天空显得更加的迷人。这景色，也许生活在城市里一年到头也看不到一次。我们大家就把这当作是大海对我们大家辛勤工作的奖赏了。眼见着太阳西下，享受着落日余晖，我们的水下考古队员仍然在辛勤地工作着。为了尽早解开我们心中的未知与疑团，大家不断地一点一点地向前努力着，用接力的方法，一片一片地拼凑着水下沉舰的面貌。这些点点滴滴的积累，会把这艘战舰真实的一面最终展现在世人的面前。我们队内的宗旨是只要有兄弟在水下，我们大家就不会放松警惕，一定会有兄弟在水面上时刻关注着你，时刻准备迎接你的归来。

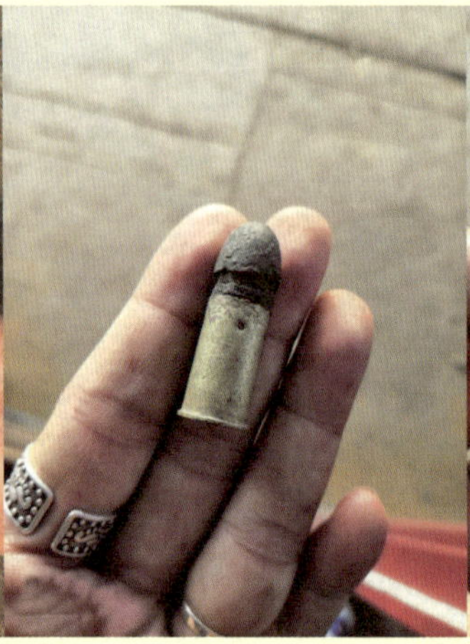

工作结束后，我登上了前几天赶来的“中国考古01”工作船。考古船的到来是为了更好地配合我们2018辽宁庄河“经远舰”水下考古调查工作。

“中国考古01”刚刚换了船长，前任那位跟考古队配合良好，人也豪爽，管理船只井井有条又充满热情的连船长已经不在考古船了。好多以前熟悉的船员也都轮换了，只有熟悉的大副卢文龙龙哥还在。我跑遍了考古船上的角角落落，看着自己曾经踏过的每一寸船板、住过的每一个房间，仿佛听到那些欢声笑语依然环绕在房间里……从工作平台到考古船也需要用渔船进行摆渡，渔船却差不多每隔一天就要回码头接运物资，为了节省时间，这次我们大多数考古队员并没有在考古船上住宿，所以眼前的考古船显得寂寂静静。

卢文龙

1981年11月出生，山东青岛人，2014年7月接“中国考古01”船下水首航，历任大副、船长等职务。先后参加了辽宁“致远舰”，河北唐山“东坑坨”，西沙群岛“珊瑚岛”“金银岛”，广东“上下川岛”“南海深海”，威海“定远舰”，浙江“渔山列岛”，辽宁庄河“经远舰”等各项国家水下考古调查和发掘项目。

2014年度河北唐山东坑坨沉船水下考古启动仪式

2016年丹东一号（致远舰）水下考古调查

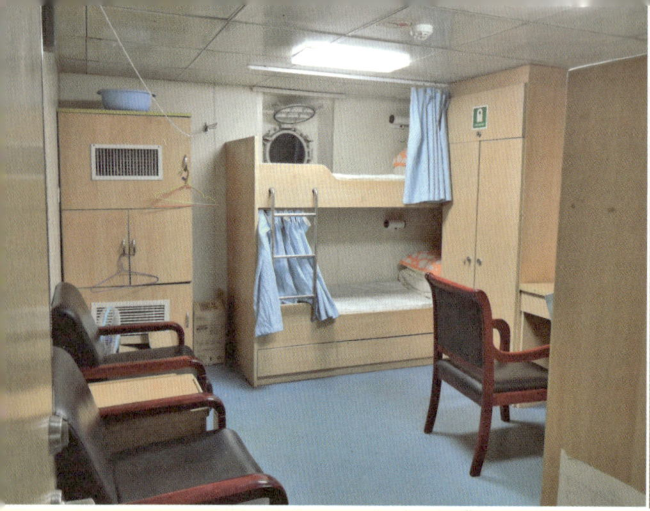

2018年9月8日

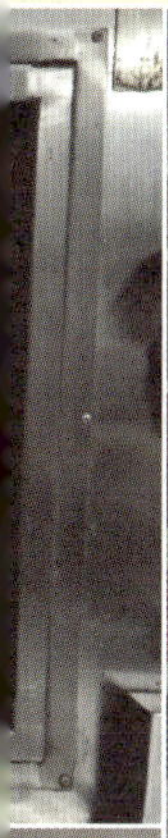

成竹在胸兴致高昂吟诗作赋一番

2018年9月9日 晴

我在“中国考古01”工作船上的睡眠还是很好的，这里比浙奉662号工作平台安静了许多，没有别人打扰的睡觉环境还是很让人舒服的。这一夜伴着海浪拍打船身的声音入眠，是多么享受啊。早上醒来的时间还是很早，毕竟这些日子已经习惯早起了，不到六点钟已经完全醒了，我又翻身躺了一会儿，最终还是决定起床洗漱了。收拾完毕，直奔餐厅。早餐有炒米饭、煎鸡蛋、小米粥、小咸菜，虽然简单，但是吃着很舒服。吃完早餐，在船上四处逛逛，拍拍照，吹吹海风。每一处都是那么明亮而熟悉。感觉真好！

由于海上风浪有些大，新任唐船长不敢冒险放小艇送我们去工作平台，我们只能等待渔船从码头回来后再接我们上工作平台。到十点钟，老王开着他的“法拉利”渔船满载着广州打捞局采购的补给返回，同时也接我们回平台工作。

下午我和朱世乾下水抽沙，就在我们都已经着完装准备下水的时候，传来一个坏消息。我们抽沙出口的箱子已经装满了，不能再继续抽沙工作。王志杰和余万勤正在积极抢修。他们想把抽泥管从海面拉上工作平台。但是因为太重了，拉了几次都没有拉上来，后来发现是卡在船底下的螺旋桨轴上了。他们正在想办法解决这个棘手的问题。这时候张红兴跟我们说，水下能见度很好，他还用手比画着，足足有一个胳膊那么长的距离。我一听这么好的能见度，立刻蹦出了一个主意，想去一号抽沙点看看沉舰前面的样子和状态，方便以后需要拍照的时候更熟悉北端的水下情况。黎总也听到了张红兴的宣传，于是也背上装备准备下水录像。我和黎总说，我们组跟你一起去一号区，我们熟悉一下一号点水下情况。于是，我们三个就这样排着队沿着一号抽沙管下水了。我一潜到海里，立刻感觉到不对劲。海水水流此时已经很急了，而且能见度也只有眼前十几二十厘米的，根本就不是红兴描述的有一臂之长。我们跟着黎总下去，正好碰上第一组的魏超和王尚博在那里忙着呢。黎总停下来了，我也不清楚他在干什么，我和朱世乾就只能在后面安静地等着。等了五分钟，黎总从他们身旁过去了。我想去追，又担心身后的朱世乾跟不上，总不能为了跟黎总弄丢了自己的潜伴啊。犹豫了一下，黎总已经游出去了，消失在一片漆黑之中。好啦，我眼前就是一组的魏超和尚博在干活呢。怎么办呢？又不能下去贸然打扰人家，这水流、这能见度，给人家添麻烦不好吧。于是我示意朱世乾在这等着，抓紧气管，可别一松手，就被水流冲走了。我就下去沿着抽沙笼转圈找“铁甲堡”。“铁甲堡”很快摸到了，可是水流却越来越大，能见度也更差了，需要趴在“铁甲堡”上才能看到。我是既担心自己用手抓不住“铁甲堡”自己被水流带跑，又担心身后的朱世乾走丢。所以，我最后决定放弃这次沉舰北端一号点位的观察行动。于是我沿着来时的路线，一步一步退回到抽泥管，找到朱世乾，叫他一起出水。

上潜一切顺利，这是一次安全的潜水，却又算是一次失败的水下观察。我正在描述着水下遇到的情况，耳边就听到了黎总上来第一句就说水下能见度太差啦，根本拍不了录像，跟红兴说的完全不是一回事。

其实，说笑归说笑。这事还真不全怨红兴哥，他也确实没有忽悠我们的意思。这其实就是水下考古作业时经常遇到的情况，海底水况变化大多数时候海面上是观察不出来的。也许在上一班时水还有很好的能见度，水流平稳，到了下一班，可能就是海底起流，带起来海底细泥，直接导致能见度变差了。这些都是正常的，也是经常会遇到的，保持平常心态就好。

晚上我随手拍了一张张敏博士埋头苦读的照片，两侧挂着的都是粘蝇胶带，苍蝇、蟑螂、老鼠、蚊子……这就是真实的船上人员生活写

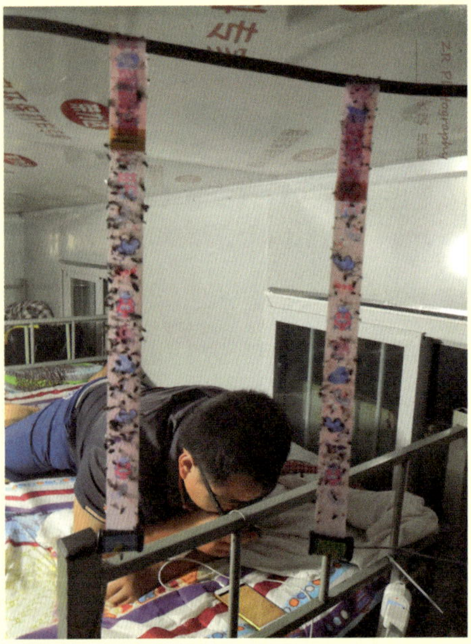

照。后来，我以这张照片为题，发起了文学创作比赛。

参赛选手作品如下：

1. 读尽蝇头皆小字，拜倒石榴定裙下。张瑞横批：乐在其中。——林唐欧

2. 瞧一瞧看一看，甲午经远；吃一吃尝一尝，空中小姐。横批：一舰定情——冯雷

3. 床头读书，皆蝇头小字；水下考古，定甲午风云。横批：敏仙基金——梁国庆

4. 后宫粉黛三千，挂起细看；前厅铁床一张，盛装不下。横批：仍旧难眠——张鑫芳

队伍默契成熟工作按部就班顺利

2018年9月10日（教师节）晴

早上六点不到，我就被甲板上逐渐的喧嚣声吵醒了，拖着疲惫不堪的身体和蒙蒙眬眬的睡眼，我来到船舷边上的简易水房洗漱。我挤好牙膏，举着牙刷爬上二哥焊接的起吊机支撑架，面对着空旷的大海与蓝天刷牙，眼前就是老人石。欣赏着目光所到之处无遮无拦的海上风光，此刻我已经一扫睡意，对着大海刷起牙来格外带劲儿。

水哥吃完饭就把今天的工作内容一股脑儿地都写到白板上了，我们大家只需对着白板，就能思量到今天自己都要干什么了。虽然水哥只写了三段话，基本表达了上午砸铁，中午潜水抽沙，潜完水下午继续砸铁的工作内容。短短三句把我们全体队员一整天的时间都安排进去了。

说说我们调查工作最新的进展吧！自我们前两天在沉舰左侧三号抽

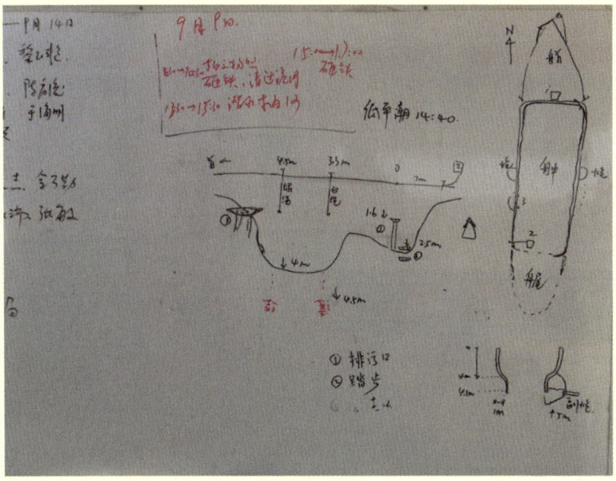

沙区陆续发现船体排污口和登舰舷梯后，我们对整个三号抽沙区进行了精确定位，之后进行扩方发掘，为后面进行舰铭处更深的抽沙工作拓展出更大的安全施工空间。在这个过程中，广州打捞局的潜水员又发现左侧船体煤渣口，这样的发现基本上就可以圈出“經遠”舰铭的位置区域了。当然光有区域对于水下考古而言范围就过于庞大了，水下施工难度大，需要精确定位用以减少不必要的工作量。我们根据经远舰设计图和历史照片，精确测量出舰体上“經遠”两个字到排水管的距离，有了这个数据后，我们水下考古队员就在海底相应位置，紧贴“铁甲堡”上方打好两根钢钎，分别下垂一根白绳子和一根绿绳子，这就是水下这两个字的准确位置，广州打捞局潜水员按此位置进行抽沙清淤。上午，打捞局林队长派出全队经验最为丰富的潜水员张炳华，对这个位置展开攻坚战。张炳华是队内最为资深的潜水员，水下状态稳定，心理素质高，并且工作细致。对于即将向船体内侧打洞，且有可能遇到脆弱质文物的这种水下工作，张炳华无疑是重任在肩。

今天上午，欧哥的文物组队员们继续进行小件文物登记造册工作，我们摄影组紧跟着进行文物拍照。这次使用的小型便携摄影灯箱非常好用，方便小件文物的拍摄，效果能达到出版要求。今天拍摄的文物中有大量的毛瑟步枪子弹，很多是已经击发过的弹壳。我们知道毛瑟步枪的射程不是很远，出水大量已经击发过的毛瑟步枪子弹可以证明当时的“经远舰”可能与敌舰的距离已

经很近了。据史料记载，当时在战场中“经远舰”曾经靠近敌舰试图进行接舷战，被日本军舰侧炮齐射，才未能成功。在这接近敌舰的过程中应该是有大量士兵在甲板上用步枪射击敌人了。由此可见当时的战斗是多么的激烈（右下角图片内容为：我舰左右受敌，弹丸如雨，两舷炮手殊死防战最力。来远型舰欲撞击本舰，袭击队方集于前部（甲板），本舰以机关炮急速射击，将其尽数击毙。炮战中，来远型舰曾向本舰发射鱼雷，本舰转舵，幸而得以避开。——樱井规矩之左右（比叡号舰长））注

就在我们两组队员密切协作进行文物登记照相之际，其他所有队员都开始了他们的铁匠工作。前两天水哥通知岸上后勤采购了许多的槽钢角钢，并且将它们及时运上工作平台交给了二哥他们。水哥交代了要做

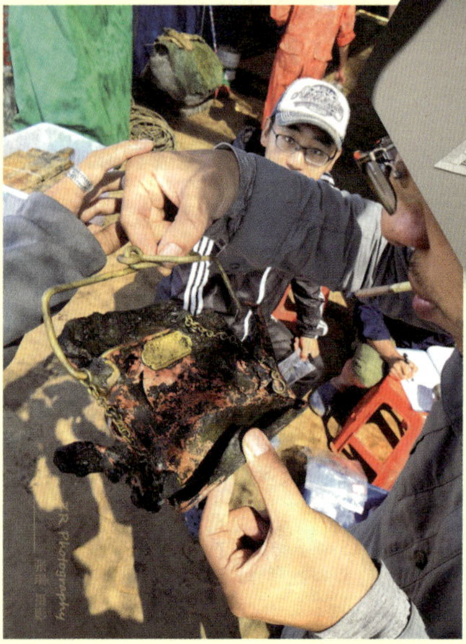

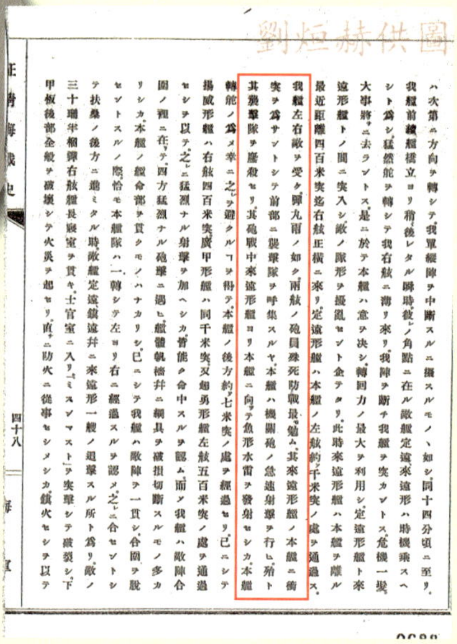
劉烜赫供圖

ハ次第ニ方向ヲ轉シテ我單縱陣ヲ中斷スルニ擬スルモノヽ如シ同十四分頃ニ至リ
我艦前檣艦橋ヨリ稍後レタル瞬時彼ノ角點ニ在ル敵艦定遠來遠形ハ時機乘スヘ
シト爲シ猛然舵ヲ轉シテ我右舷ニ薄リ來リ我陣ヲ斷チ我艦ヲ突カントス危機一髮
大事將ニ去ラントス是ニ於テ本艦ハ意ヲ決シ轉回力ノ最大ヲ利用シ定遠形艦ト來
遠形艦トノ間ニ突入シ敵ノ隊形ヲ擾亂セント企テタリ此時來遠形艦ハ本艦ヲ離ル
最近距離四百米突迄右舷正横ニ來リ定遠形艦ハ本艦ノ左舷約千米突ノ處ヲ通過ス
我艦左右敵ヲ受ケ彈丸雨ノ如ク兩舷ノ砲員殊死防戰最モ勉ム其來遠形艦ノ本艦ニ衝
突ヲ爲サントシテ前部ニ襲撃隊ヲ呼集スルヤ本艦ハ機關砲ノ急速射撃ヲ行ヒ殆ト
其襲撃隊ヲ鏖殺セリ其砲戰中來遠形艦ヨリ本艦ニ向テ魚形水雷ヲ發射セシカ本艦
轉舵ノ爲メ幸ニ之レヲ避クルヿヲ得テ本艦ノ後方約七米突ノ處ヲ經過セリ已ニシテ
揚威形艦ハ右舷四百米突廣甲形艦ハ同千米突又超勇形艦左舷五百米突ノ處ヲ通過
セシヲ以テ之レニ猛烈ナル射撃ヲ加ヘシカ皆能ク命中スルヲ認ム而シテ我艦ハ敵陣合
圍ノ裡ニ在テ四方猛烈ナル砲撃ニ遇ヒ艦體帆檣幷ニ綱具ヲ破損切斷スルモノ多カ
リシカ本艦ノ緊命部ヲ貫クモノハナカリシ已ニシテ我艦ハ敵陣ヲ一貫シ合圍ヲ脱
セントスルノ際恰モ本艦隊ハ一轉シテ左ヨリ右ニ經過スルヲ認メ之レニ合セントシ
テ扶桑ノ後方ニ追ミタル時敵艦定遠鎮遠幷ニ來遠形一艘ノ追撃スル所ト爲リ敵ノ
三十珊半榴彈右舷艦長寢室ヲ貫キ士官室ニ入リ「ミスンマスト」ヲ突撃シテ破裂シ下
甲板後部全般ヲ破壞シテ火災ヲ起セリ直ニ防火ニ從事セシメシカ鎮火セシヲ以テ

征清海戰史　四十八

注：摘自《征清海战史》，吉辰译。吉辰，华东师范大学思勉人文高等研究院博士研究生。

几个大笼子，用来放置清理出水的大件铁质文物。“我爱发明组”的队员们这几天抓紧一切时间，今天终于赶制出来了三个大铁笼子。我们可以把铁质文物都放进大铁笼子里安置。

二哥和老余上午被抽调到一号抽沙点抢修抽泥管，他们的抽沙管也遇到了和我们前几天同样的问题，过于软的管子被压力压瘪了，我们二位工程组的骨干要下水更换抽泥管。说实在的，这工作放在水面上，一般人都得忙活半天才能弄好，可是我们二哥和老余可以在水下顺利完成，你说厉害不厉害。等他们上水时二哥十分有气势地跟我们讲已换好管子，截下的废管一头用绳子捆好，绳子的另一头则带出水面，我们只要一拉就上来了，你说高效不高效？看他那趾高气扬的架势，就好像二儿他爸爸进院儿大喊快拿大木盆来一样一样的。大家用力一拉，却只拉上来一个绳头，抽泥管子没有跟上来——滑掉啦。这绳子是谁打的结？所有队员齐刷刷地回头看向二哥，顿见他那是一个大红脸啊。直到中午吃饭，我们还拿这事跟他开玩笑呢。二哥跟我们说，别提打结，谁提打结我跟谁急，他自己说着说着都忍不住笑了。

中午吃过午饭，我们抓紧睡觉。这几天感觉身体越来越疲劳。连续的潜水

工作，再加上在水面上也是没有什么空闲时间，晚上还得赶日志写到凌晨时分。我中午被张红兴喊醒后感觉就是起不来床。我跟朱世乾说，今天下午我不下水了，我需要休息一下，实在是太疲劳了。

下午朱世乾和老余陆续下水抽沙，等老余上水后跟我们说抽泥管又堵住了。于是，二哥和老余又下水抢修一番。这俩老潜伴的完美组合，真是勤勤恳恳任劳任怨。我虽然不下水，但是也要干一些力所能及的事。比如，帮着下水的兄弟们抬气瓶啊，帮着他们穿着装备啊，给装备做安全检查啊，在平台上做水面观察啊，准备拉水面潜水员的牵引绳啊，帮上水的潜水员拿脚蹼啊，收气瓶装备运回充气站啊，反正就是一刻都不能闲下来，满甲板地东跑西颠的。最为重要的是，我要给大家拍照留念，同时也能拍一些工作照片。

等到我们大家都忙完了，广州打捞局的人也忙完了，平台渐渐安静了下来。大家都是一身的疲惫，欣赏着这一天各自的工作成果。水哥拿出红色的白板笔，在白板上画了一条线，写了一个数字“+1m”。这是我们整个浙奉662号工作平台上全体人员今天的工作成果：又抽了一米

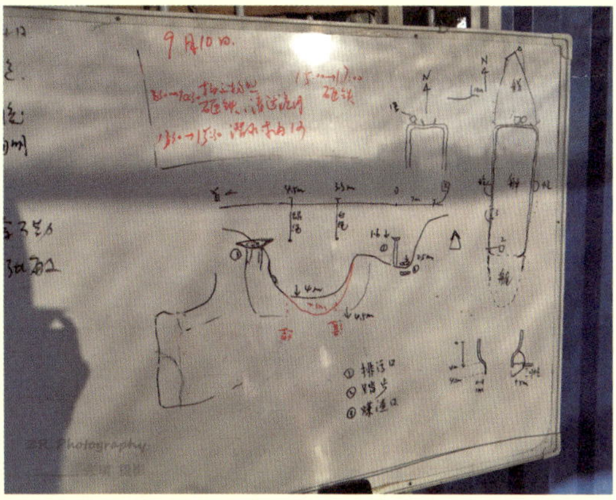

深的泥。我们距离那两个我们朝思暮想的舰名大字又前进了一步……

晚上照例是最温馨的时间，大家可以在甲板上放风、休息。放松一下一天紧张的神经，跟家里视频聊聊天，看看老婆孩子，聊一聊今天工作的事情。所有人都很珍惜这段宝贵的时间，这也是大家的家庭时间。铮铮铁骨也有似水柔情，这群男子汉的那份温情暖意是平时大家不容易看到的。

家庭时间过后，我就回到我们的集装箱宿舍，戴上耳机，打开音乐，大提琴的舒缓音色慢慢地把我带入写日志的状态。从晚上九点左右持续到凌晨时分，细细地回忆着这两天的工作生活和奇闻趣事。配上我自己精心拍摄的各种照片，图文并茂地记录下这段艰辛而美好的工作时光。

舰铭预期位置发现领队如释重负

2018年9月11日（纪念9·11恐怖袭击17周年）晴转大风

今天的天气变化很大，从早上的风平浪静，到晚上的狂风劲吹，给人以一种措手不及的感觉。最重要的是今天我们发现了令全队振奋的文物，至此证实在我们工作平台正下方十米深的海底沉舰就是北洋海军的“经远舰”，铁证如山，板上钉钉。也许此刻这狂暴的大风和愤怒的海浪正是“经远舰”和他的将士们在向我们哭诉与宣泄……

氤氲的天空上云雾缭绕，“中国考古01”号在离我们工作平台不远的地方安静地守候着。上午“长腿欧巴”大魏继续协助我拍摄文物照片。这次工地出水的文物数量对于一个水下考古调查项目而言，可以说是相当地大了。目测完全可以支撑起一个不小的省级博物馆考古类展厅了。领队水哥和国家文物局水下文化遗产保护中心的席光兰一大早就回到工作平台了。不知不觉中，海上开始起风了，昨天晚上我们看到大连市气象台预报今天的海上大风蓝色预警，这会儿果然起风了，要说现在的天气预报还真是精准。我和大魏一合计，还是抓紧把已经登记好的文物都拍摄完毕吧，天气有变，不知道后面是什么情况，还是避免积压工作量，于是我们放弃了休息，抓紧完成手头的拍摄工作。此时浙奉662号工作平台上的柴油发电机也频出故障，三番五次地断电，我俩

席光兰

1979年5月出生，山西屯留人，现就职于国家文物局水下文化遗产保护中心，从事文物保护修复、水下考古现场文物保护及科技考古工作。自2015年起先后参加“致远舰”水下考古调查、“经远舰”水下考古调查和“长江口二号”沉船水下考古调查等项目；参加西沙珊瑚岛一号沉船原址保护与展示、西沙甘泉岛遗址保护规划和江口沉银出水文物保护修复等项目；主持了天津大沽口炮台遗址博物馆馆藏铁器保护修复、舟山博物馆馆藏铁器保护修复等项目。

也管不了这么多了，还是坚持在摇摇摆摆的状态下把所有现存的已经整理好的文物都拍摄完毕了。照片是拍完了，但我的脑袋因为要不断地近距离看相机已经感觉晕晕的了。此时其他的队员们也都是一片的忙碌，都在闷头抓紧手头的工作。

好消息往往就是在不经意之中突然爆发，就在大家都忙碌的时候，广州打捞局的林队长过来跟水哥说：“我们已经抽出来一个舰体上悬挂的字啦，你们可以派潜水员下去看看。”水哥一拍大腿“太好啦”，立刻让黎总和老吴带相机先下去看看。等他们上来后，把视频直接倒到手机里，大家一看果然是“经远舰”身上的“遠”字，水下摄影清清楚楚地拍摄到了“遠”字的下半部分（因为沉舰是倒扣着的状态）。这可是一个重大的好消息。拍摄的视频显示，在沉舰三号抽沙区海床以下5米深度，沿舰体边壁向里向内凹1.5米的位置，就是“經遠舰”的“遠”字铭牌，一个倒着放置的繁体“遠”字。接下来我们再水平向左侧发掘一米多，就可以看到“經”字了。最后的胜利已经是近在眼前啦。水哥终于又露出他那标志性的微笑——这些天来少有的微笑。我相信，此刻压在他胸口的那块大石头终于没有了。大家的心情也是无比的兴奋，紧绷着的神经也能稍微地放松下来了。毕竟这么多人、这么长的时间、这么大的工作量，在我们预计的位置上出现了我们预想的结果，那么付出没有白费，这对所有参与发掘的人来说都是一个极好的回报。下一步，我们时间充足，人员齐备，工作量明确，目标清晰，找出来“經”字已经是板上钉钉的事，大家已经没有什么可以担心的了。今天，真是一个令人既兴奋又高兴的日子。

下午睡醒觉后，张红兴要带着张敏下水，这俩已经着装完毕了。打捞局的林队长跑过来说，工作平台船已经走锚了，船只向老人石方向移位了十几米。我们无奈只能取消潜水工作，看这风浪，还有逐渐加大的趋势，这真是好事多磨。

席光兰的到来，加强了出水文物的临时保护力量。水哥继续带着文物组整理文物，选出需要现场检测的文物。席光兰拿出他的秘密武器

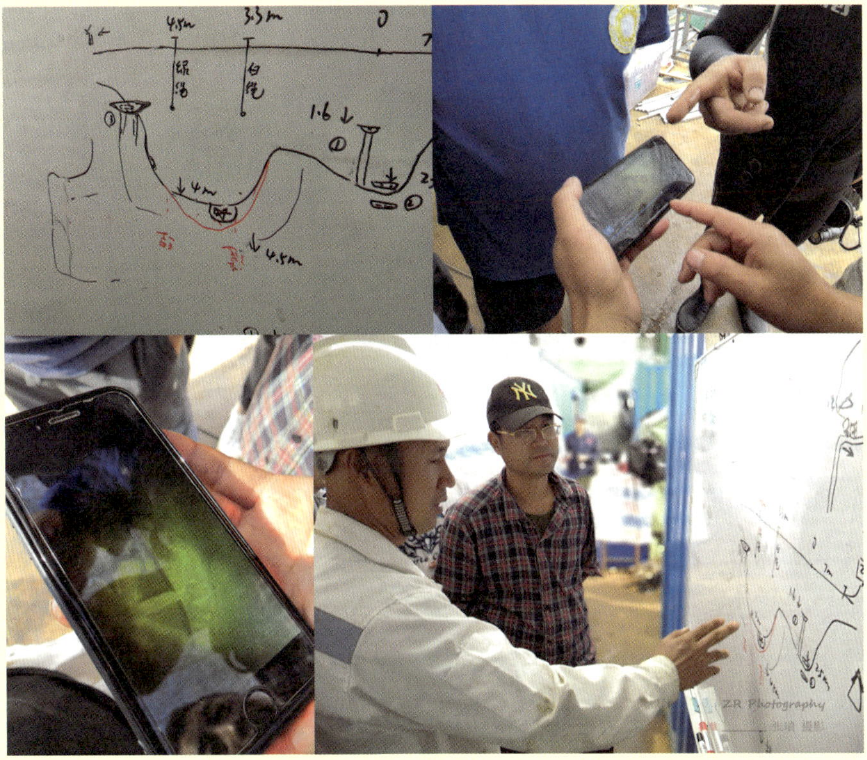

——便携式X射线荧光光谱仪，开始现场为出水文物测定成分。我们都很好奇他这个高精尖武器，看着真像星战里面的射线枪。

走锚归走锚，高兴异常的大家今天完全不在乎，都是一脸的轻松。水哥也没有前几天那么焦虑了，显得非常轻松愉快。晚饭时打捞局的林队长拿出了好酒，请水下考古队员们一起喝。我也很高兴，抢着倒了半纸杯，还拿了半瓶泸州老窖回到集装箱跟二哥一起喝了两口，算是小小庆贺一番。摇摇晃晃的浙奉662号工作平台上到处都是欢乐的气氛！

19:22，浙奉662号船员和广州打捞局的队员全体着工作服，紧急集合去后甲板了。我赶紧跟出来询问这是什么情况。船

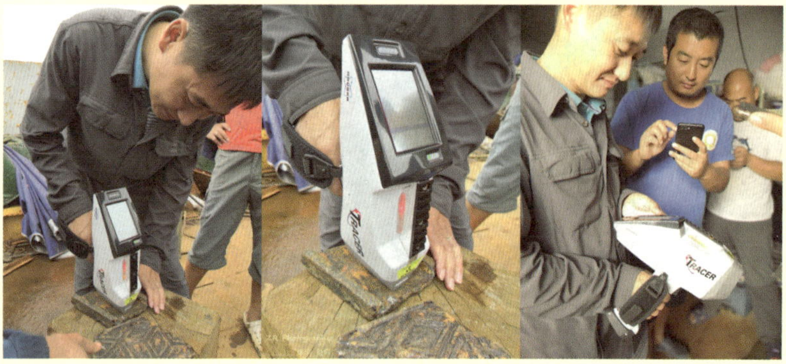

长说风力继续加大，船只继续走锚，向老人石方向缓慢移动，虽说距离还远，但一直走锚下去会有触礁的危险。但此时如果收缆绞锚也很可能会把尾锚锚缆拉断，这是一个难题。打捞局林队长的意见是弃锚，就是拴上浮标绑好后，把后面两个锚缆果断放掉；只收前锚，尽快离开老人石附近，把工作平台开到安全水域后再抛锚停泊。天黑浪急，容不得犹豫，大家赶紧行动起来，收起潜水梯，绑好浮标，抛下尾锚，所有的工作人员密切协作，抢险工作紧张有序地进行着。此刻，考古队的我们完全插不上手也帮不上忙，专业的问题交给专业的人去解决，看着他们在颠簸的平台上冒着风险忙碌，我们打心底佩服广州打捞局工作人员的敬业精神与专业素养。短短几句话已经道不出当时的紧张情形。唯有照片能更好地展现抢险时的忙碌与紧张。

晚上，船摇摇晃晃地开着，我继续写着日志，眼前反反复复都是

视频里放出来的海底下“经远舰”舰身的那个倒着的金光闪闪的繁体“遠”字。再看看电脑里“经远舰”老照片里舰身上模糊的“經遠”二字，仿佛这艘威武的战舰从历史的长河中经历万千险阻穿越到了我的眼前一般。我的心跳为之加速，呼吸为之急促，我已然分不清自己身处何时何处，今晚海上的大风怒吼着发出低沉的轰鸣，海浪推举着船身剧烈地摇晃着，我仿佛感觉是“经远舰”和他的将士们在向我们倾诉那场壮烈与悲怆的海战、那次奋起的英勇与长久的安息。就让我在此为你们沉浸吧，愿你们安息！

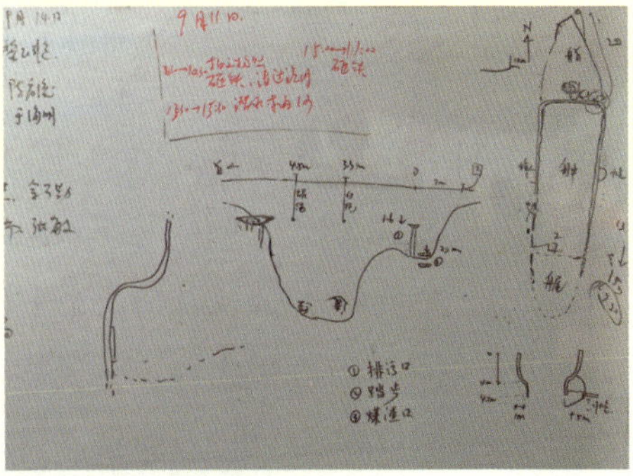

昨晚狂风大浪今日回港加水休息

2018年9月12日 大风转晴

早上工作平台再度起锚，要回庄河港补充淡水。没有潜水工作，水哥带着大家开始收拾甲板，尤其是我们大型淤泥过滤槽周边有很多的淤泥需要清理，并且还要继续清理凝结物。船开到庄河港，广州打捞局的大部分人都下船去庄河逛街去了，连大厨都下了船。我就主动担任起了临时大厨，给留守的队员做了炖排骨、红烧排骨土豆、家熬黄花鱼、鸡蛋炒黄瓜——大家吃得都很满意。

调查的主要目标已经完成，晚上无事，船泊在港里，难得空闲，大家提议联机打打游戏，翻出来多年前的帝国时代游戏，联机组队混战，真是痛快。要说联机打帝国时代游戏，这也是我们中国水下考古队的传统了，一起玩玩游戏，既能放松身心，又能增进感情，可谓两全其美。

一番大呼小叫之后，已经十一点多了，大家心满意足地散了，该睡觉睡觉，该回电话的回电话。我出来刷牙洗脸，收拾好后，看见刘烜

赫独自坐在我们平台中央大街里的桌子旁边呆呆发愣。看到这小伙儿脸色不好看、心情忧郁的样子，我决定今天先不写日志了，陪他聊聊天。我俩这一聊就聊到了十二点多，从家人到工作，从历史到现实，很多的感慨，很多的彷徨，很多的期待。虽然这艘“经远舰”被长期破拆过，有日本的公司，也有南方的捞铁船，但是由于是倒扣，破坏的只是船底，上面的生活舱室应该是很完好的。从目前水下考古调查工作情况来看，“经远舰”应该是所有北洋海军里面保存得最好的一艘战舰了。首先，这艘战舰是倒扣在水下的，水线以上的舰体还完好地埋藏在海底细泥中，这就使得船只最为重要的水线以上的结构，包括船员和军官的各种舱室、餐厅厨房、医疗室、储藏室、舰长室、海图室、司令塔，各型武器和主炮副炮等等设施全部埋藏于海泥中。其次，调查结果显示沉舰“铁甲堡”结构相对完整，这使得沉舰铁甲堡以上的船体保存应该是完整的。再次，与“铁甲堡”前后相连的穹甲虽然被破坏抓走了，但是前后船体的侧舷墙相对连贯，都还存在。这就说明当时盗捞的船只，对穹甲疯狂下手后，再向下抓不到铁的情况下应该是放弃继续作业了。毕竟他们的目标是又厚又沉的铁，一旦把厚铁板抓完了，向下没有大的钢铁板，也就放弃了。他们是没有能力判断沉船的沉态的，估计是把厚铁抓完了就认为船没有铁了吧。最后，从目前已经拍到的水下录像来看，我们现在发掘的位置，“铁甲堡”所在的右舷墙是完整的，既没有破洞，也没有明显变形，所发现的“遠”字字体完整，在录像中闪闪发亮，没有腐蚀也没有附着海生物，这应该是一次性沉到海底泥里面封护住的结果。综合判断，这艘战舰的“铁甲堡”以上部分应相对完整，沉海的过程中各类文物目前都倒扣在船里，包括当时在沉舰的过程中没有逃生而壮烈殉国的将士们。如果要进一步考古的话，那将是一项巨大的水下考古工程，也将是一项全世界瞩目的水下文化遗产保护工程。当然，这只是个人的想法，具体下一步的工作走向，那也不是需要我们操心的事啊。

回到宿舍，躺在床上，我心情更复杂了。一想到“經遠”沉舰里还沉睡着近两百余名将士，心里就久久不能平息。也许我们以后会把这艘英雄的战舰整体打捞出水，像我们之前为“南海一号”宋代沉船建造的广州海上丝绸之路博物馆一样，为她建造一座世界级的甲午海战沉舰纪念馆，让她在博物馆里获得安全的保护；或许会媲美于二战著名沉舰中的“亚利桑那号”的亚利桑那纪念馆；也许我们会把这里划为永久水下文化遗产保护区，就让她安静地躺在海底，不再去打扰。想着想着，我就慢慢睡着了……

拍照整理喜迎央视进驻准备直播

2018年9月13日 晴

今天天气晴朗，浙奉662号工作船继续在庄河港内抛锚等着加注淡水。考古队员们继续“砸铁”、整理文物、清扫平台。我们这帮人或蹲着，或坐着，拿着各种的榔头锤子錾子凿子，叮当叮当地清理着钢铁上的凝结物。远望去，真像一帮拾破烂儿的在那收拾废品卖钱呢。要说感觉有点科技含量的，还得

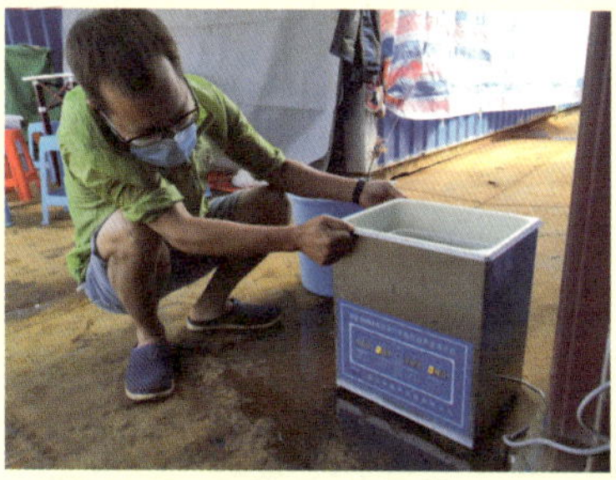
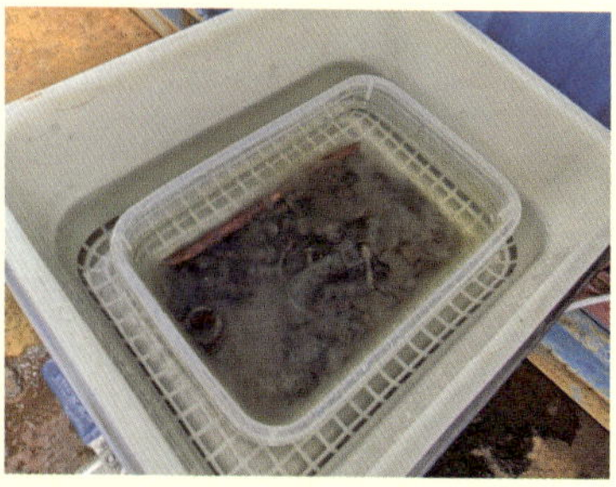

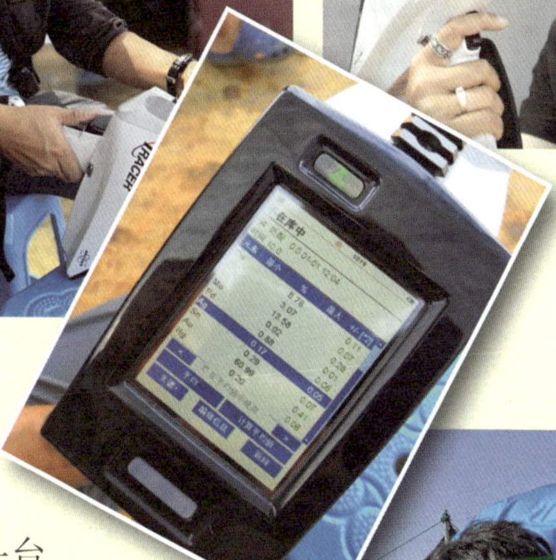

是我们水下文物保护专家席光兰席总。席总带上船的超声波清洗机也开始正式投入工作了。各种出水的小件文物，不容易清洗的，都放到超声波机器里清洗。这样洗过之后，里里外外都非常干净，非常适合拍文物照了。清洗完的各种铜质文物，吸干水分之后，再放入白油浸泡，这样就能避免铜质文物的氧化。席总又拿出来他的“激光枪”给文物测定成分，我赶紧凑到跟前，自己也上手摸摸这台价值不菲的高科技“激光枪”。我拿在手里，拍张帅帅的照片，跟这价值一台“霸道”的“星际武器”合张影。

老吴今天手气好，从一个凝结物里居然清理出来一个完整的37毫米炮弹弹头。我们都过来恭喜他今天运气不错，赌石成功了（我们把清理凝结物戏称为赌石，有发现的就是赚了，没有的就是赔了）。

我们把手头零活儿做完了，没有下船的兄弟们就又凑到一起打帝国时代游戏，难得的放松愉悦时间，大家紧张的心态也跟着考古收获明显地

愉快起来了。

傍晚时分，浙奉662工作平台船终于可以靠港加水了。我这一打听吓了我一大跳。加水70元一吨，海上的物价真是高啊！

2018年9月14日 晴

早上很早的时候，迷迷糊糊中就已经听见起锚的声音了。锚链咣啷咣啷有节奏地撞击着船体发出了巨大声音，我知道这是起锚了，一切都是那么的自然，那么的和谐。这种声音、这种情况已经不是第一次听到了，现在习以为常了。记得以前第一次上“中国考古01”工作时，早晨四五点钟起锚的时候，听到整个船体那巨大的声响，我曾经跳下床来问船员发生了什么事。现在想起来感觉自己当时还是挺好笑的，那位船员或许会笑我这个小傻子连船起锚都不知道。

一般像开船的时候，且没有什么具体工作的情况下，我都是躺在床上睡觉。一来可以养精蓄锐恢复体力，为后面的工作保存实力；二来可以降低我晕船的风险，尽量让自己不要陷入晕船的窘境。对于晕船这件事，我也是很无奈。自从参加中国水下考古专业技术人员培训班到现在，要说这参加水下考古工作都快十年了，每年单位都会委派我支援国家水下文化遗产保护中心的工作项目，少则一个工地一两个月 ，多则两三个工地好几个月在海上工作，经常往返坐船，怎么我就还是一想到上船就头大，船摇晃大一些就犯晕呢？我也很无奈啊！这个我也说不清楚原因了，反正一旦遇到风浪大的时候，我都会尽快找到一个能够躺下的地方安顿好自己，否则真是难受。

浙奉662号工作平台船船速不高，从庄河港到老人石水域跑了好长时间，终于到达了潜点。抛锚停船后，我就赶紧起床洗漱吃早饭，准备今天的工作。上午我和魏超的任务依旧是拍摄文物照片，其他队员们整理文物等等。船员和打捞局的人一停船就赶紧跑到后甲板，把9月11日那天晚上抢险放掉的两个锚缆逐一地从海上收回。他们把后锚拉起来等待朱世乾上船重新抛锚进行四锚定位。我们这边刚刚收回两个后锚，老王的交通船就已经开到了。这次，老王的渔船带来了好多人，有黑岛旅游度假村的赵克豪经理和他的庄河市摄影爱好者们，他们都来参观 “经远舰”水下考古工作和水下考古工作船；随同来的还有中央电视台的记者，仍是熟知的田云华田姐和徐进徐老师。经远舰水下考古直播活动已经批复通过，他们是为后续直播活动打前站的前方工作小组。还

有来自山东志留纪勘测设计有限公司技术总工张宇鹏领衔的水下三维扫测小组，他们携带着价值150多万的BlueView BV5000-2250三维扫测设备；还有特地前来慰问我们的湖北省水下文化遗产保护中心的朱祥德主任和前两天下船休整的水下考古队的兄弟们。他们带来了好多水果，这么热的天气水果坏得快，这也是我们幸福的烦恼啊。

中央电视台田姐和徐老师一上船就开始着手准备拍摄的各种素材，水哥配合着录了一些拍摄镜头。田姐是我们的老熟人，跟大家都认识好几年了，毫无陌生感。我们也愿意配合好好宣传一下自己做的水下考古工作，在央视新闻频道露个脸也是一件很荣耀的事。身为央视资深摄影师的徐老师非常理解摄影师的辛苦，水下考古队摄影师总是在为其他人拍摄，把大家最好的一面留在画面中，而自己却鲜有机会出镜。为了

能让我家里的父母和孩子能够在电视中看到自己的儿子、自己的父亲，让家人也能够以我在央视出镜为荣，他特意让我和魏哥好好收拾一下，给我们拍摄了摄影工作照。我真的非常感谢田姐和徐老这么体谅我。

晚上，朱世乾给大家分发朱主任带来的湖北地方特产——周黑鸭。我和二哥还有尚博和余馆，找了点酒，就着这些小吃，在集装箱宿舍里举办了一场私人小酒会，自有一番惬意。

我打开电脑，继续把日志补上，回忆一下全天的可圈可点之处，慢慢地记下来，梳理清楚。

写累了，走出集装箱宿舍放放风，换换脑子，顺便来到甲板上走走，“唱唱歌”。转身刚要往回走时，看见水哥独自一个人，站在我们工作白板前发呆，好像在思考着什么。我不想打扰他，就远远地看着他。看完黑板，水哥走到我们盛放铁制文物的地方，用手抚摸着满满的整筐的大大小小的沉舰碎块，若有所思……

回到宿舍，困意袭来，保存好电脑日记，顺势倒在床上，我终于可以安然入睡了。不过在此之前，我是受尽了毒蚊子的袭扰，被叮咬后形成脓包，胳膊上、手指上、脚踝上，到处都是被毒蚊子咬的大包，又疼又痒。简直让人忍无可忍，连莫匹罗星都开始涂了，只期望这巨大的蚊子包不要发炎溃烂。还是尽早睡吧，免得自己忍不住去挠，而且还越挠越大、越挠越痒。

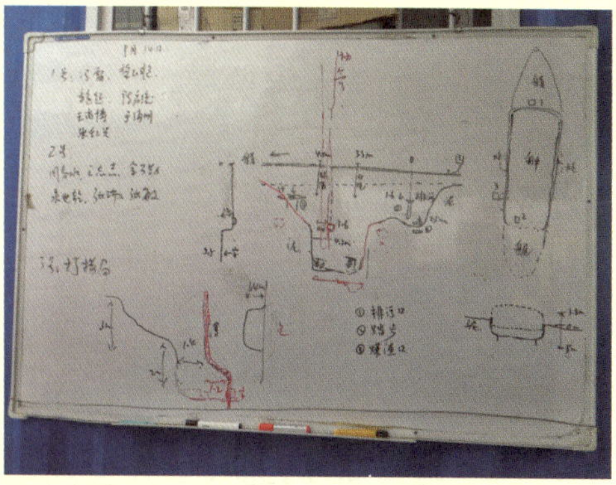

心心相念今日终于可以下水看字

2018年9月15日 阴

今天一早起床天色阴沉，这阴沉的天色丝毫没有影响大家高兴的心情。一早“中国考古01”的大副龙哥就开着小艇把欧哥送过来了。欧哥这段时间面对如山的文物，白天填表手绘线图，晚上电脑录入，CAD描图，简直是忙得四脚朝天了。他绘图的水平高超，全队没有人能赶上他的水准，为了晚上能够潜心画图，有一个相对安静、舒适的环境，大副龙哥每天护送欧哥往返于“中国考古01”考古船和“浙奉662号”工作平台。

张[illegible] 摄影

早上吃过饭，我来到白板前仔细地观察着每一个细节，这里面每一笔都是全船所有工作人员这么长时间以来的心血。我总感觉心情忐忑，自打“经远舰”铭牌发现以来，我们第二组的队员工作任务仍然是在二号区抽沙，努力完成水哥交代的任务。但是我的心里总是期待着能去三号区亲眼看看亲手摸摸“经远”这两个大字，希望今天能领到一个去三号工作区的任务。先不想那么多啦，赶紧继续拍照片吧。我和魏哥再把“经远舰”三号区出水的小木牌拿出来好好地拍了一张特写，经过这几天清水的浸泡，上面的字迹已经逐渐清晰了，我们可以清晰地看出这个牌子是多么的沧桑。我呆呆地盯着它看，它仿佛是在向我述说，缓缓地、娓娓道来……

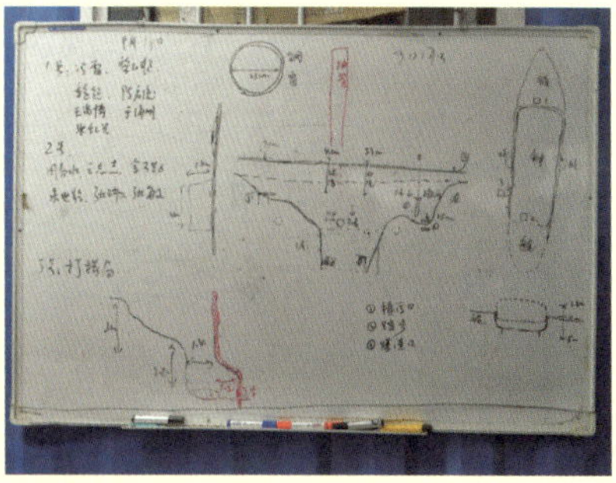

陆续拍了许多文物后，起身休息的时候，红兴哥的宿舍出问题了。我和大卫赶紧跑过去看看情况，原来是他们宿舍的地板又漏了，潮湿加上体重的原因，他们房间地面已被蹂躏得一塌糊涂了。说实在的，我们这次用的集装箱改造的房间确实没有集装箱模块房间好，我们自己用细木板垫的地面会出现踩漏的现象，房间也不能保温，今后的工地，应该采用安全合格的集装箱模块房间，地面、墙体、电路、水路都可以预置好，使用起来也更安全可靠。

抢修完了房间地面，回到宿舍看见了我的宝丽来相片外拍夹，随手翻开，看见了前两天阳光明媚的日子拍的宝丽来照片。我总是觉得这种原始的照片看上去很有质感，天生就有一种沧桑感，拿在手中总是爱不释手。看着水哥他们拍的工作照，看着他们展开队旗，心里突然有一种莫名的酸楚感觉，我的内心已经逐渐意识到，现在已经是今年“经远舰”水下考古调查工地的尾声了，站完最后一班岗，我们就要说再见了。

水哥终于开始安排工作了，他很贴心地安排我和张敏去三号区，工作内容是用钢钎子扎一扎“经远舰”名字下面还有多深的船舷，按照图纸上标明的尺寸，理论上舰铭距离船舷顶部应该还有80cm，我和张敏这一潜就是要确认一下实际情况是怎样的。今天能领到这个任务我内心真的是无比激动，在船上看黎总拍摄的水下录像里面“经远舰”的大字跟自己下水亲眼看到亲手触摸到，对于任何一位水下考古队员来讲这都是天壤之别。

今天的潜水工作开始了。首先是冯雷副领队下水确认三号区域水下情况，他看清楚了两个字后上来接受了央视记者田云华的采访。紧

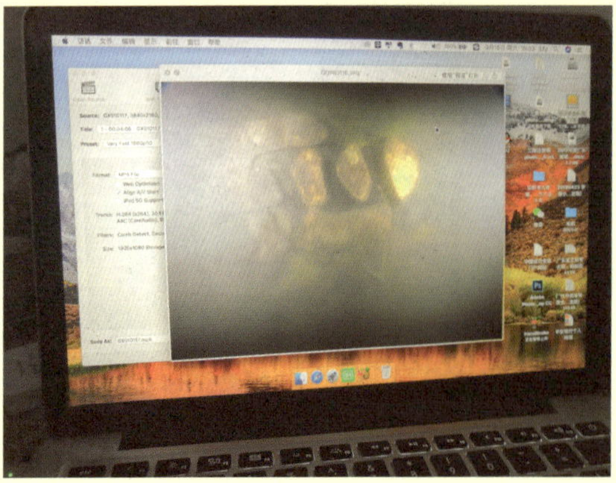

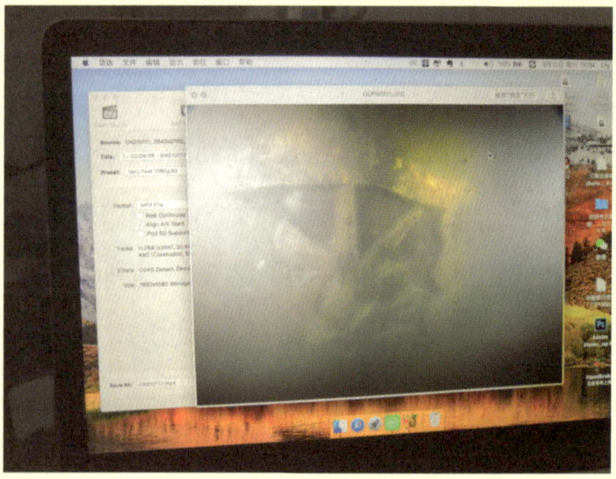

接着黎飞艳去清理水下“经远”两个大字。接下来终于轮到我和张敏下水了，此时此刻激动与迫切的心情，是无论如何都无法用语言和文字形容的。那是一种满怀期待之情，又仿佛是久别重逢之意。

我拿着钢钎与张敏博士一起下水了，海面上水流很急，但是挡不住我们与“经远”迫切相见的心情。当我的整个身体腾空轰然跳入海中之后，这段穿越时空的旅程便正式开始了。我一把拉住直通三号区的水炮管子，海水渐渐没过了我的头顶，船上嘈杂之声一下子就被隔绝在海面之外了，只有那大功率柴油发电机的轰鸣声还在努力地紧随着我俩。我们摆脱了一切牵绊，慢慢下潜，在这时空的隧道里渐行渐远，那轰鸣声也最终消失在我们身后，一切慢慢安静下来，光线也慢慢消失在这片海水之中。我轻轻地打开手电，透过面镜瞪大眼睛向下望去，“铁甲堡”慢慢出现在我眼前，那斑斑剥剥满是铁锈的舰体呈现在我的手电光之前，我慢慢地伸手去触摸那满是藤壶的舰体，心中充满着感慨与期待。我俩沿着船身外侧继续慢慢下潜，此外能见度越来越低。到达三号发掘区海床泥面时，我示意张敏我先下去用钢钎扎，他伸手做了回应。我一手拿着钢钎另一只手摸着船身，逐渐摸到了铁甲堡的弧顶后，再摸索着向铁甲堡下已经发掘的探洞内前进。此时此刻我已经什么都看不见了，我只能沿着脑海中图板上的舰体形状与位置继续向内摸索，我用尽全力把手指伸得笔直，用我的指尖向前延伸着、探寻着，感受着……

此刻，整个世界都是如此的安静，只能听到自己呼吸的声音，只能感受到那紧张的心跳，内心中无限的期待就发生在指尖与字体触碰的那一瞬间，虽然我什么也看不到，但是我心里清楚地知道这就是那闪光的

“经远”的大字。我轻轻地一点一点地慢慢地摸遍了字的每一笔每一画，心跳加速，仿佛这120年前的巨舰穿越时空，轰然冲破历史的迷雾，呈现在我的眼前；也仿佛自己跳跃了五维时空，穿越时空隧道来到他的身边，伸出手轻轻触摸到他那威武的身躯。那一刻，黑白照片里模糊的“经远舰”，在我的眼前已经渐渐变得如此的清晰、如此的明亮、如此的光鲜照人……

久久地，我不愿离开，抚摸着这两个大字。最后，我张开双臂，趴在经远的舰体上，用一个大大的拥抱，向它表达着我内心的激动……

三维扫测不措再带周强夜潜看字

2018年9月16日 阴转晴

今天上午我和魏超的工作依旧是对登记好的小件文物进行拍照。因为都是小件器物，所以拍摄起来难度不大，工作进行得非常顺利。

我和大魏配搭起来轻松愉快。碰见眼前一亮的文物还能合个影，留个美好的纪念，真是很惬意。不过坦白地说，我俩这工作稍微轻松了，那全都是拜好大哥黎飞艳黎总所赐呀！这两天

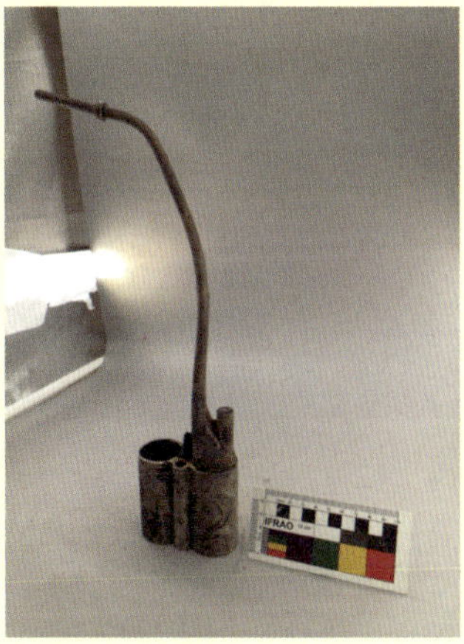

黎总看我们拍摄组忙不过来，主动承担起了大件铁质文物的拍摄工作。大件铁质文物不同于小件文物，光是搬上搬下清扫除尘就很费精力。这不，其他队员也发动起来了，只要是手头没有工作的，就都自觉加入黎总的队伍里，冯哥、余馆、敏仙、烜赫、尚博、世乾……这是一只流动的部队，搬的、抬的、清扫的，来来往往人流不断。

临近中午，天津市文物管理中心考古部主任甘才超和威海市博物馆陈列部主任周强分别从天津和威海远道而来，舟车劳顿马不停蹄地乘着老王的渔船同央视田姐的团队一同赶过来，随船又为工作平台运上来一批物资。甘才超代表我们天津市文物管理中心领导来看望大家，周强代表威海市博物馆的领导来看望大家，他俩又都是我潜水培训班的

同学，我们一起参加了2009年国家文物局举办的全国第五期水下考古培训班，一起摸爬滚打三个月时间。从那时起，我们就都成为彼此的潜伴、彼此背靠背的兄弟了。今天他俩能上“浙奉662号”工作平台，真是兄弟见面分外高兴。周强赶过来还有一个特别的心愿，就是要下水亲眼看一看亲手摸一摸“经远舰”。为了圆他的这个心愿，领队水哥安排我和周强中午下水清理“经远舰”铭牌周边的淤泥。我要带着他去看水下的那两个金光闪闪的“经远”二字。虽然水下能见度低、沉舰体量巨大且情况相对复杂，但是有我这个热情的潜导全程贴身服务，加上周强过关的潜水技术，我相信我俩还是能够顺利完成任务的，也能圆了他的小心愿。

自打听到了水哥的安排，周强的嘴就笑得合不拢了。很快他就凑好了潜水装备，万事俱备只欠东风。事情不巧，我俩正好赶上张宇鹏的水下三维扫测小组要测试BlueView BV5000-2250扫测设备，并且去

周强

1986年5月出生，黑龙江省林口县人，中央民族大学博物馆学学士，现就职于威海市博物馆。2009年参加第五期全国水下考古专业人员培训班，先后参加山东省水下文物普查、江苏省水下文物调查、天津市水下文物重点调查、广东“南澳一号”水下考古调查、京杭大运河济宁段水下考古调查、辽宁“丹东一号（致远舰）”水下考古调查、山东长岛（南五岛）水下考古调查、山东威海甲午沉舰（定远舰）水下考古调查等工作。

往三号区的入水绳还没有建立起来。我俩的下水工作不能耽误正常的三维扫测工作，眼瞅着中午的高平潮期就要在等待中慢慢过去，海水的流速越来越快。时间已经到下午三点多了，此时已经是两个平潮期最中间的时间段，水流的速度也是最快的，不用我说什么，周强已经知道不能潜水下去了。看得出他的眼神里的遗憾，作为兄弟，我也不知道怎么去安慰他。我俩只能回到集装箱房里暂时休息一下，期待傍晚的低平潮时段能下水。待确定潜不了水，周强就放下装备跑去文物组帮忙去了，不用我说大家都明白，这就是发扬“蚂蚁啃骨头”的精神，上了工作平台，就时刻想着为工作尽自己的一份力。

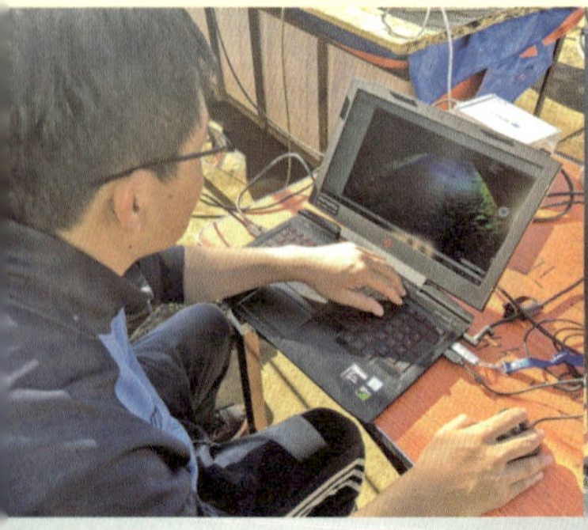

五点一过，海水表面流速降低，平潮期前段黎飞艳首先下水去做实验，他引导抽水机水管进入三号抽沙坑内部，往有“经远”舰铭位置的坑洞灌注表面相对清澈的海水。期望这个方法能使得目前洞内浑浊的海水被清水替代，从而达到能够清楚拍摄录像的要求。但是一上水他就跟我们说，水下的注水水管把表面清澈的海水注入洞内的同时也产生了大量细小气泡。没有达到我们想要的效果。实验暂时是失败了，但是眼下留在三号坑内的这条水管反倒成了我和周强下水的入水绳。得到领队的许可后，我俩立刻着装，紧紧抓住这个千载难逢的大好时机，背上气瓶准备下水。就在我们和黎总交接水下工作之时，我看到太阳正在落山，这一天的阴霾此时此刻已经烟消云散，取而代之的是西斜的太阳迸发出来的那耀眼的光芒，映红了整个天空与海水。此情此景是如此的激动人心，真想赋诗一句“落霞与海鸥齐飞，海水共长天一色”！我和周强穿戴好所有潜水装备，映着这海上美轮美奂的晚霞一起留下了一张铭刻心底的合影。能在这宽阔的海上，能在这么好的落日里，能在“经远舰”的工作平台上，能与这么多充满情怀优秀的考古队员们一起工作，留下这美好的合影，真是此生之幸事！

我俩就是在这漫天漫海的海上晚霞中，纵身跨步跃入这片美丽的大海中，去看望心心念念的英雄——“经远舰”。

不知道我的潜伴周强此时此刻心情是怎样的，我想他可能跟我昨天的心理状态差不多吧。我呢，现在虽然不像昨天那样的忐忑，但是今天更像是回家看望老朋友一样激动人心，况且我还带来了自己的一位老友。即便是这样，我的内心依旧是充满了各种各样的期待。昨天，因为在我之前已经下去了三组人，能见度完全没有了，只能用手去摸，去感受。今天我吸取教训，以最慢的速度下潜到三号区坑边后，控制自己身体完全不动，一边给BCD里点充气体，一边慢慢向下降落，让自己在完全不动的情况下慢慢滑落到坑底。然后再用手轻触坑底慢慢爬到最里面。我把自己的面镜尽量往前凑，透过面镜，在眼前手电的光圈里，“经远（經遠）”两个大字慢慢地呈现出来。这是用整块木头雕刻的繁体大字，表面鬃金，那闪耀的字迹在手电的强光下发出了迷人的金色，金字的下方有木质底板，木纹清晰可见。繁体的“经远（經遠）”看上去是那么的端庄浑厚。能在水下亲眼见到亲手摸到这两个大字，他们就在自己眼前一掌的距离，那么大，那么震撼，我仿佛真的已经穿越了历史……在看经远舰老照片的时候，那黑白照片呈现出来的沧桑与久远的感觉，仿佛和自己海天相隔。而此刻，这两个金灿灿的大字就这么的突现在我的鼻子尖儿前，我可以伸手就触碰得到的鼻子尖儿前，真的就是近在眼前。那种感觉让我已经语无伦次了。已然分不清楚到底是她从历史的长河中，穿越了时空黑洞，一下子就冲到了我的面前；还是我爬入了时空黑洞穿越到了她的世界里……再多的言语此刻都是苍白的，唯有用心去享受这宝贵的相聚时光，用心去陪伴她那悲壮的身躯，用心去聆听她那曾经的沧桑……

时间不等人，我抓紧时间，慢慢沿着水管浮到坑口来，身子和脚蹼一动都不敢动，换周强下去看 “经远”的大金字。等他上来后，我从他的面镜里可以清楚地看到他那激动心情，此刻都已经是溢于言表了。我俩就这样激动地开始慢慢上升到六米深度做安全停留，四周还是黑暗无光的海水，我现在清楚地知道太阳已经落山了，估算着此刻天空应该黑下来了吧。突然，我发现眼前“繁星”点点，赶紧提醒周强仔细看。原来是我俩手套上发出来的闪闪荧光。我俩赶紧都关上手电，此刻周围更加黑暗了，但是手套上身上的闪闪荧光看得也更加清晰，伸手用力一挥，眼前仿佛是漫天的星星，简直是美不胜收，我俩就这样伴着密密麻麻的“星光”上升到了水面。

一出海面，远处的天边，漂浮着一抹殷红的晚霞，映着深蓝的星空，此刻漫天的繁星与刚才水下的景色混为一体，显得格外的壮美。漂浮在海面上，欣赏着今天晚霞的最后一抹红色，我感觉这是我有生以来从未见过

的美景。

回到工作平台上清洗完毕，大家已经都吃完晚饭了。来到厨房发现今天广东打捞局的严大厨给大家蒸了大螃蟹，兄弟们已经给我们留好了，好开心，好温暖……

夜深了，我躺在床上，回想着今天和周强这一潜太激动人心了，天时地利人和，这体验无与伦比！

周强当天的日志是这样记录的：

9月16日　星期六　晴

最早知道经远舰，是在2009年年末，那时的我刚刚结束第五期全国水下考古专业技术人员培训，成为一名水下考古队员。我在思考着威海与水下考古有何关系，作为甲午战争的战场，威海是否还有甲午战争的沉舰？我开始四处搜集北洋海军沉没军舰的资料。这时，经远这个名词第一次出现在我眼前，根据资料记载，经远舰与定远、镇远、致远等军舰一起参与了著名的黄海海战，最后被日舰击沉，沉没于大东沟海域。在系统整理了北洋海军沉没军舰后，我把整理的成果发表在《大众考古》2013年第3期上，取名为《沉寂百年的甲午战船》。那时候的我绝对不会想到，在数年之后，我会去参与致远、定远、经远这些军舰的水下考古调查工作，会潜入水中亲眼看到那些斑驳的残骸，亲手触摸那些

生满锈迹的钢板，去见证这段激烈而又悲壮的历史。

2015年、2016年我有幸参与了辽宁丹东一号（致远舰）水下考古调查项目，2017年、2018年我又参与了威海湾北洋沉舰水下考古调查项目，主要调查对象是定远舰。2018年8月，位于辽宁庄河的经远舰水下考古调查项目启动，我本来很想去参加，奈何琐事缠身，难以挤出一段时间参与。所以只能短时间去考古工地现场，代表单位去看望看望前线的兄弟们。

2018年9月14日晚，我从威海乘船赶往大连，9月15日清晨到大连港，又马不停蹄乘动车到达庄河。我急切地想马上到工作船上，与考古队队员见面，期望有机会能下水亲眼看看“经远舰”。

今天早饭之前，我与阿甘一起去参观林永升雕像。上午11点多，老王的渔船到码头，我和水哥、阿甘、田云华记者、徐进老师、考古船三副等一同乘船去平台。到达“浙奉662号”工作平台时，田记者和徐老师让船绕着老人石转了几圈，拍了些镜头，然后才登上“浙奉662号”平台。

终于上了工作平台，见到考古队众人格外高兴。考古队有不少人是上个月刚从威海工地结束来庄河的，有的人在6月初还参加了我的婚礼，里面还有我的水下考古培训班五期的同学张瑞，我的大学同学于海明。

这次的平台“浙奉662号”比2016年致远舰调查使用的“丹东130”船要大了不少，甲板上除了舱室和集装箱以外，中间留出一块不小的空地作为作业面，至少有一两百平方米。下水梯子在船右侧，干舷较高，大概有3米左右，因此下水梯子做得也比较长。

打完招呼后，刘烜赫和于海明给我介绍出水的文物，包括带有“经远”二字的木牌、炮弹、水烟袋等等。欧哥忙着给文物绘图，张瑞和黎总忙着给文物拍照，老刘在处理文物上的锈迹。我和阿甘也去帮忙，一会儿帮着摄影组拍照，一会儿帮着处理文物上的锈迹，一直没闲着。

但其实，我最想做的还是下水去看经远舰。来之前我已经请示过水哥，他说找机会让我下水去看看。作为多年来一直关注北洋海军沉船并参与这方面项目的水下考古队员，我已经在水下亲眼看过并触摸过致远和定远的残骸，如果这次能在水下看看经远，这艘北洋海军保存最好的沉船，我也就再无遗憾了，这也是我此行最重要的目的。

水哥终于下命令了，安排我和张瑞一起下水，任务是清理经远舰舰铭周边的淤泥。张瑞和我是水下五期的同学，从2009年就在一起摸爬滚打，再熟悉不过了，他是历次中国水下考古工作队的队内摄影师，摄影技术和潜水技术过硬，和他一起下水，我非常放心。下水去清理舰铭，自然就会看到摸到经远舰铭，所以这个安排，我自然万分满意。

为了达成下水看经远舰这个目的，我做了充分准备。我带来了潜水面镜，甚至巨大的潜水服都背来了。魏超知道我的想法后，劝我不要用自己的潜水服，因为马上我就要离开，潜水服干不了，可以先借别人的穿着。我马上去借装备，试了半天，最后借了王尚博的潜水服、二哥的潜水靴、张敏的气瓶和背囊、海明的脚蹼，东拼西凑，这样装备就凑齐了。万事俱备，只等东风了。

可惜东风半天也没来。水下三维扫测小组要为沉舰进行三维扫测，并且去往三号区的入水绳还没有建立起来。如果我们下水，必然会影响三维扫测工作，那整个项目进度都会被拖延，所以我们只能耐心等待他们早点结束。可是平潮马上就过去了，此时不下，再要下水就只能等傍晚的下个平潮，那半天时间就过去了。焦急地等待也解决不了问题，我只好去别的组帮忙，不浪费我在平台上本就不多的时间。

下午五点，终于等来了转机。水哥通知我们可以准备下水了，下水之前黎总向我们交代清楚水下情况。听明白水下情况之后，张瑞和我沿着梯子向下走去。此时正是夕阳西下，海面上满是落日余晖，在波涛的映衬下，格外美丽。水下考古工作虽然辛苦，但是能在工作之中欣赏到此种美景，也是平生幸事。

张瑞和我依次跃入水中，沿着水炮的水管逐渐下降。冰冷的海水刺激着我的面颊，但是我的内心却无比激动，一想到马上就能见到经远舰就兴奋不已。随着深度逐渐增加，周围越来越暗，我们打开手电，向下照射。海水并不算清澈，眼前的视野中逐渐出现一片沙地，我意识到我们已经到了海底。我俩沿着水管游动，前方渐渐出现了90度的断崖，其实这就是铁甲堡。铁甲堡直上直下，整齐地将沙子与海水分开，而且能看清上面的锈迹。我把手电向铁甲堡延伸的方向照去，两侧都看不到头。张瑞用手势示意我先在这里等候，他先下去看看情况，我回复了OK的手势。

我在铁甲堡边缘等着，不禁想到致远和定远。致远舰只剩下船底大概2米左右的残骸，还是破碎不堪的，上面最有价值的船体都已经被破坏拆走。威海湾的定远更是拆得只剩残渣，甚至连致远舰那样大块的钢板都没有。只有经远是目前保持最好的北洋海军沉船，几十米长的铁甲堡保存完好，更为难得的是上层结构很可能也是完好如初的，在军官舱内会保留大量有价值的文物。

片刻之后，张瑞沿水管上来，示意我下去看看。水管紧贴着铁甲堡，我沿着水管向下降，大概下降了三米多，进入一个坑中，水逐渐浑浊起来，铁甲堡也不再是直上直下，而且向里面凹进大约1米，然后下面又是直上直下的船舷。根据入水前的交代，我知道这里应该就是舰铭的地方。可惜我下水时候没注意，把坑里的水搅浑了，能见度非常差，只能靠手去摸。

我的右手抓紧水管，左手在船舷上摸来摸去。忽然，我摸到了一块凸起物，大概突出船舷几厘米，长度大概40厘米，还有个向上凸出的弧度。我继续向下摸，明显摸到凹凸不平的痕迹，我忽然想明白了，我第一次摸到的是经远的“遠”字的走之，因为船是倒扣的，字也是倒扣的，所以走之在上面，而且是反过来的。我根据走之的位置，仔细摸这个字其余的结构。繁体的“遠”字走之上面是“袁”，明显能摸出这个结构，“遠”字确认无疑。我在“遠”字周围仔细摸索，在它左侧不远的地方摸到繁体的“經”字，同样也是倒扣的，明显的绞丝旁，左上角一个 “ 工”字。我把头凑在字旁边，奈何我的动作太大，把水弄混，只能看到近处一点点金色的痕迹，但这已经让我非常兴奋了。

这个时候我的心情已经难以用激动来形容，脑海中瞬间浮现出无数的画面，无数的人物！管带林永升和他的将士们，他们曾经一起去英国接收这艘军舰，一起驾驶经远舰跨越半个地球回到中国，一起在威海卫接受亲王和李鸿章的检阅，一起在大东沟向敌人猛烈还击，最后一起葬身于这片冰冷的海水之中。这艘120多年前的战舰，曾经承载着无数国人的希望，它上面曾经生活过那么多鲜活的生命，在最后时刻他们冲向老人石，沉没于此。此刻，沉船之中也许还有他们的骸骨。我手中触摸的舰铭，它不仅仅是舰铭，而是最真真切切的历史。就在这一瞬间，仿佛历史与现实就交织在一起，真真切切地展现在我面前。我停留了片刻，依依不舍地沿着水管向上游去，心中想着，不知道下次再摸到这两个字会是何时？

我上升到铁甲堡处与张瑞会合，然后一起慢慢上升到六米，开始做三分钟安全停留。忽然周围开始出现了点点亮光，仿佛萤火虫一样，如果两只手对搓，手掌中就会冒出很多星星般的荧光。张瑞关掉了手电，用手搓身体各处，搓的地方马上就会闪出荧光，越搓越多。我也关掉手电，模仿张瑞的动作，也是满身荧光。这时再看周围，我们周围到处都是荧光闪烁，奇妙异常，也是非常好看。

停留满三分钟后，我们依次上水。这时天色已经渐暗，晚饭也已经开始，我们迅速洗漱吃饭。夜晚与众人聊天，大家分头娱乐，打发时间。

夜半时分，我终于躺在床上，脑海中还在回想着水下的经历。今日能亲手触摸了“经远舰”的舰铭，亲眼看到了“经远舰”的铁甲堡，便已经不虚此行了。我们无法改变历史，但是作为一个中国水下考古队员，能有幸参与这么重要的考古项目，能成为一名历史的见证者，是何等的幸运！

甲午海战纪念日思绪缥缈无定处

2018年9月17日（甲午海战纪念日）晴

今天是甲午海战的纪念日，天气晴朗，海面上风平浪静的。

回想着124年之前的1894年9月17日，来到船舷边，面对着大海，凝望着眼前的老人石，我对应着那日战场上的时间心里复盘着当时那场硝烟弥漫的黄海海战。

10:30 北洋海军发现8缕煤烟。

12:00 北洋舰队已发现12艘敌舰，此时召集午餐。不久后，北洋海军各舰启碇，进行战斗准备，并召唤大东沟口外的“平远”“广丙”及炮艇、鱼雷艇加入战斗。北洋海军各舰最初仍列成小队双纵阵（夹缝鱼贯阵），以5节航速迎敌；继而队形展开为小队横阵（夹缝雁行阵），以“定远”“镇远”居中，左翼依次为“经远”“致远”“广甲”“济远”，右翼依次为“来远”“靖远”“超勇”“扬威”。队形展开后北洋舰队加速至7节，但由于起锚仓促、部分舰只航速缓慢等问题，至开战时北洋舰队的横阵仍未能完全就位，而形成了一个后翼梯阵的模样。

12:50 “松岛”发出“各舰适时开炮”命令。“定远”在约5800米距离上以右舷主炮塔射击“吉野”，随后，北洋各主要军舰均以前主炮开始向敌射击，黄海海战爆发。

13:14 “定远”“经远”突然右转舵，向“比睿”右舷冲来，欲进行冲撞。“比睿”已落后前续舰“桥立”号1300米，见“定远”“经远”突然猛冲而来，舰长樱井规矩之左右下令右满舵，驶向“定远”“经远”之间。

13:15 “定远”“经远”二舰围攻“比睿”，“定远”舰在“比睿”左舷约1000米处通过，“经远”在“比睿”右舷正横方向近距离驶来，最近时逼近至400米，登船队在其前甲板上聚集，欲在撞上“比睿”后随即进行跳帮夺船，“比睿”以机关炮进行急速射击，使暴露的登船队伤亡惨重。炮战中，“经远”舰向“比睿”舰发射了一枚鱼雷，“比睿”紧急转舵规避，鱼雷在其舰尾后方约7米处通过。“比睿”舰右舷中部舷门位置水线上方4米处被一发210毫米炮弹击中，造成4号炮后部甲板破裂。

14:46 在第一游击队的攻击下，追击“赤城”的“来远”（或“经远”）和“致远”发生火灾，向主队方向退却。

15:30“致远”舰尾螺旋桨露出水面，仍在转动，随后沉没。沉没位置在东经123度32分4秒，北纬39度32分。管带邓世昌以下246人随舰同沉，仅有大副陈金揆以下数人得救（陈金揆后因伤重不治而死）。

17:10“吉野”右舷正横通过“经远”，左转16个罗经点，减速至10节，停止向“经远”射击。“高千穗”“秋津洲”“浪速”前来会合，三舰一同向“经远”舰猛烈射击。“经远”舰中后部发生严重火灾，舰体逐渐左倾，但尚未停止航行。

17:22 “秋津洲”左转，继续射击“经远”。

17:25 “吉野”舰加速至12海里，驶近“经远”，欲对其发射鱼雷。“经远”此时已严重左倾，螺旋桨露出水面，前部也发生火灾。

17:29“经远”舰左舷舰首渐渐没入水中，随后向左舷翻倒沉没。沉没位置在东经123度40分7秒，北纬38度58分（此位置在海洋岛东侧20余海里处，而按照第一游击队的记录，“经远”沉没位置当在大王家岛东南附近，故对此存疑）。管带林永升以下232人随舰同沉，仅十余人获救。击沉“经远”后，第一游击队航向大孤山方向，追击“靖远”“来远”。此时本队在其东稍偏南方向。

——摘自张黎源《中日黄海海战时间表》（未发表）

15点30分，我们好几位水下考古队员或坐或站地不约而同地在平台

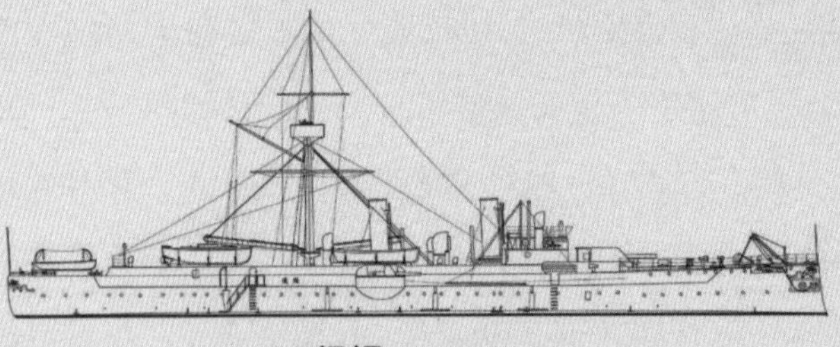

经远 2900吨

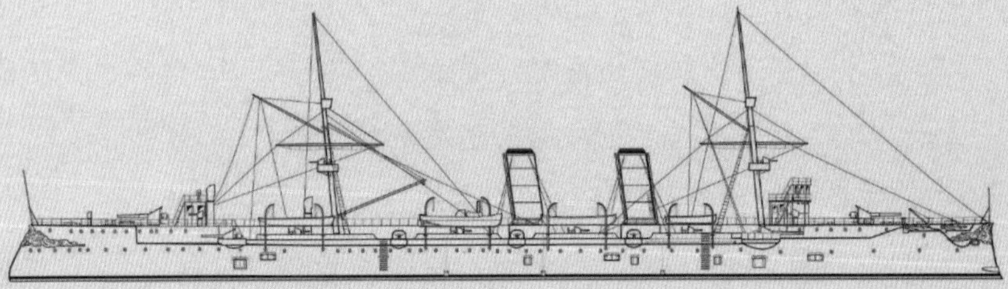

吉野 4216吨

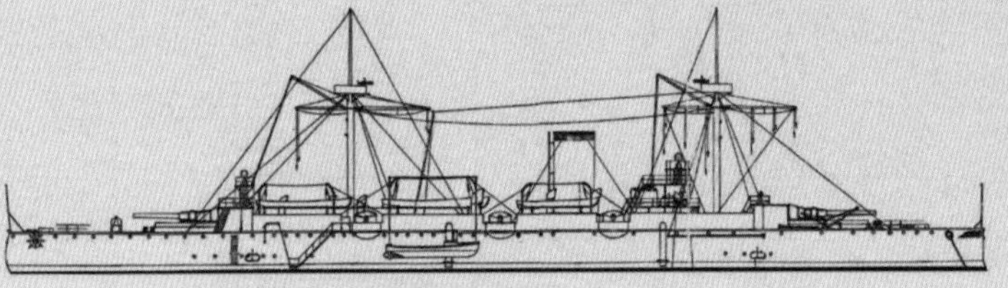

高千穗 3700吨

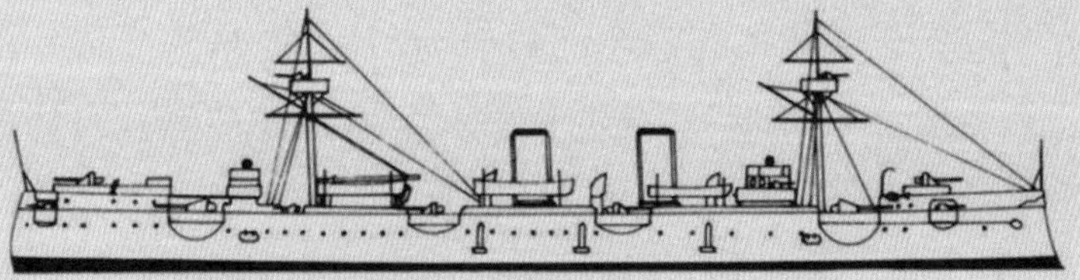

秋津洲 3150吨

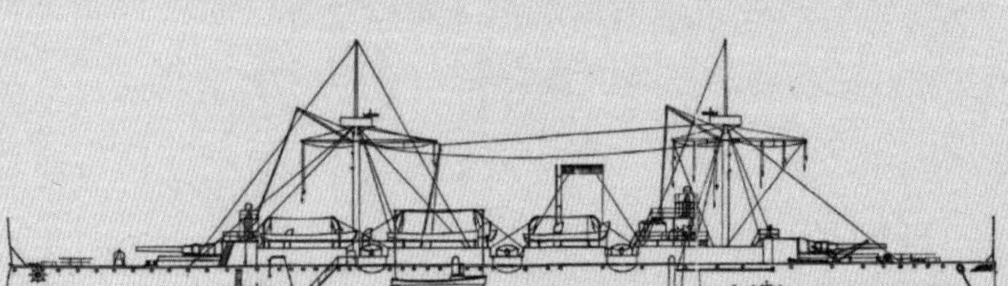

浪速 3700吨

劉烜赫製圖

黄海临战 清国军舰损失表						
舰名/项目		超勇	扬威	致远	经远	广甲
状况		沉没	搁浅	沉没	覆没	触礁
位置及方向		大鹿岛西南约10海里	大鹿岛西南约6海里	海洋岛东北约30海里	“布鲁查”岛东南约20海里	“凯尔”湾外约5海里处之险礁
水深		14.5米	5.5米	27.3米	23.6米	
经纬度	东经	123度34分	123度40分	123度40分	123度33分	121度59分
	北纬	39度35分	39度40分	39度28分	39度32分	38度58分
沉没或搁浅时刻		9月17日下午1时27分	9月17日下午2时30分	9月17日下午3时30分	9月17日下午5时35分	9月17日晚上约11时左右
摘要		开战后即遭第一游击队炮火攻击而罹大火	战役结束后即罹大火而逃，自行搁浅于海岸线浅滩，翌日被千代田毁坏	起大火后，主要被本队击沉	起大火后，主要遭第一游击队炮火攻击而翻沉	战役结束后即逃走，因归途有误而触礁，后自行焚毁

黄海海战时刻表			
	时	分	纪要
9月17日上午	10	23	吉野观测到东北偏东之水平线上似有一缕云烟，将之报告本队
	12	50	松岛发出“各舰适当时机开炮”信号，敌之旗舰定远首先发炮，其他诸舰一齐效仿之
	13	14	吉野以下之第一游击队各舰相继停止炮击，比睿落后前航舰桥立，超过1300米，后冲入敌舰队中间苦战，敌弹穿入该舰体各部位，高岛大尉、三宅大军医、石塚大主计、田中少尉、小川少尉及下士卒49人伤亡；此外，敌弹命中西京丸上甲板，炸坏各士官室
	14	20	赤城炮弹命中敌舰平远（或经远）上甲板，使其起火
	14	40	敌舰平远、广丙及两艘鱼雷艇袭击我西京丸；此时，平远、来远、扬威已经起火，广丙驶向岸边，扬威逃向大鹿岛。后来扬威终在浅滩搁浅
	14	54	第一游击队转换为左方16点方向，减小速力，调整队列，追击敌舰。此时，济远首先离开，广甲、经远及来远、靖远等次之，皆逃向旅顺口
	15	10	敌弹命中松岛水雷室上部及大樯下部并爆炸，炸死下士卒2人。此时，抵抗本队之军舰仅有定远、镇远、致远及一艘水雷艇
	15	30	敌舰致远覆没
	16	20	西京丸发出“比睿破损如何”“我驶向临时根据地”信号，比睿发出“火已扑灭”信号
	17	29	敌舰经远沉没

——摘自《日藏甲午战争秘录》，中华出版社，2007年11月，第一版

的开口处，凝望着眼前如此平静大海之中的老人石，若有所思。不知哪位队员淡淡地说了一声：“致远舰沉了！”此时，这句话清清楚楚地传遍了在场的每一位队员。我感觉字字扎心，胸口有一种一下子被剧烈撕扯般的疼，双眼立刻就湿润了。缓了许久，我也说了一句：“别难过了，放下吧！”

是呀，我又何尝不是强忍住内心的剧痛，表面平静地去安慰大家呢？此时此刻站在船舷边上的所有的考古队员，尚博、张敏、志杰和魏超他们一句话都没有说，都在出神地望着海面，望着仿佛永恒不变的老人石，他们此时的内心又何尝不是百感交集呢……

时间再拉回到忙碌的上午。我和魏超一早吃完饭就开始拍摄文物照片，因为大量的出水文物经过登记编号之后马上就要进行文物拍摄，拍摄的照片会用于后面的文物交接、工作汇报、新闻报道、绘制线图、报告整理等方方面面，所以要及时把最好的文物照片拍摄出来，提供给文物组和领队，这也是能够充分体现我们整个队伍历时这么长时间辛苦工作后的成果展示。我和大魏利用一切时间加班加点地往前赶工期，给后面的队友们留出更多的工作时间。今天水哥挑选出来了许多玻璃器物，我们充分利用现有条件，逐个拍摄这些透明质文物。

与我俩安安静静不声不响地拍摄小件文

物不同，黎总带领其他兄弟们拍摄铁质文物那可要惊动全船人员了。今天他们要拍摄这次调查工作出水的最大号文物，一个船用锅炉，有一人高。我们动用了长臂挖掘机才能够把这个超大号文物吊放到我们的临时甲板摄影棚内。因为遮阳网已经挡不住光线了，他们组还临时征用我的伙伴——一米九的大魏去给他们的锅炉打伞，这一壮观的文物拍摄活动也是给大家增添了许多的乐趣。与此同时，国家文物局水下文化遗产保护中心的席光兰席总，带着我们天津的甘主任和威海的周主任两位领导，抓紧时间给出水的木质文物做现场保护。为了让木质文物处于保湿的状态，他们找来大卷的保鲜膜把木质文物整体包裹得严严实实。

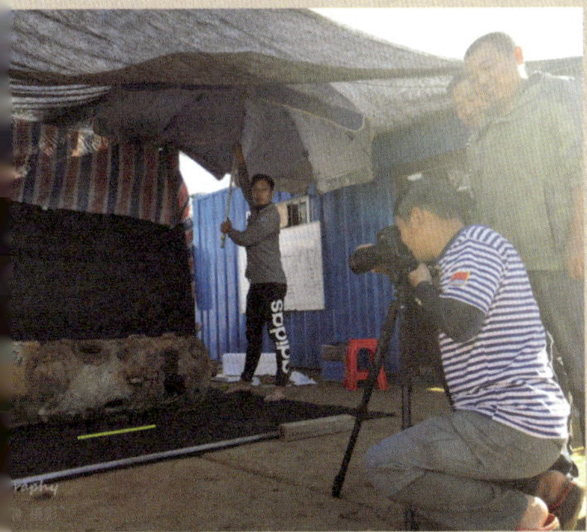

平潮期一到，朱世乾和张宇鹏就开始张罗水下三维扫测工作了。因为他们要尽量利用平潮期水流比较稳定的状况下进行海底的扫测工作，所以三维扫测进行的时候，我们正常的潜水工作就全部暂停，潜水员要配合BlueView BV5000-2250机位的摆放和上下水工作。然后就是一个点位一个点位地布放，移船，再一个点位一个点位地布放。每个点的扫测时间是25分钟，再加上移船、摆放、上下水等其他时间一共需要45分钟。这次三维扫测工作最终在水下“铁甲堡”周边以及内部一共布放了24个点，在四天内全部完成。就拿今天举例，从下午一直到晚上，二哥、余馆和黎总等队员一直在配合三维扫测的工作。他们要把机器精确地摆放到我们预设的位置上，然后把机器固定好，上水通知开机，然后机器开机扫描。这个时候，黎总就只能抓着潜水梯在水面等待，等水下机器工作好了，就再下水把机器移到下一个点，以此类推，交替进行。

利用黎总在水面上休息等候的时间，我们又是给黎总送水，又是给黎总上烟，玩得不亦乐乎。

轻松愉快的心情随着日薄西山而逐渐被焦虑和紧张代替了。再美的海上落日此时也已经完全不能吸引我们了，随着天色逐渐变暗直到完全漆黑，我们大家已经完全没有说笑的心情了。一开始王尚博在船上潜水梯处观察气泡拉上水绳。随后，我、魏超、张敏、红兴和海明都过来了，还拿出来好几把潜水手电，同时观察四周的海面。大自然实在是太伟大了，太令人敬畏了，此时我们的心情随着海浪拍打着潜水梯而上下起伏。在这样黑暗深邃且波涛汹涌的大海里，想要第一时间发现一个意外离开入水绳而随着海流漂浮着的潜水员，是何尝的困难啊。一旦失误后果是不敢想象的，看都看不到的情况下，如何救援呢？我们只是盼望着水下的潜水员一切顺利，而此刻，又感觉时间过得异常缓慢，仿佛能听见每一秒的嘀嗒声是那么的不紧不慢。耳畔呼啸着海风，眼前翻腾着海浪，我们能做的只是坚守岗位，用手电照向出水绳的海面，给队友出水以光线的指引。当我们看见海面之下潜水气瓶隐隐约约的反光时，大家的心情才再一次轻松下来。气氛终于缓和了下来，又恢复了此前的嘻嘻哈哈。

今天特别要说的是我们全船工作人员为“黄海海战”纪念日准备的祭奠活动。

中午一点整，广东打捞局林队长带队，搬出来桌子，拿出来贡品，准备好香炉和烧纸，为“经远舰”的将士们，为在甲午海战中牺牲的英灵们，献上我们最崇高的敬意。水下考古的兄弟们也自发地上前致敬，每一位参与过“致远舰”“经远舰”水下考古调查人员都发自内心地敬佩英灵，也都愿意献上我们深深的哀思与敬意。

这一天就在忙忙碌碌中度过，我总是会时不时地向

海面望去，眼前仿佛总会浮现出各种画面。那硝烟滚滚烈焰翻腾的海面，那敌舰大炮喷射出来的闪光，那战舰身上熊熊的火光和浓浓的黑烟……一切又都戛然而止，退隐到平静的海天之后，化作那海床上斑斑剥剥的铁甲，沉睡于我现在所处工作平台船下十米深的海底，安静而又平和。

124年漫长的沉睡，谜团从未被揭晓。如今，我们慢慢翻开了那场甲午海战历史的沧桑史卷，翻开了经远舰那悲怆而又英勇的一幕。越是接近那场海战的真相，我们的内心就越是被他所震撼着。无论如何我都无法想象出经远舰和他的将士们在当年的今日经历了何等的惨烈，怎样跨越了生死的极度恐惧，坚持战斗誓死不降，最终殉国沉海。看着这些天出水的文物，件件背后都能找出他们不为人知的故事，那是一种什么样的体会？每一样出水文物都能还原一部分经远舰的史实，拼凑出一块历史的真相，让这艘英雄的战舰和他的将士们更加清晰地呈现在我们的面前，让当年的英勇事迹不再被历史长河埋没。

你们是支撑信仰的脊梁，你们是凝聚精神的图腾，你们是老百姓心中的英雄，愿你们安息！

抓紧文物拍摄 央视大队人马赶到

2018年9月18日 晴

今天天气晴朗，风平浪静的。早上“浙奉662号”工作平台还是那么早早就热闹起来了，七点不到，绝大多数人都已经洗漱完毕，甚至连早餐都抢先吃完了。但我是越来越感觉起床费劲了，毕竟这几天天天等到大家都上床睡觉了我这才能静下心来写我的工作日志，一写就写到半夜一两点钟，早上六点多又起床，实在是困得要命。不过，困也是没有办法的，我只能硬着头皮起床吃饭。吃完饭自然也就精神很多了，拿出来摄影灯箱，跟大魏一起继续拍摄文物照片。眼下随着文物的不断出水，大家全力以赴地加紧整理，我和大魏感觉这文物总是没完没了的，总也干不完了似的。要说实际的，拍摄文物还算轻松的工作，摆放好，按一下快门就完事。而欧哥他们文物组此时就更加悲惨了，他们要把一件件文物进行登记描述，写编号，画草图，量尺寸，一个环节都不能少。待我拍摄好文物照片，也会一并交还给文物组的欧哥，他还要再一一给文物照片编号，插回表格，这才算完成每件文物电子的登记文档。可想而知，几百件文物，欧哥要过两遍手。这样的工作在现在工期接近尾声的这几天，必须要全部完成，这对于欧哥是多么巨大的工作压力。这些后期整理工作要是放在田野考古，可是至少要花几个月、好几个技工的工作量啊！水下考古就是这样的工作节奏，船有船期，人有出海的档期，我们必须要全力以赴赶在工期结束前全部完成。

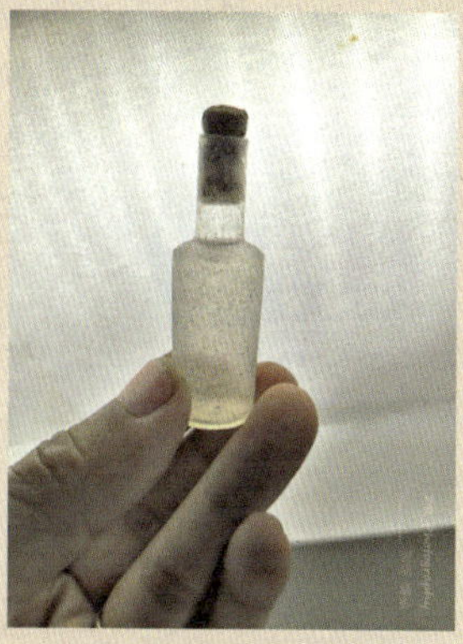

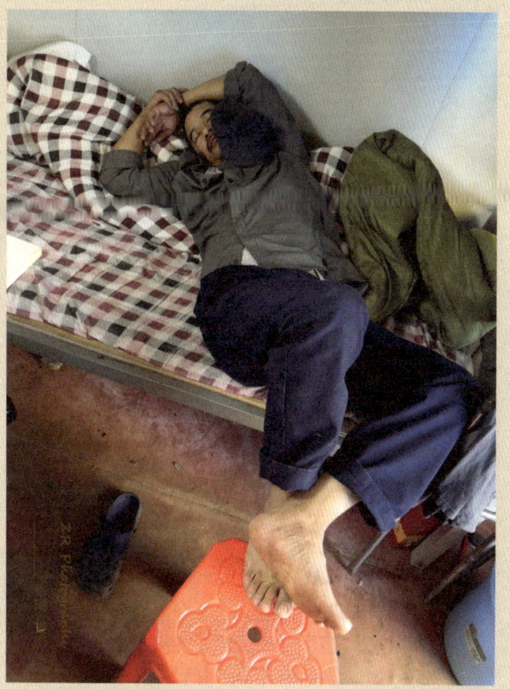

我和魏超一直闷头干活儿，直到我的手机十点闹表响了，此时感觉腰酸背痛眼发花。我起来休息活动了一下四肢，回宿舍喝了口水。等我溜达到了房间，一开门，突然发现欧哥已经在二哥的床上斜靠着双脚半蜷着在塑料凳子上睡着了。我这心里一下子涌上来满满的心疼。这些天可把欧哥累坏了，

白天一整天坐在小板凳上，启流和海明不停地给他递文物，欧哥就不停地登记画草图。到了晚上他还得把我交还的文物照片，按照自己的登记号做一遍电子文档。今天他也是一早六点多就从考古01号船过来吃早餐干活，直到现在，这会儿想必是实在顶不住了，在二哥床上一靠就瘫着睡着了。我们的集装箱房的地板是架高的石膏板，踩上去整个房间的床都会跟着脚步晃。我生怕吵醒欧哥，只能蹑手蹑脚地进去拿出我的杯子，再蹑手蹑脚地退出房间，轻轻地关好门。让欧哥好好多睡会儿吧，他实在太累了。

临近中午时分，中央电视台的直播大团队坐着“建民3号”渡轮来了，停靠在我们的工作船旁边。这是一条比我们工作船稍微小一点的渡轮。此刻两个船肩并肩靠在一起，央视直播团队陆续下船后，整个工作平台比平时人多了两倍，顿时感觉热闹非凡了。我们的张小胖师傅开着长臂挖掘机充当吊机，不断地把央视直播团队的各种设备起吊到我们的工作平台上，往日开阔的工作平台，此时已经显得有些局促了。

时间过得总是比想象中的要快，尤其是在你忙得抬不起头的时候。一晃就到中午吃饭的时间了。收摊儿，吃饭，抓紧休息一下。俗话说，中午不睡，下午崩溃。我这一上午边打哈欠边干活儿，已经快崩溃了。

稍事休息后，两点钟抓紧起床，大家陆续都进入工作状态了。其实也就是各自找好自己要做的工作。一般情况下我们全体考古队员都已经形成了默契，队长只是安排具体今天谁下水干什么活儿。那其他人呢，队长就根本不提了，各自找水面上的活儿干，这就是默契！这一班下水任务是张红兴和魏超下水拉一条水下直播时用的行动绳，具体位置是船艏柱到北侧铁甲堡围合的三角区。他们要沿着三个边把这个三角区用行动绳闭合。因为红兴和魏超一直以来的工作区域就是这儿，一号抽沙区，也就是船艏前半部分，所以今天的工作也安排他俩下水去做。

魏超和红兴哥顺利下水了，等他们游到下水点浮球的时候，我从潜水梯向他们望去，突然感觉距离好像有点远了，从潜水梯上看确实有点困难了。毕竟从我们船中间开口位置望过去，浮球已经出了船头的位置，这少说也得有50米开外了。这种距离我是没有办法看清楚浮球的。于是，我跑到船的驾驶室屋顶上，从这个角度向下望去，浮球和他们俩的气泡正好可以尽收眼底。晒着太阳，喝着自己泡的柠檬水，望着他俩的气泡，海景、山景、船景尽收眼底，也是很惬意的。

时间过半了，我观察着水流是往船外侧方向从无到有了，心里想着有点问题，赶紧下来到船头船舷边上。找出一个救生圈，拴上一根船头放着的绳子，目测一下距离，也就刚刚够从船头扔下去到水面的长度，觉得还不够长，于是就又找来一根接上。救援绳索准备好了，我这心里感觉踏实多了，如果他俩上水后水流过大，我就可以把救生圈扔给他们，然后把他俩拖回潜水梯位置。对于顶着海流背着装备打脚蹼的难处，我深有体会，这实在是一件很让人头疼的问题。此刻，我就这么趴在船头，瞪着眼看着他俩的气泡，看着他俩在水下做安全停留，看着他俩慢慢地出水，看着他俩在海面上边聊天边游回了潜水梯。其实，我们的团队工作就是这样，下水的兄弟与不下水的兄弟协同作战，我们彼此把生命交给对方，你下水工作，我为你站岗保驾护航，你能安全回来，就是我的责任。

红兴哥和大魏上来后直接到潜水筐那边脱潜水服，我从上面往下看去，能清楚地看到他俩的表情很轻松愉快。看得出来，他俩这次的工作很顺利，应该是都完成了。王尚博和张敏围在他俩两侧，一边穿着潜水服一边跟他沟通水下情况。这两位是要去船艏锚链位置布设探方，也是为直播做前期准备。我又回到船头趴在船舷边上，看他俩下水，看他俩的气泡，再把他俩也安全地迎回来。这时候，冲完淡水的红兴哥也来到船头，和我一起看气泡。这一小小的动作，都是老队员的习惯，上水后没有其他工作就来看气泡，保障后面水下队员的安全。我俩就这么一起看气泡，一起看远山的风景，一起看海上落日的优美。各自谈谈自己现在的生活，抱怨一下生活的压力。房贷每月太多啦，工资太少啦，潜水补助太低啦等等。也聊聊家庭和孩子，一家人平平安安，围着老婆孩子转也是幸福满满的。我们能出来多给家里挣点钱，让老婆孩子过得更好一些，也是我们这些水下考古人在海上这么辛苦工作的动力之一。我们内心还有许多因为离家在外不能照顾家人的愧疚。想家也是我们这些人在海上时内心里永远的波澜……

夜，不知不觉之中就已经深了，宿舍里的鼾声开始此起彼伏了，空气中偶尔会飘来一股臭鱼烂虾的味道，那是出海打鱼的渔船经过我们工作平台的味道。船上柴油发电机的轰鸣声在黑夜里传遍了整个工作平台的每一个角落。大家好像都已经睡着了，除了桌子对面的水哥还在闷头写着工作日志。他每天要整理记录的材料实在是太多了，每次我想陪他，最后都是实在扛不住先睡了，今天估计也是同样的结果。我尽力补完17号的工作日志后，就坚持不住了，得抓紧躺下睡了。按照水哥刚才的工作安排，明天一早五点多，我和二哥要在打捞局开始工作之前下水检查一下二号区的抽沙情况，以便进行及时的工作调整。同时，我也跟水哥提出试用明矾在三号区水下经远舰舰铭那个洞里撒一袋，看看能不能帮助洞内的悬浮物沉降，使得洞内的海水能够稍微清澈一些。此时，已经是凌晨1点多了，必须要睡觉了，上好闹表，我的脑袋刚一挨上枕头就睡着了。

夜里赶稿清晨与志杰潜水一激灵

2018年9月19日 晴

我感觉好像刚刚睡着，怎么这闹表就已经开始叫唤了呢？强打精神坐起身来又打了半天的盹儿。水哥听见闹表也是一下子从床上跳起来了，嘴里叨咕着："到点啦！抓紧下水啦！"我想他此时也许是半迷糊的状态吧。抓起我那切了一半的矿泉水瓶子做的漱口杯，挤上牙膏，我就出去洗漱了。早晨的光线还是有些昏暗，太阳没有完全升起来，身体可以明显感觉到秋天的丝丝凉意了。凉水洗完脸之后，整个人已经完全清醒了。我抓紧烧了点热水，兑了点温开水一口喝掉。此时我们的严大厨还在忙碌他的早餐，我和二哥看来是赶不上了。为了给身体补充点热量，我翻出自己买的巧克力威化饼，分给二哥两个，就着温开水一股脑儿地噎到肚子里了。

作为老队员，我着装的速度应该算是比较快得了，但是东西多步骤多，还是需要一些时间的。今天，我就给大家介绍一下具体的顺序和步骤吧。第一步，穿上游泳裤和我的长袖防晒上衣，不是为了防晒，而是增加一层贴身保温，还能让你不被湿乎乎、冰冰凉的潜水背心冰着上身。第二步，先穿连体潜水衣的两个裤子，然后再穿上我的潜水袜子和潜靴。拉好潜靴的拉链后再把潜水衣裤口包住潜靴，拉好拉链。这样下半身的着装就完成了。第三步，穿上潜水背心，再穿上潜水衣的两个袖子，拉好袖口的拉链，再把潜水服后背的拉链拉好，这样上半身基本穿好。此时开始往身上绑各种设备。第四步，把潜水刀绑在右腿小腿内侧，以防水下各种不测。第五步，把潜水电脑表绑在左手手臂内侧，把写字板绑在左手手臂外侧。第六步，带上潜水手套，并和袖口重叠勒紧。第七步，戴上我的橡胶游泳帽（今天一早下水，为了更好地保温才戴的），再戴上潜水头套。第八步，腰上系好压铅带，单瓶组需要系压铅。第九步，背上BCD和单瓶组，检查好设备。第十步，带上面镜，咬好呼吸头，这样就可以跨步入水啦。

虽然还不到早上六点钟，但是魏超和红兴他们已经起床帮我们下水着装做安全检查了。昨天队长安排工作的时候，只是说我和二哥一早下水，并没有安排其他人工作。他们这么早起床帮我俩准备，真是好兄弟啊。

在初秋的清晨跳到海里，身体感觉就是一个激灵，立刻就精神起来了。我和二哥沿着入水绳顺利到底，按照计划我们应该直接到达三号区的洞口位置。可是下去之后，完全不是这个情况。海底的能见度还是很差，再加上二哥在我之前搅动了海底泥，我只能看见眼前20厘米左右手电照亮的地方。心里想着这位置完全不对，到底是在哪里呢？是不是他们抛的标移位了？正在我纳闷的时候，感觉二哥在不断拉扯着我们的入水绳。我赶紧用力从泥里拉起沉块，向二哥拉扯的方向一步一步往前搬。终于，二哥扭过头来，朝我打了一个“走人”的手势，我就沿着入水绳跟着二哥往前游。游了不远就看见“铁甲堡”和它上面的一个绑着细绳的钢钎，真的是入水沉块移位了。此时，我一下子就认出来了，这根细钢钎和细绳子是我绑的从二号区通往三号区的行动绳。这下心里有底了，知道方向了，我俩就直接游到三号区。虽然耽误了几分钟找方向，但是这都不是事儿，一切还是尽在掌握。我俩按照计划，到达了指定位置。我按照计划下到底下洞口，拿出被海水压力压得扁扁的明矾密封袋。一开始，我想打开袋口把明矾倒出来，但是压力压得太紧根本打不开。一气之下，我就用手指用力把袋子捅破，撕开，然后把明矾均匀地撒在四周，最后还不忘用手臂从左到右地搅了一遍。整个工作过程中能见度为零，完全属于盲人式操作。

我的第一步工作干完了，在需要等待的时间里，我回到二哥身边，我俩一起又回到二号区检查一下，看了看二号区的抽沙位置以及抽出来的钢梁结构。二号区出现了三条与“铁甲堡”垂直连接的结构，近距离观察应该是支撑底舱顶部的肋骨，肋骨与肋骨之间有60厘米的间距，丁字形结构非常明显。此处为底舱顶部，结构完整，这对我们来说是一个比较好的消息，这意味着下面的生活舱室保存完好。随后，我俩又原路折返回三号区，我心里想着这明矾会不会起作用呢？于是就示意二哥下去看看有没有效果。二哥好像没有反应过来，我就扶着他的脑袋往下按了按，他就很配合地慢慢沉下去了。他倒是下去了，可我又看不见他了，心里犯嘀咕。于是，我就伸着脚，用脚蹼尖儿去感觉他。不一会儿他上来了，跟我比画了一下走人，扭头就撤。可是我也想下去看看呀，这喊不出来心里着急呀。赶紧用手电不断地朝他晃动，还不错，他收到我的信号了，心有灵犀，也跟我晃晃手电。我心里踏实了，知道他会停下来等我，于是我也慢慢地向洞内下沉。还没到洞底呢，就已经完全看不到了，我这心里一凉，觉得完了，这一袋子明矾看来一点作用也没起啊。伸手去摸，感觉完全就是一坑的稀泥，知道自己现在已经不是在水里潜水，完全是在稀泥里面潜水了。突然间我的手摸到一块肉乎乎的东西，吓了我一大跳。定定神儿，仔细一想，应该是一个掉到坑里的死水母，这才放下心来。

这一吓不要紧，原本一直闭着眼的我，这下被吓得完全睁开眼了。本来想着稀泥里面会是一片漆黑的，但是居然看到了满眼微弱的淡蓝色的闪光，就像是漆黑的夜空里微弱的星光一样。缓缓眼神我再仔细地观察，的确是闪光。这些闪光应该就是海底发光的微生物吧，上一次跟周强一起做停留时手套上的闪光应该就是它们吧。这么近距离的相遇，突然感觉此情此景既美丽又浪漫。

任务完成，虽然说小实验因为坑里回淤稀泥的原因暂告失败，但是我们俩还是愉快地上水了。出来后，大家一通帮我俩解装备，卸下气瓶。我们跟水哥详细地说了这一潜的所有情况，二哥跟水哥在那眉飞色

舞地好夸张地说我在水下的“恶行”。说他在洞口时，我把他踩到坑底的泥里面了，反复说我把他按到泥里了，哈哈！看着他那装出来的可怜样，领队和我这个乐呀，我们仨笑得肚子都疼了。水哥最后总结了一下：“他用脚踩你，那是对你的关爱，让你放心，他就在你的身边！”二哥听水哥这么一说，表情和语调更夸张了，我们笑得更厉害了，腰都直不起来了……后面几天，我一直拿这个梗跟他找乐子。我总是一本正经地跟二哥说：“你不要惹我啊，不然我把你按泥里面，你信不？”二哥这时候就会瞪着大眼用非常夸张的表情很配合地跟我说：“我信！”

上午水哥安排我们回黑岛退房，因为原定的黑岛度假村的房间租约到期了，因为要做水下考古直播，还要再坚持几天，这就超工期了。大家需要挤一挤，退掉几个房间，以降低费用。

这么多天以来再次回到岛上，终于又能够在岸上休息休息，真是令人高兴。在黑岛驻地吃完午饭，我回到房间倒头就睡，一直睡到六点有人喊吃晚饭。疲惫，疲惫，还是疲惫……晚上吃饭时，出了房间我这才注意到，央视的大型转播车已经停在了驻地的停车场了，看上去很有大战来临的感觉。吃过晚饭，央视田姐和徐老师过来了解水下三维扫测组的工作成果。本次，水下三维扫测非常成功，已经完成了沉舰全貌整体扫测的数据采集，不仅如此，他们还把“经远”舰铭用机器扫测出来了。我们大家一起七嘴八舌地讨论着画面用色，希望能给全国电视机前的观众呈现更好看的画面。

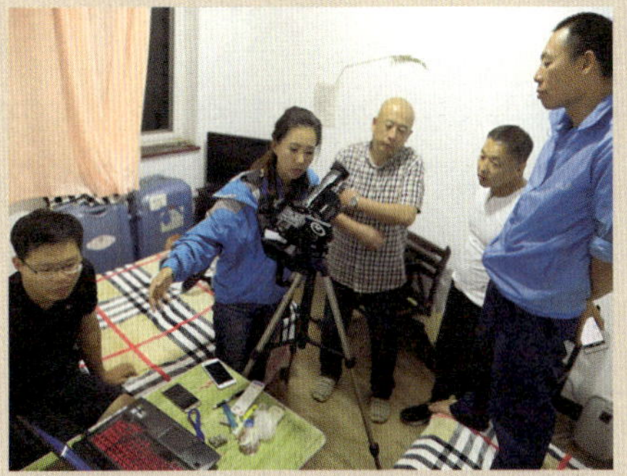

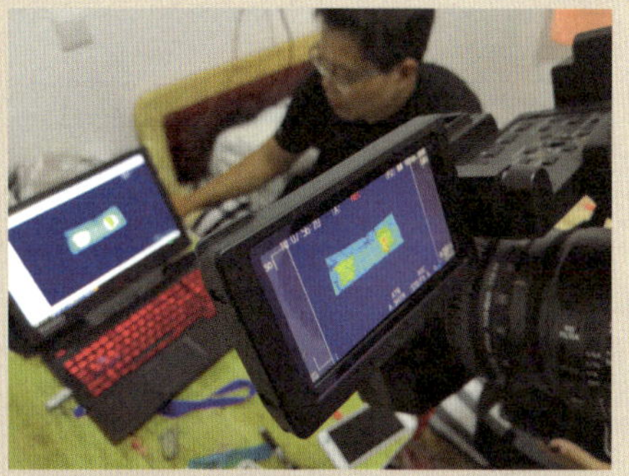

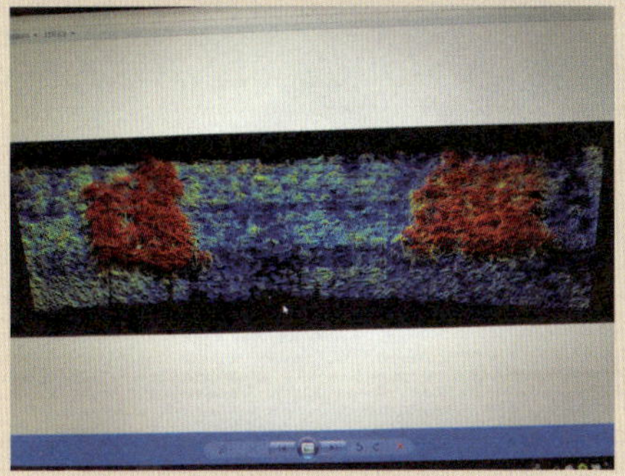

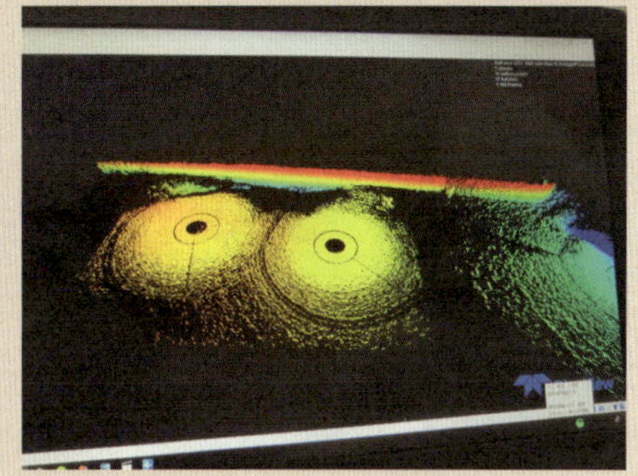

为央视准备材料和他们一起备战

2018年9月20日 晴

因为要赶着高平潮出海，早上六点一过，我们就已经准备出发了。虽然没能睡一个自然醒的懒觉，但是能够在岸上安安稳稳无所牵绊地睡上一个晚上已经让人非常知足了。至少整个晚上没有被硬板床硌醒过，没有被苍蝇趴在脸上惊醒过，没有被脚步和地板的共振晃醒过，更没有被扑面而来的臭鱼烂虾的味道熏醒过。反正就是这么一个再平常不过的夜晚，踏踏实实地睡了过来，就已经是再好不过了。

迎着朝阳，吹着海风，欣赏着看了将近两个月的黑岛风光，我乘坐着老王的“法拉利”渔船，半睡半醒、脑袋晕晕地就来到了“浙奉662号”工作平台。上了平台，放好我的笔记本电脑，我就又要开始准备拍摄工作了。回头看看我的电脑包，心里突然有很大的愧疚感，本来想要趁着上岸的这个不会摇动、不会吵闹的晚上好好补写前两天的日志的，结果晚上吃完晚饭，身体就开始犯懒，整个人偎在床上看看手机就连一根手指也不想动了，不知不觉中就一直睡到今天早上起床。

我跑到广州打捞局成员的过道里，抬起我们拍摄专用的小方桌子，把它抬到了以前拍照的地方。大魏看到我又抬桌子感觉很诧异，问我这又是要干什么？我跟他笑了笑说：“要拍文物呀。”今早出来之前，水哥对我说要把武器弹药都拿出来拍一组合照，这下，大魏是一脸的生无可恋，又要把所有武器类的都找出来，重新从倒满了白油的文物盒子里一个一个都拣出来，擦干油，再拍摄，再物归原处。整个过程中不能出错，从哪个盒子里出来的文物要保证回到哪个盒子里面去，一定不能乱了文物登记号。

虽说这是一件挺烦琐的工作，但是领队说了着急要照片，我和大魏也就抓紧一切时间开工干活儿了。红兴哥看我俩搬出来一大堆各种大小盒子的文物，得知我俩这是又要返工重新拍文物，就主动加入我们的工作，拿出整整一提的卫生纸来擦油。这是要大干一场啊！要说这卫生纸可是我们今天刚刚运上平台的补给品。就在我们下船的前两天里，这卫生纸可是个稀罕物件儿，找遍宿舍和库房是一点也找不出来了。冯队都说，再不来卫生纸，上厕所都成问题啦。现在看着我们用卫生纸擦弹药，怎么看都觉得这是极大的浪费。这也是没有其他办法了，早先于海明同学都贡献了两件T恤来擦文物，现在可没有多余衣服贡献了。魏超按照我提的要求，按照类别先挑出来弹药，擦拭第一遍传给红兴，红兴擦第二遍传给我，我擦第三遍然后摆好拍照，最后再放在一个大的背景布上准备拍个全家福。虽然程序不少，但是我们三个工作起来是按部就班、有条不紊的。时近中午，我们终于赶在了央视大部队登船之前把这个全家福拍完了，待央视大部队一到，满甲板都是人，根本无法干这样的活儿，真是与时间赛跑啊。拍完，我找到水哥把照片交过去，这样，早上现领的任务算是顺利完成了，感觉也是小有成就，心里美滋滋的。

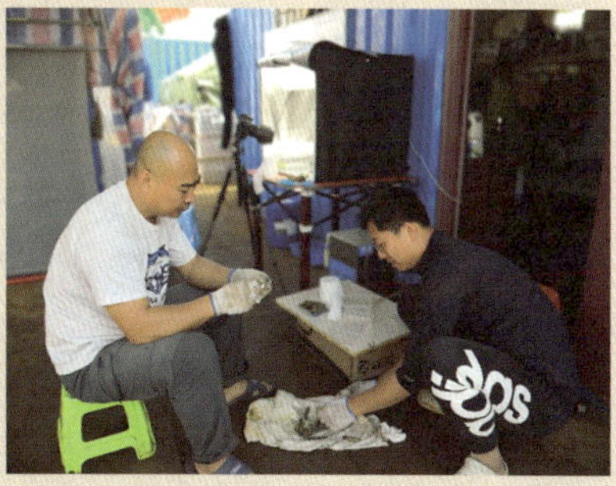

很快，央视大部队就坐着“建民3号”轮渡来了，乌泱乌泱一下子就登船几十个人，过来之后各忙各的，组装设备，调试设备，联络队长队员的，拍摄各种的新闻镜头，很是忙碌。这边田云华指挥着徐进老

师按照要求拍摄素材；那边焦点访谈的记者刘雪松带着他的摄影师抓着林唐欧采访；我趁着这个大好机会跟雪松拍了一张合影，回家好跟爸妈表表功。此时此刻好多工作小组同时进行着自己手头的工作，整个浙奉662号工作平台就是一个忙碌的大工地。各个角落都有各自忙碌的人们，这一切的工作，都是为了两天后在中央电视台的直播报道，大家都想给全国人民一个精彩、完美的“经远舰”水下考古现场直播。所以大家都在利用一切时间和机会，尽力做好每一项前期的准备工作。

说到央视的前期准备工作，我这里就不能不提一下央视的制片以及导演们考虑得还是非常专业而全面的，这次他们还专门做了两项有关水下工作的专业技术支持。他们分别聘请了潜水界非常著名的北京国洋潜水负责水下三方通话系统，以及天津龙泰潜水负责水下灯阵系统。水下三方通话系统说白了就是可以实现水下潜水员之间以及水下考古队员与水面人员三方实时语音交互系统。在央视电视直播时，水下考古队员带着全面罩通话系统在水下就可以实时介绍水下情况，水面上的主持人可以通过设备直接与水下考古队员语音互动并实现卫星直播。这样观众就可以实时听到水下考古现场传回来的报道。能够听到电视

机里传出来的辽宁庄河水下考古工作现场，水下考古队员在十几米的海底传来的现场报道，我想电视机前面的观众应该是非常的激动吧。郭洋和他的副总刘宝强无偿提供给央视和水下考古队这套设备使用，并且提供水面技术支持。虽然这套设备在后面的调试的过程中出现过小小的意外，但是最终直播时，还是圆满完成了任务，效果也是非常得好，这些后面再详细说明。至于天津龙泰潜水这次无偿提供的水下灯阵系统，就没有那么幸运了，这套系统最终也没能在直播中使用。央视的制片导演以及摄像组们原本是想运用水下灯阵系统来提升整个水下画面的质量和效果，从而给电视机前的观众更好地呈现出水下沉船的精美画面。但是，这套水下灯阵系统不同于水下三方通话系统已经有过成功的直播经验，它属于第一次在我们水下考古工作队亮相。这就带来了很多水下考古工作中对新设备新技术使用时所面临的现实问题。对这次直播中水下灯阵使用与否这个问题的详细分析，我想可以帮助大家更好地从一个侧面了解水下考古工作的严谨性，在时刻危及生命的工作环境中，安全第一是不可逾越的红线。

在潜水圈子里有这么一句流传很广的话——“有老潜水员，有胆大的潜水员，但是没有胆大的老潜水员”。

这里面“胆大”所涉及的范围，在目前看来，也包括了这次水下考古直播央视带来的这套水下灯阵这种新技术和新设备。在我们的眼里，这些突然出现的新技术新设备其实也有着潜在的危险，为什么说是危险呢？第一，这次水下灯阵设备是第一次来到队里，没有人使用过这些设备。带着这些新设备上下水以及在水下行动和使用，都需要携带灯组的水下考古队员进行多次水上水下训练与设备磨合，才能确保安全。第二，灯组的使用直接关系到摄影师画面的好坏，如此大功率的灯组没有与摄影师的反复磨合，在低能见度的情况下，很难拍摄出理想的画面。所以，最终我们没有用水下灯阵这种照明方式进行本次水下直播。

下午，新闻联播的记者刘雪松和他的摄影师抓住了冯雷副队长在驾驶室里录制了一段专访，我和央视记者任梅梅也随后在驾驶室内沟通

一下两天后央视的新媒体网络直播内容和流程。下午四点一过，央视这次现场直播的总负责人田云华田姐召集考古队参与水下直播人员和央视的导播们开会沟通直播流程和内容。这可是田姐这两天带伤连夜编写的直播稿。水哥叫上所有参加队员集中讨论细节。田姐首先介绍此次直播分成两场，详细介绍每场内容和水下考古队员工作内容以及镜头走位。第一场，水哥介绍经远舰的圆形舷窗、排污口等结构和经远舰繁体“经远（經遠）”两个大字。第二场，由冯雷介绍沉舰“铁甲堡”和舰艏柱、锚链等构件，并清理毛瑟枪弹壳。水哥和冯哥后面的音频线缆由魏超负责；第一摄像黎飞艳，直播线缆由王志杰负责；第二摄像吴立新，直播线缆由李家凡负责。这些内容都已经定好后，相关工作以及具体操作就分配到各组潜水员手中。

最后一个难题，同时也是最难的问题——确定最后的直播时间。因为正好选在9月23至25日这三天之内，这个时间正是阴历八月十四、十五、十六三天大潮期。一年里的八月十五天文大潮，不仅潮差大，而且海水流速高，能见度差，这会给潜水员尤其是水下摄影师增加很多困难，这么多人在水下要一起协同活动，又不能讲话沟通，相互间又看不清楚，真的很难。担任此次摄影工作之一的吴立新对这个时间段进行潜水直播表示担心，担心在过急的海水水流下，不能够完成这样复杂的水下拍摄工作。但是直播时间无法过多后移，工地已经超期也不能多等，直播时间的确定一下子变得纠结起来。领队周春水拿出八月份我们的潜水记录，查看八月份之中阴历七月的大潮期最高潮那天我们的潜水工作时间以及海水情况，经过认真比对计算后，否定了吴立新的担心。水哥把潜水记录表往桌子上一摔，一拍桌子，就把央视“经远舰”水下考古调查工作现场直播时间定于9月24日，也就是阴历八月十五当天，上午九点整。央视田姐立刻协调中央电视台大后方，破天荒地停掉了当天正常播出的节目，腾出时间给了这次的经远舰水下考古现场直播。

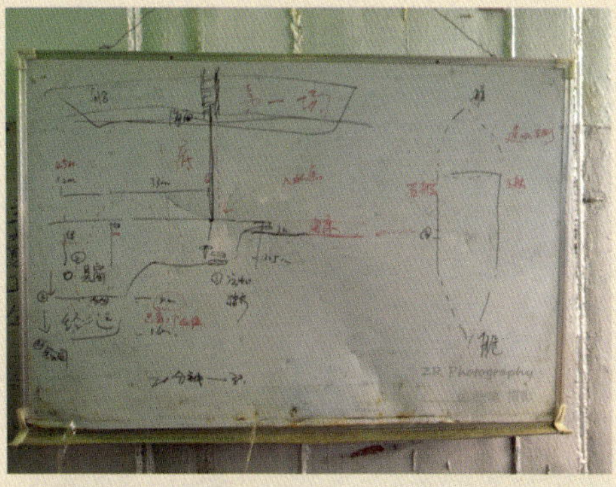

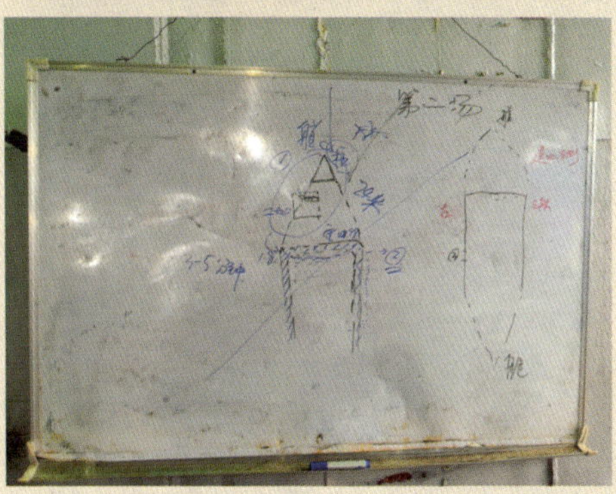

此时此刻起，大家所有的工作，大家所有努力的方向，已经全部指向同一个目标，那就是9月24日上午九点整——中央电视台2018辽宁大连庄河“经远舰”水下考古调查现场直播。

大风突至建民三号无法停靠返港

2018年9月21日 大风

今天距离央视直播还有三天！

昨天晚上海上开始起风了，一直到早上风还是很大。文物整理工作已近尾声，此刻大家相对清闲地等着央视大部队过来。

先到来的是央视直播总负责田云华和摄影师徐进，和他们一同坐老

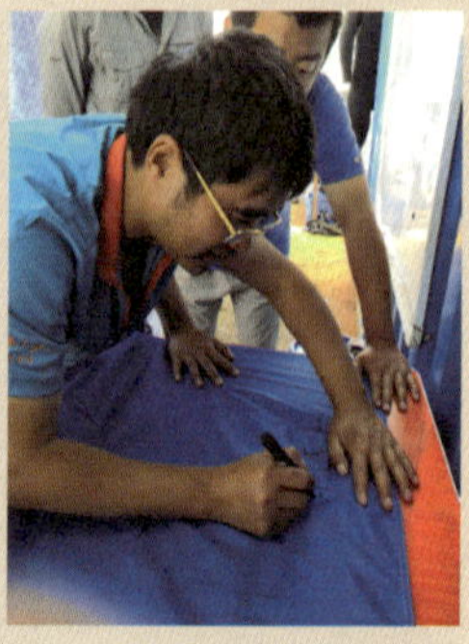

王渔船过来的还有国家文物局水下文化遗产保护中心技术总监孙键老师。因为海上风力较大，渔船不能停靠在平时的船舷边上，只能在工作平台船尾部临时靠驳，他们就抓紧时机登船。

利用今天暂时不能下水工作之际，水哥拿出来了提前准备好的今年辽宁大连庄河“经远舰”水下考古调查工作队队旗，让大家签名留念。此时，大家非常高兴，也非常荣幸能够作为历史的见证者和参与者在这面队旗上留下自己的名字。我也是非常高兴地找了一个明显的位置，一笔一画地签上了我的名字。看着这满是签名的队旗，心里有种由衷的自豪感。签完名字，广州打捞局的林队长安排管供潜水员准备下水，为经远舰焊接锌块，作为对经远舰舰身防腐蚀的水下文物保护工作。这已经被致远舰证明是行之有效的办法了。

上午十点多央视的大部队乘坐“建民3号”赶来，它在大风与大浪中踉踉跄跄地停靠在我们工作平台旁边，摇晃幅度非常大，央视的大部队人马好长时间都没有办法下船，最终只能再折返庄河港。

晚上，天空中上演彩云追月，皎洁的月光毫不吝啬地洒满大海。映着月光，海风吹起海浪，一排排蓝色的浪花闪着荧光，在海面上你追我赶。此时，荧光蓝色的浪花围绕着工作平台，这种魔幻般的景色是我从未见过的。

潜水走位演练一波三折紧张有序

2018年9月22日 晴转大风

今天距离央视直播还有两天!

上午利用央视团队还没有到达的这个空当，抓紧时间补写了半天的日志。大家现在相对清闲，全力准备着最后的直播。

上午十点一过，“建民3号”准时抵达。“建民3号”吸取了前两天靠泊的经验，对应我们工作平台的开口位置对船的围栏进行了改造，增设了跳板，并且安排船员协助央视工作团队登船。这样一来显得秩序井然并且非常安全。今天我们的任务是做一次直播前的预演，所有参与人员与所有设备按照直播进行，除了信号不上卫星以外，其他环节与直播完全一致，力求能够发现环节之中的任何细小问题，为24日的现场直播提供经验。

他们一上船，水哥立刻召集央视直播团队的几位负责人对今天的预演工作进行最后一遍梳理，对每一个细节进行最后一遍推导，大家已经做好一切准备工作。

中午吃完饭，领队水哥跑过来跟我交代了要让我先下水确认一下水下三号区入水绳的位置情况以及水下情况。领到任务，我立刻着装做下水前的准备工作。临下水前我向水哥请示能否利用这班潜水带央视给我们提

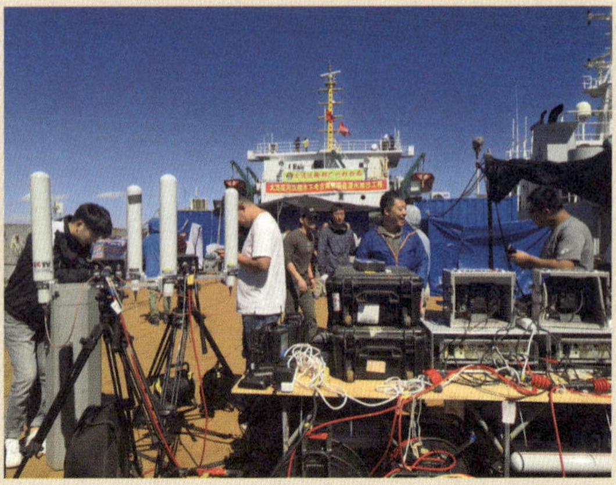

供的水下灯组进行一下水下调试工作，水哥表示非常好，这样可以为以后工作中采用新设备积累使用经验。我带着灯组顺利下水，首先确认了入水绳位置无误，入水绳直接引导我们到预定的拍摄位置，水下三号区一切正常可以进行预演工作。不得不说，水下灯组在沉舰上方可以照亮一块相当大的区域，摄影机可以拍摄出前后景都明亮的画面，避免出现前景清晰、后景一片黑暗的画面。但是这次提供的灯组没有安放浮力臂，我在水下手持灯组的时候会影响自身浮力，很难稳定控制，这个问题需要今后进一步的改进。这一班潜水工作

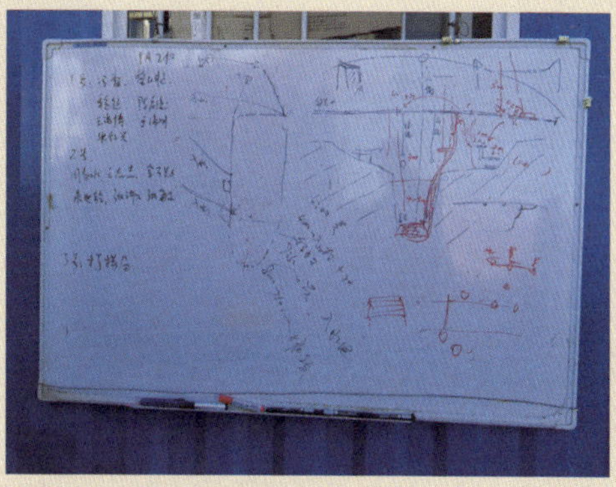

顺利完成，我上水向水哥详细汇报了水下情况和灯组的使用情况。之后，预演工作正式在央视导播的指挥下开始了。

今天的水下预演工作总体上还算是非常顺利的，所有人员和设备都没有任何大的问题。经过整体的一遍走位，也出现了缆绳小幅缠绕、水面工作人员位置重叠等小问题。晚上我们水下考古队员全体开会，对所有人员进行了位置规划，对水下人员的相对位置关系、游动顺序、走位方向，以及出水顺序又做了一遍优化。下一步，就是准备明天第二组的预演工作了。

傍晚夕阳西下，当整个工作平台归于安静的时候，我蹲在央视做现场直播用的大背景板前，指着我们今年为之奋斗了三个月时间的“经远”舰铭的位置，留下了我今年和“经远舰”最为珍贵的合影。

大风演练走位问题频出祈祷明日

2018年9月23日 晴 大风

今天距离央视直播还有一天！

早上七点一过，央视的大队人马就已经赶来了，他们是凌晨四点多从庄河港出发，才能这个时间点赶到。待“建民3号”渡轮停稳，大队人马平稳过船，工作人员立即投入再次预演的准备工作中。上午九点半，第二场预演直播开始，位置是舰艏部，需要先移船位。在朱世乾引导下，“浙奉662号”工作平台移位到沉舰艏部东北角抛标位，王志杰下水把抛下去的入水绳连接在铁甲堡正确的位置，整个预演工作正式开始。副队长冯雷头戴三方通话全面罩下水，刘春健负责下水前的安全检查，魏超负责牵引全面罩音频线缆。水面上广州打捞局负责线缆的收放，于海明负责潜水记录，我负责拍摄直播的工作照。整个预演工作按照计划顺利进行，临时发现的一些小细节问题也为明天完美直播扫清了障碍。

下午由于西南风加大，海面涌浪比较高，我们进行移船，改变为船体东侧入水，广州打捞局把潜水梯吊到工作平台的另一侧开口处。计划下午的平潮时段再进行一遍第一场的预演。水哥、魏超、黎飞艳和王志杰按照原定计划又再次进行了一次演练。由于水下能见度比较差，加上水流较大，绿色标识绳发生移位，最终未能按照原计划拍摄到舷窗，出现了一些小意外。我们大家于是又更加进一步地研究行动细节，具体到了每一个时间点、每一位水下队员的每一步水下行动。一切都是为了明天的正式直播活动。

等央视团队完成当天所有装备的收拾后，全体人员登上“建民3号”，在夕阳的余晖里返回庄河港。按照今天央视田姐的最终安排，明天上午9点准时开始直播。这是最终的直播时间安排。“建民3号”开船离开时，左后船角再次挂到了我们的船体旁边的入水绳，导致两条入水绳再度移位。

晚饭过后，国家文物局水下文化遗产保护中心水下考古所姜波所长带着中秋节的慰问品和工作服装上船，并且传达了上周五国家文物局的新闻发布会的内容，转达了各级领导对我们的关心。大家领了工作服装，明天我们就能

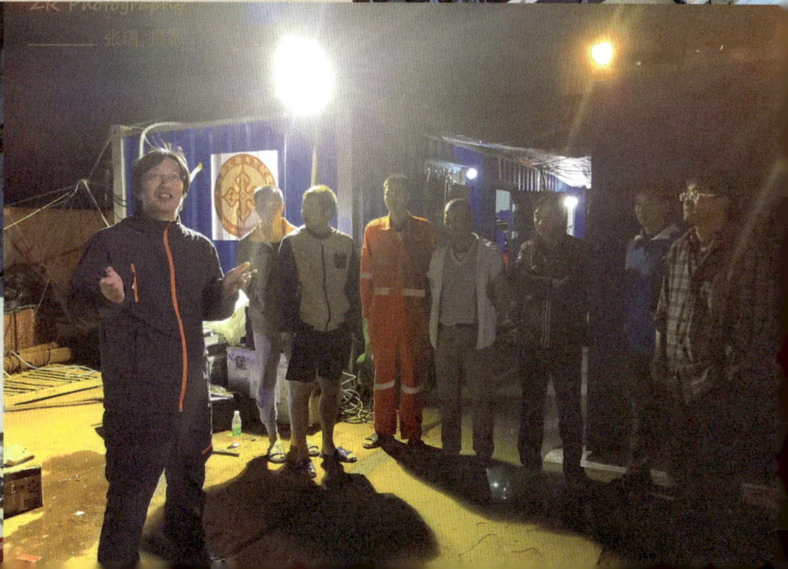

精精神神地为全国人民呈现一场精彩的“经远舰”水下考古工作，把我们今年的工作业绩完整地向电视机前的观众呈现出来。

晚上八点一过，水哥和黎飞艳准备夜潜，再次下水去恢复两条被“建民3号”拖拽移位的入水绳，为明天的直播做好最终的准备工作。夜晚海上风浪还是比较大的，气温入秋后已下降，我们全体队员上甲板，穿上了所有的厚衣服，为两位英雄的潜水员保驾护航，不久入水绳也顺利恢复。

我们全体水下考古队员此时对明天央视的全国现场直播工作信心满满！祈祷明天能够一切顺利，圆满完成任务。

风平浪静有如神助 央视直播完美

2018年9月24日（中秋节） 晴 微风

今天的天气那是相当得好，碧空如洗，万里无云，海面上微风轻拂，海天交界线上的海上风车看得清清楚楚，秋高气爽的感觉让人心情顿感愉悦。

一大早，央视的大部队就已经到达我们的工作平台并做好了现场直播的一切准备。我们水下考古队队员的装备也都已经早早准备停当，全部安安静静地排列整齐，所有队员整装待发。姜波所长为我们做最后的动员，鼓励我们以最好的精神面貌做好最后的全国直播工作。此时，我

们所有水下考古队员的心情都是既紧张又激动，期待着中央电视台水下现场直播的正式开始。全体水下考古队员在甲板上留下了具有历史意义的珍贵合影。

与前两次尝试走位的些许失误不同，我们今天的水下直播异常顺利，堪称完美。大家每一步每一个环节都有条不紊地完成，留下了一个完美的水下现场直播。不仅如此，今天海底的能见度也是出奇得好，达到了一米以上，是我们今年来到这里进行水下考古工作当中最好的一天。水哥在水下介绍沉舰的出煤口、舷窗和“经远”两个大字的图像清清楚楚。冥冥之中好似受到了“经远舰”和将士们的保佑一样，让我们今天的央视水下考古全国直播的水下画面达到了超预期效果。不仅水下考古队员们上来之后非常兴奋，连央视导播们也都是异常兴奋，完全没有想到会有如此好的水下画面。

直播顺利结束了，央视队伍返回庄河了，海上夕阳西下了，“中国考古01”悬挂满旗盛装陪伴着我们，晚霞在我们的两艘船上镀上了一层胜利的金色，像是为我们今天的圆满直播加冕。

中秋的晚上，我们“浙奉662号”的船员和全体队员在甲板上为长眠在这片海域的“经远舰”和他的英雄将士们献上了敬意，希望在这个团圆的节日里，他们也能感受到来自我们以及全国人民的祝福。

大连庄河经远舰水下考古调查
交通运输部广州打捞局
大连庄河沉舰水下考古调查项目潜水抽沙工程

ZR Photography
张瑞 摄影
大连庄河经远

中国考古01
ZHONG GUO KAO GU

庆祝的时刻到了，我们全船的人员在甲板上举杯邀明月，共同庆贺我们今年的大连庄河“经远舰”水下考古调查工作的圆满结束。

一轮明月伴中秋，一瓣月饼寄相思。伴着这美景美食，还有这群可亲可爱可敬的中国水下考古队员们，这次的“经远舰”水下考古调查工作必将载入中国水下考古事业的史册。我们全体水下考古队员历经三个月的漫长的海上工作，为之付出所有的艰苦努力，也终将会让全国人民铭记在心。

来自青岛的魏超是这样记录他今天的心路历程的：

时间一晃，到今天已经离家七十余天了，心中无时无刻不在挂念着家中年迈的父母、可爱的小公主和身怀六甲的老婆大人。虽然老婆从来不在电话或者视频中表露出“拖男人后腿”的情绪，但我深知，二孩大龄孕妇其实非常在乎爱人的呵护与陪伴。我也是同样期盼着能和家人共度中秋佳节。

17日得知国家文物局批准中央电视台进行2018年“经远舰”水下考古调查现场直播工作后我就已经意识到，今年的中秋又要和这帮水下兄弟一同赏月、观海、听潮、把酒问青天了……18日依照领队周春水的工作安排，我和队内摄影师张瑞继续进行出水文物拍照及登记整理工作，并做好配合央视直播前期准备。比如，准备央视现场直播文物照片，提前清理水下沉舰直播区域障碍物、为直播规划水下行进路线和标注水下标识和引导线绳等等。我也努力争做一名合格的“吃瓜群众”和“抢镜达人”。20日下午领队召集全体队员与央视导演共同讨论直播流程时，突然点名指派我做水哥和冯哥在今后两天水下直播过程中的水下保障队员，作为潜伴全程保障两位领队全面罩音频线缆的安全。具体工作是保障水下直播音频线缆的传输通畅，防止线缆水下互相缠绕以及避免线缆被沉舰铁甲残破处剐蹭割断等等。我瞬间从“吃瓜群众路人甲”变为“抢镜达人男二号”了，看着其他队员投来羡慕的目光，自己心里也有些许窃喜，可随后N个假想场景随即浮现在眼前：万一水下能见度差，我把线缆弄丢了怎么办？万一我不小心把线缆扯断了怎么办？万一水流太大，我中性浮力没做好把水弄浑了怎么办？万一我在水下走位有误，线缆在水下结成死结怎么办？这可是央视中秋节现场直播，全国亿万观众的目光啊！顿时感觉一股凉气从后脊梁骨瞬间传达到了脑袋上……“不怕，不怕！”我不断给自己打气，“你已经是从业八年的中国水下考古老队员了，你对脚下海底经远舰的水下遗存情况轻车熟路，你的水中顶尖中性浮力也是无可挑剔的，你一定会顺利完成任务的！”此时，兄弟张瑞什么都没有说，把他的手臂重重地拍在了我的肩膀上，那种兄弟之间无比坚定的信任传遍了我的全身！

随后在20至22日的三天里，我全身心投入到直播前期准备工作。与领队、副领队以及水下摄影师黎飞艳详细沟通直播路线，反复确定每个人在各直播场景中的位置并详细制定潜水行进路线和潜水紧急事故预案，丝毫不敢有一丝

懈怠。这期间的预演工作经历了音频线、视频线、入水绳和引导绳互相缠绕问题，经历了三方通话面镜意外漏水与央视直播平台丢失信号问题。我们大家从来没有气馁过，每一次预演出水之后各自总结得失，重新优化潜水方案。我们心里都憋着一股劲，誓要为全国观众在中秋佳节奉献一场中国水下公众考古的视觉盛宴。

今天，清晨5点，一轮朝阳冉冉从海平面升起，我把留了三个月且杂乱无序的胡须刮了，盼望已久的中央电视台2018辽宁庄河“经远舰”水下考古调查现场直播即将于上午9时整正式通过卫星实时播出。此时头顶的海鸥已经成群飞来觅食，就像来为我们道贺一般，大家都早早起床洗漱完毕，匆匆早餐后按照之前任务分配，所有水下考古队员们各司其职与甲板平台上的近五十人央视直播团队一起紧张有序地忙碌着、准备着、筹备着，完全忘记了今天就是中秋佳节。

8时许，央视各组准备完毕，今天第一场将由领队周春水使用水下三方通话系统全程直播介绍经远舰舰身舷窗、排污口等典型沉舰结构和最重要的经远舰繁体“经远（經遠）”两个大字，它是我们本次调查最大的工作成果、也是确定该处沉舰身份的关键证据。8时40分，全体人员进入最后准备阶段，水下摄影师黎飞艳和王志杰先着装入水下潜至预定位置，摄像影像信号顺利接入央视控制台，此时央视高空远景摄影组的无人机也已起飞，平台上的三组摄像机位均已准备完毕。9时整，导演示意卫星同步直播信号接入，领队周春水和我开始各自着装。其他水下考古队员也上前

帮忙，林唐欧负责检查全身潜水设备，王尚博负责记录气瓶气压数并记录入水时间，朱世乾负责水面安全警戒和观察气泡走向，副领队冯雷作为水面紧急救援第一反应员为我们保驾护航，摄影师张瑞负责平台上现场直播全景摄影工作。随着央视信号的接入，央视特派主持人田云华开场介绍工作背景，随即跟随镜头走到我们面前，着重介绍了领队和我的基本情况（可能也是太紧张，竟然把我的名字叫成了“邓超”，大明星也来水下考古了？）。领队周春水为观众简单介绍了本次潜水探察路线后，便带上三方通话设备安全入水。我紧随其后同水下摄影师呈两前两后扇形姿态快速下潜。这种队形是我们事先经过多次失败后优化总结出来的下潜方法，既可保证摄像走位，又能让我和王志杰能够彼此保障身后的音频视频线免于缠绕。我们顺利到达第一个拍摄机位，即经远舰舰身右舷舷窗及煤渣排污口处，领队在经远舰船舷边缘向观众进行简短介绍后，便继续下潜至更深处的排污口处了。我和王志杰此时担心我们的手电光源会影响摄像机拍摄所以不敢打开水下手电，只能摸黑分别游至沉船船舷内侧，双手紧抓音频传输线，并根据水流方向，在水深5米处做逆流中性浮力悬浮。这样悬浮水中间能保证沉重的脚蹼不会将周边的浮泥搅动起来，避免影响直播摄像的能见度。大约五分钟后，领队通过两次扯拽音频传输线的方式告诉我一起向第二个机位游去。这是今天的重头戏，拍摄悬挂于舰舷中前部外壁的木质髹金“经”字和“远”字。这是经过全体水下考古队员和广州打捞局潜工近一个多月连续水下抽泥、定位、发掘后终于在沉船残骸六米深的泥沙下找到的。这两个字是确定该处沉舰身份的重要证据，也是本次调查最大的工作成果。两个震撼人心的“经远”大字顺利拍摄介绍完毕，整个水下直播工作顺利完成。这期间，我们各环节以分钟精确计算相互配合默契，漫长的半小时直播时间，我感觉在水下一晃而过。当领队周春水带着耀眼的光源游回到我面前向我做了一个OK的手势并示意一同安全出水时，那一刻真的是漆黑的夜里闪耀出胜利的曙光，先前的心理重压、工作疑虑瞬间一扫而空。

当卸下沉重的潜水装备、脱去湿黏的潜水服后，迎接我们的是央视导演、策划们的欢呼声和考古队员兄弟们的称赞声。我们犹如浴血战场得胜归来的英雄，瞬间成为整个考古工作平台上的焦点。来不及洗漱，此时最想做的就是拿起手机先给父母报个平安、给老婆大人吹吹牛、在朋友圈晒晒工作靓照，求海量点赞。这就是我们今天的中央电视台经远舰水下考古直播现场。

我们的水下考古工作，是一个让你又爱又恨的地方，你身在其中的时候总是吐槽它日复一日繁重危险的水下发掘工作和艰苦的海上作业条件；你将离开的时候又会无比怀念它带给你的简单、快乐和纯粹。每一次水下考古工地的经历都会在你的生命中留有特殊的烙印，让你学到些什么，铭记些什么，感怀些什么……总是有那么多的细节与情谊值得慢慢回味和咀嚼。当你再次奔向下一个水下考古工地与那帮生死与共的水下兄弟重聚首时，心里总是升起无限的感慨。

顺利结束繁华退去爱国之情永驻

2018年9月25日 晴 微风

今天的天气和昨天一样得好，加上昨天的顺利直播，大家脸上洋溢着笑容。水哥为了能让我今天在央视现场直播中露露脸，把我安排在了水面协助组工作，我可以正正地站在两位潜水员身后，帅帅地出现在中央电视台向全国人民直播的画面中。

话说，能够在中央电视台进行现场直播也是我们中国水下考古工作队无限的荣耀。虽然全国人民不会记住具体哪个人在电视镜头前露面，但是能在中央电视台播出的节目中出现，对于我们的家人和朋友来说都是无比高兴的。我也非常珍惜这个在电视机前出镜的机会。毕竟，亲朋好友们看到了会对我称赞，爸爸妈妈看到了会为我开心，老婆大人看到了会为我骄傲，女儿儿子看到了会在他们幼小的心灵里埋下一颗积极向上的种子。为了他们，不管别人说什么，我也要在央视镜头前，在全国人民的面前好好表现。

正如预期的那样，今天的直播在全体工作人员的欢呼声中顺利结束。那一刻，我们全体2018辽宁庄河黑岛“经远舰”水下考古调查工作队队员心中升起了无限的荣耀与胜利的喜悦。我们相拥、相庆，这一刻成了彼此生命中记忆的闪光点……

当繁华褪去，一切又归于平静。

我们收拾装备，收拾行囊，在海上的夕阳中，乘着我们的渔船离开了我们朝夕与共奋斗了将近三个月的“浙奉662号”，离开了归于平静的老人石海域，离开了我们朝思暮想长眠在这片海底的“经远舰”和英雄的将士们……

副领队冯雷在他的日志中是这样记录这次水下考古直播的：

9月25日　天气晴

今天是第二场正式直播的日子，我起得非常早，因为我要在直播前再试一下这次使用的全面罩三方通话系统，把

它的性能调到最佳。这个全面罩设计略有瑕疵，对于亚洲人来讲额头部分不够贴合，在水下有滴漏现象，需要用手按住额头说话。水哥直播的时候也遇见同样问题，但这不是大问题！我下水试了一下全面罩，一切都OK！

之所以在我今天正式直播前要再次确认一下设备情况，那是因为我昨天在使用过程中这个全面罩给我带来了一点小麻烦。在昨天直播后的彩排过程中，当我到达水底时，这个全面罩一直有些漏气。我开始调节流量阀门，发现怎么也扭不动，于是我立刻评估这样的结果就是耗气量增加，心里估算应该可以在安全气量下完成工作。最后决定一边看着气压表，一边按照预定计划做水下沉舰的介绍工作。当我和队员们来到船艏位置，此时预演接近尾声，全面罩漏气情况加重，开始进水了。于是我按照操作规程开始进行面罩排水，结果发现不能有效解决问题。当机立断，我毫不犹豫在水下脱掉全面罩，将备用二级呼吸头放入嘴中开始呼吸，然后拿出我的备用面镜带好并排水，最后跟水下队员打出手势示

意出水。我很自信，自己是中国水下考古老队员了，在十几年的水下考古工作中积累了丰富的实战经验。这一刻时间就是生命，在水下什么应该做，什么不应该做，怎样稳定自己的情绪，当时我很清醒也很冷静。上水之后，我又对设备进行了一次调试，为今天做好了充足的准备。

调试完成！直播时间比第一天推后半个小时，因为我们需要最佳平潮期。今天下水考古队员还是昨天那几位，只是我和水哥调换了一下位置。我今天直播介绍经远舰铁甲堡、船艏、锚链等。水哥和启流作为应急潜水员保障水下队员安全。协助穿着装备的换成了张瑞、王尚博和欧哥！央视直播工作我曾经参加过很多次了，此时心理既平静又兴奋。一想到我们将要给全国观众介绍经远舰就为我们的团队感到无比的骄傲。今天水下能见度不如昨天的好，镜头没有展现出经远舰铁甲堡的这种夹层结构，让我感到些许失望。在提取毛瑟枪子弹壳时有一个小的插曲，我自我感觉也挺好的，哈哈！按照要求，我在船上带了一个塑料盒，我也知道由于水压的问题，扣好的盒子在水下是打不开的，所以我并没有扣上盒盖。当我在摄像机镜头下拿出盒子的时候，还奇怪怎么盖上了呢，打不开了，真是鬼使神差啊！我正着急呢，旁边的潜伴，马上递过一把潜水刀来。当时我想撬开盒子但并不想破坏它，试了几下不行，最后还是暴力扎漏盒子，然后就很顺利地打开了，装好了子弹。在这些动作过程中，我也跟观众解释了，因为水压的问题，在水面上带下来的盒子或者类似的东西是很难打开的，现场示范。事后央视的导演也跟我说，这样很合理，没有任何违和感。

“浙奉662号”工作船上响起一片掌声，第二场央视水下现场直播顺利完成，大家在平台上开始了各种庆祝活动……

中央电视台2018辽宁庄河黑岛“经远舰”考古调查工作水下现场直播就这样在我们无限期盼与努力付出中结束了，留给了我们大家无限的回味。今年，我们的经远舰调查也即将结束，所有的水下考古队员将返回自己的单位，回到自己的家人身边。这里谢谢大家为辽宁“经远舰”水下考古调查工作付出的艰辛汗水和作出的卓越贡献。祝大家一路顺风！

收拾装备整理行囊心系再见经远

2018年9月26、27日 晴

今天就要和黑岛告别了。黑岛的天空还是那样的湛蓝，黑岛的海水还是那样的碧绿，只是我们就要和这里暂时分别了。

我们依依不舍地又走遍了黑岛的山山水水，又来到了我们去过无数次的狐仙庙，又最后一次向“经远舰”管带林永升塑像深鞠一躬……

回到驻地，我们将设备清洗、分类、打包、装车。最后背上各自的

2018年9月26–27日

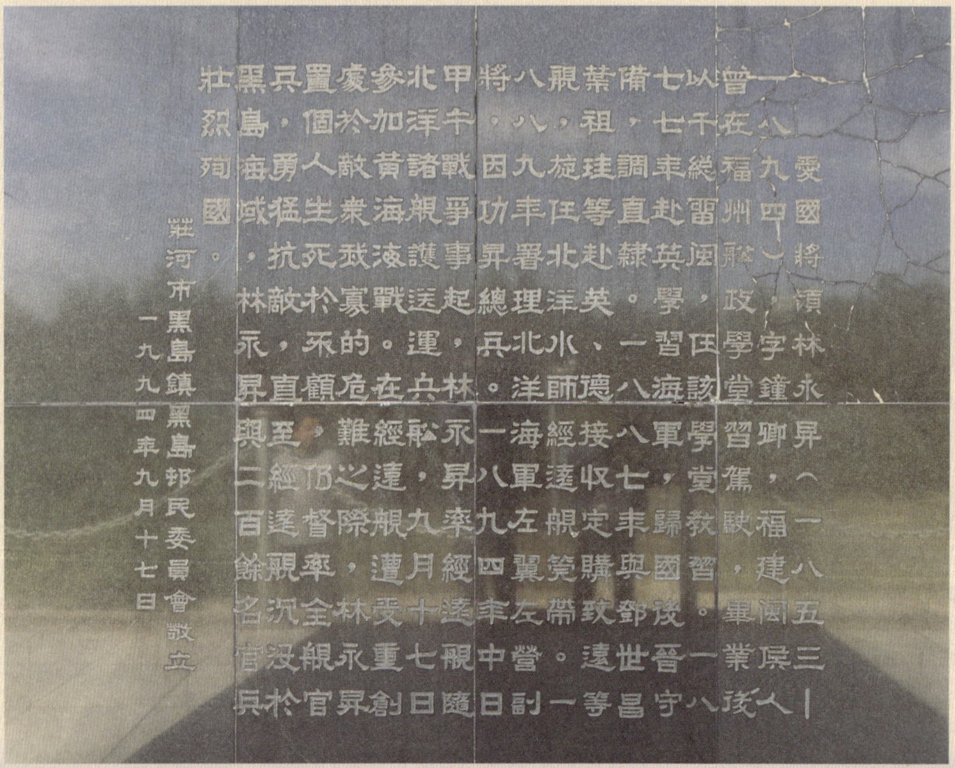
愛國將領林永昇（一八五三—一八九四），字鐘卿，福建閩侯人
曾在福州船政學堂習駕駛，畢業後以千總留閩，任該學堂教習。一八七七年赴英學習海軍，歸國後晉守備，調直隸。一八八七年與鄧世昌、葉祖珪等赴英、德接收定購致遠等艦，旋任北洋水師經遠艦筦帶。一八八九年署理北洋海軍左翼左營副將，因功昇總兵。一八九四年中日甲午戰爭事起，林永昇率經遠艦隨北洋諸艦護送運兵船，九月十七日參加黃海海戰。在經遠艦遭受重創處於敵衆我寡的危難之際，林永昇置個人生死於不顧，仍督率全艦官兵，勇猛抗敵，直至經遠艦沉沒於黑島海域，林永昇與二百餘名官兵壯烈殉國。
莊河市黑島鎮黑島村民委員會敬立
一九九四年九月十七日

林永升

行囊，挥挥手，开始了各自的归程。临行前，和短暂同行的水下兄弟黎总、欧哥和大魏吃了最后一顿告别餐，我就踏上了回家的路。

9月27日一早，我拖着疲惫的身体、沉重的行李箱和我那满满的美好记忆，走进了大连火车站。临上火车前，我在车站内拍了来时同样的大头照留念。晒黑了的面庞和凌乱的头发，记录着我这两个月与“经远舰”与水下考古的兄弟们的这份不解的情缘……

心中默念：

再见经远。

張瑞 攝影

附录一

回顾中国水下考古在水下公共考古领域的发展历程

张瑞[①]

三十多年以来，中国水下考古从无到有、从小到大，通过先向国外潜心学习获取最新相关技术后，再结合本国实际情况逐步探索出了一条适合在我国沿海水域开展水下考古项目的工作理念、方法和技术之路。在这个探索与实践的过程中，中国水下考古在公共考古领域也在不断地努力与尝试，通过各种各样的互动形式向全社会传达水下考古工作在重新构建、拓展考古学的目标和任务中所做出的卓越贡献。

众所周知，水下考古学是考古学的一门分支学科，是陆地田野考古向水域的延伸。水下考古学自诞生之日起，其原生属性就是高度依靠科技装备的进步才能实现自身发展的特殊学科。水下考古学界普遍认为，水下考古学科的萌发是基于1944年法国海军水下工作小组发明了自携式水下呼吸器(SCUBA)，即常规轻潜，为包括考古学在内的一切水下科学探索提供了最基本的保证。1960年美国考古学家乔治·巴斯（George Bass）应邀对土耳其格里多亚角（Cape Gelidonya）海域的公元7世纪拜占庭时期沉船遗址进行调查和发掘[②]，由此开始了第一次的考古学家将

---

①张瑞，男，1979年生人，就职于天津市文物管理中心考古部（天津市和平区贵州路58号）。

②George F. Bass. The Cape Gelidonya Wreck: Preliminary Report.American Journal of Archaeology,1961,vol.65,p.267-276; George F.Bass, P. Throckmorton, J. du Plat Taylor, J.B. Hennessy, A.R. Schulman,H.G. Buchholz. Cape Gelidonya: a Bronze Age Shipwreck. Transactions of the American Philosophical Society, 1967,vol.57,no 8; P. Throckmorton.The Lost Ships. Boston, 1964,London, 1965; George F. Bass. Eighteen Mediterranean Wrecks Investigated between 1900 and 1968. Underwater Archaeology: A Nascent Discipline UNESCO Paris, 1972, P. 35-51.

考古方法应用于水下遗址的发掘和研究，开创性地在水下实践了考古学方法，标志着正规水下考古工作的开始[①]。

中国的水下考古学科的建立于西方学界而言相对较晚。受于我国当时科学技术与经济能力发展水平的限制，西方水下考古学的理念和技术在传入我国后经历了一段相当艰苦的起步期。伴随着中国经济能力在20世纪最后20年内的发展，中国水下考古事业发展势头逐渐显现出来。水下考古在中国的诞生、发展与成熟后，中国水下考古在公共考古领域也崭露头角并逐步发展壮大起来。

中国水下考古从创立至今已经走过了三十余个春夏秋冬。我们大体可以将其发展脉络分成初创期（1987—2000年）、发展期（2000—2009年）和成熟期（2009年至今）。与此相伴，中国水下考古在公共考古领域的探索与实践也在不断地成熟与深入。

中国水下考古初创期为自诞生后的20世纪80年代末至世纪之交的2000年。这一时期，中国水下考古采取“走出去、请进来”的方法[②]，从零起步，逐步学习、吸收国外先进理念与技术，并摸索出适合我国海域特点的水下考古相关技术。

中国的水下考古学的创立，是受到一个偶然事件的刺激而催生出来的。中国水下考古奠基人俞伟超先生曾写道：“一个偶然事件刺激了中国政府和考古学界下决心开展自己的水下考古工作，这就是1985年，英国人米歇尔·哈彻（Mlchel Hartcher）等人在南中国海偷偷打捞出一艘沉船中的大批中国康熙时代的青花瓷和金锭等物，并于次年在荷兰阿姆斯特丹拍卖，获得巨利。在中国的沿海海域，这样的沉船当然不少，中国学者怎能置之不顾？！”[③]

1987年3月，经国务院批准，成立了“国家水下考古工作协调小组”，由国家文物局牵头，协调各有关部门研究解决水下考古工作中的

①赵嘉斌：《水下考古学在中国的发展与成果》，《水下考古研究》第一卷，2012.8.
②张柏：《迈向21世纪的中国水下考古》，《福建文博》，1997.2.
③俞伟超：《十年来中国水下考古学的主要成果》，《福建文博》，1997.2.

重大问题。同年11月，中国历史博物馆水下考古研究室由此诞生。

在初创期的人才建设方面，中国水下考古于1987年首次派员远赴荷兰学习水下考古技术。随后，又于1989—1990年、1998—1999年在国内开办了第一期和第二期全国水下考古专业人员培训班。完成了中国水下考古人员体系的初步建立，为这一期间顺利开展国内的水下考古工作奠定了基础。

1988年，中国历史博物馆水下考古研究室与广东省文物考古研究所联合调查广东吴川吴阳镇沙角漩清代沉船遗址；1989年，中国历史博物馆水下考古研究室与日本水中考古学研究所联合调查广东省台山与阳江之间的南海海域古代沉船，确定一艘南宋沉船（后定名为“南海一号”沉船）；1990年、1995年，中国、澳大利亚水下考古工作者先后两次对福建连江定海进行水下调查，确认沉船定名“白礁一号”“白礁二号”；1990年，对海南岛文昌市宝陵港海域明末清初沉船进行调查；1991—1992年、1999年先后对广东新会银洲湖海域元初崖山海战沉船进行了水下考古调查；1991—1997年，中国历史博物馆水下考古研究室组织广东省考古研究所、福建省博物馆、厦门大学历史系等单位的水下考古专业人员联合原地矿部航空遥感物探中心、上海第一海洋地址调查大队、广东省打捞局、天津海龙水下工程公司等技术力量，对辽宁省绥中县大南铺村三道岗海域元代沉船遗址进行了五次正式的调查和发掘工作；1995年，对汕头市濠江区广澳港清初沉船开展了水下探摸和遥感物探调查；1996年、1998年、1999年，连续开展了西沙水下文物调查与试掘工作[①]。

这一时期，中国水下考古从零起步，工作逐渐开展起来。同时期，中国考古学界公共考古领域也才刚刚接触西方最新的公共考古理念，以致中国水下公共考古领域基本没有主动开展工作。社会上能够了解中国水下考古最新工作的渠道不多，基本上依托考古专业期刊和社会相关领

①吴春明：《中国水下考古20载》，《海洋世界》，2007（08）。

域期刊宣传。专业期刊有《水下考古通讯》《福建文博》和《东南考古研究》等；非专业期刊有《地理知识》1999年2月刊。

纵观20世纪末期中国水下考古发展之路。我们不难发现，中国的水下考古完成了适合我国海域水下考古相关技术的整合，形成了一整套工作管理和操作体系。并且在逐步扩大工作范围的基础上，开始向多学科多领域延伸，逐步把遥感、物探技术引入水下考古的实际工作范畴之中。在与更广泛更多元的相关专业技术领域的机构和单位的合作过程中，已经或多或少地涉及了公共考古学范畴。这种国家大力支持主导并自发向多领域学科延伸的工作模式，恰巧与西方公共考古学所倡导政府大力扶持加上更广泛社会力量介入历史资源保护的学术理念不谋而合。客观上，也将中国水下考古的工作成果和对历史资源的保护理念向其他参与水下考古项目的协作单位所传播。也为接下来更为广泛的社会关注埋下了希望的种子。

进入21世纪，中国水下考古迎来了全新的社会环境和学术环境，进入成长期（2000—2009年）。一方面西方最新的公共考古学理念在经历了引进与吸收后，在中国考古学界产生了全面的反思运动，并在实际行动中进行了诸多尝试。这其中，2002年，中国考古网创办；2008年中国社会科学院考古研究所成立公共考古研究中心[①]；以及后面紧随而来，2013年面向社会大众兼具专业权威的科学普及性考古学杂志《大众考古》的创刊；2013年全国范围内“公共考古论坛”的召开。这一相对活跃的时期，各省级考古研究机构积极进行公共考古实践活动的开展，众多考古学者利用自媒体传播公共考古理念与受众直接互动等等[②]。

在这种中国考古学界蓬勃而多元化的公共考古发展环境中，中国水下考古通过十几年的积累沉淀后也开始进入了自身的高速发展期，并在公共考古领域有着更进一步的探索与实践。这个阶段，中国水下考古

①乔玉：《专业平台公共考古的新思路》，《南方文物》，2017（02）。
②王菁、陈雍：《我国公共考古现状分析》，《北方文物》，2016（04）。

得益于国家经济的高速发展，在获得了国家更大规模的政策与资金支持下，于2004年、2007年和2009年完成了第三期、第四期和第五期国家文物局全国水下考古专业人员培训班的人员培训。为中国水下考古事业的坚实发展奠定了人员储备基础。

2001年，中央电视台对云南抚仙湖水下考古进行了现场直播。开创了中国水下考古项目与中央电视台向全国范围进行水下现场直播的先河，同时也是中国水下公共考古领域一项重要突破。直播节目结束后，抚仙湖引起了全社会更为广泛的关注。这些社会反响，更进一步地引发了全国范围内对保护水下历史文化遗存的探讨与反思。随后，2005年福建平潭“碗礁一号”水下考古抢救性发掘工作全面开展。经国家文物局授权，中央电视台新闻频道联合福建省广播影视集团持续六天对中国水下考古工作队“碗礁一号”沉船考古发掘现场进行了面向全国的直播。此次中国水下公共考古直播工作对全国公众以及全国的考古工作者产生了积极深远的影响。基本确立了电视现场直播为中国水下考古在公共考古领域实践和探索的新形式。

紧随其后的2007年12月22日，中国水下考古里程碑之作——“南海一号”宋代沉船整体打捞工作圆满成功。与此同时，同样是中国水下公共考古里程碑之作——“南海一号”宋代沉船整体打捞现场直播工作也是完美收官。全中国，乃至世界的媒体都将目光聚焦在了广东阳江东平镇对开海域中举世瞩目的宋代沉船——南海一号。天上有卫星转播、直升机；地上有转播车，甚至还有记者潜入水下工作现场，海陆空齐上阵，可以说是国内媒体报道考古事件空前之作[①]。《中国文物报》称：2007年，中国文物考古行业最吸引公众目光的就是南海一号！这是新中国成立以来，媒体和公众最为关注的文化遗产保护事件。

“南海一号”创新型世界级整体打捞方案实施，并为之度身定制海上丝绸之路博物馆的文物保护工作，不仅吸引了全国乃至全世界公众的

①李岩：《解读南海一号——打捞篇》，科学出版社，2019（04）。

目光，而且将中国水下考古对水下文化遗产的保护工作上升到了一个全新的高度。“南海一号”宋代沉船的后续发掘与保护工作又紧密地关系到公共考古的方方面面。为中国水下考古甚至是世界水下考古学界，在公共考古领域留下了宝贵而丰富的历史文化遗产。

2009年以来，国家站在更高的层面，用更宽广的视野重新审视中国水下考古，将中国水下考古提升到了一个全新的高度。中国水下考古和中国水下公共考古同时迎来了一次历史性的发展机遇，也必将肩负起新时代的重任。

2009年，国家文物局水下文化遗产保护中心正式组建，由此揭开了我国水下考古的崭新篇章。中国水下考古机构开始正式整合转型，中国水下考古事业接力棒由其前身中国历史博物馆水下考古研究室开始向国家文物局水下文化遗产保护中心交接，开启了中国水下考古领域的新阶段。这期间，2011年、2015年和2017年国家文物局水下文化遗产保护中心陆续培养了第六期、第七期和第八期全国水下考古专业技术人员。其中第八期还面向“一带一路”沿线国家招生，为柬埔寨、泰国、沙特阿拉伯、伊朗培训了水下考古专业人员，标志着我国系统成熟的水下考古领域相关技术正式开始向国外输出。

2012年6月，“国家文物局水下文化遗产保护中心”正式成立，负责组织实施全国水下文化遗产调查、发掘、研究和保护等工作。新机构的成立，充分体现国家主导在水下考古领域里的强有力的支撑，同时在新机构向全国各主要海区与内陆水域建设分支机构的过程中，中国水下考古以及水下考古领域内的公共考古也迎来了繁荣发展阶段。随着中国水下考古工作的深入，国家文物局水下文化遗产保护中心陆续开展了湖北丹江口库区水下考古调查、江西鄱阳湖老爷庙水下文物调查、天津散化锚地沉船水下考古调查、山东青岛海域水下文化遗产调查、广东上下川水域水下文化遗产调查和辽宁丹东大鹿岛水下文化遗产调查等工作。2010年“南澳一号”明代沉船水下考古现场直播和2012年浙江宁波“小白礁一号”沉船的水下考古发掘现场直播工作一次又一次地将全国公众的视野聚焦到中国水下考古的工作之中。其中“小白礁一号”水下考古项目更因其先进的工作理念、科学的考古方法、创新的科技应用、超前的保护意识和多重的安全保障，被业界誉为“我国水下考古走向水下文化遗产保护的又一重要标识”[①]。此次水下考古发掘工作向全国公众传达出了新时期中国水下考古面对水下历史文化遗产时成熟专业的工作素养和严谨科学的文保理念。

2009年12月24日广东海上丝绸之路博物馆又称南海一号博物馆正式向社会公众开放。2013年底至今，镇馆之宝“南海一号”宋代沉船开始正式发掘。全世界公众都可以在参观博物馆的同时，近距离直观地参观沉船的发掘工作。“南海一号”宋代沉船在博物馆室内面向公众开放现场发掘工作代表着中国水下公共考古领域的最前沿理念，标志着中国水下考古面向全社会公众现场直播宣传工作的全时段开启。随后的2014年10月，中国港口博物馆正式开馆，其中《水下考古在中国》固定展览也同时面向广大公众开放。中国水下考古在博物馆阵线上又有了自身专题性的面向大众的固定展览。前一个动态展示，后一个静态展示，两个展览都成为中国水下考古自成熟期以来在水下公共考古领域全新的工作成果。2018年，在中央电视台《国家宝藏》节目中，著名相声演员岳云鹏作为国宝守护人为“南海一号”代言，水下考古队员走上了中央电视台演播大厅舞台中央，也代表着中国水下考古走进了公众视线的核心位置，向全社会传达了国家对于我国水下历史文化遗产保护的坚定意志。

随着中国水下考古工作不断向新领域拓展，近年来由国家文物局水下文化遗产保护中心周春水研究员主持的甲午海战近代沉舰调查项目获得了重大的科研成果，尤其引发了公众的强烈共鸣。2014—2016年辽宁丹东“致远舰”水下考古调查项目和2018年辽宁庄河“经远舰”水下考古调查项目历史背景是中国近现代历史上影响力最为深远的“甲午战

①宁波市文物考古研究所、国家文物局水下文化遗产保护中心、象山县文物管理委员会办公室：《小白礁Ⅰ号——清代沉船遗址水下考古发掘报告》，科学出版社，2019（04）。

争”[①]，距今只有一百余年。这两艘沉舰水下历史文化遗存的确立，引发了广大公众强烈的情感共鸣。两次考古发掘项目成果分别获评同年度全国十大考古新发现。中央电视台对两个项目都进行了现场直播工作，引发了全国公众的热烈关注，将中国水下公共考古工作推向了全新高度。随后项目考古发掘成果于2017年5月30日—9月10日，在北京大学赛克勒博物馆首先举办了“寻找致远舰——2015年度全国十大考古新发现”展览，吸引高校学子与社会观众参观。之后开始巡展，2017年9月16日—2017年12月16日，在武汉中山舰博物馆举办“民族殇·海军魂——隔世对话的致远舰与中山舰”展览；2018年4月3日—2018的5月27日，在辽宁省博物馆举办“再现致远舰——辽宁丹东一号清代沉船出水文物展”；2018年10月17日—2019年1月20日，在宁波中国港口博物馆举办“海魂归来——致敬致远舰”特展。四场展览借助考古实物宣传水下考古工作，回顾甲午战争，思考甲午战败对维新变法的催化作用，达到了缅怀历史，奋发图强的爱国主义教育意义。持续的公共考古宣传工作将这两次水下考古工作的成果与意义，通过网络，在各种媒介中相互传播，起到了叠加的宣传效果。同时也让全国的公众对近现代沉舰的历史背景、保存状态、后续工作都产生了浓厚的兴趣与关切。

在中国水下考古进入新世纪不断发展壮大、日臻成熟的这十几年中，中国水下考古不仅通过专业期刊、学术报告、新闻媒体对公众进行公共考古互动，而且产生了部分以探究描述中国水下考古现状为目的面向大众的图书作品。代表作有，2007年文物出版社出版的杜玉冰著《驶向海洋——中国水下考古纪实》、2014年中国广播电视出版社出版的王结华，范伊然主编《水下24米：浙江宁波象山“小白礁一号”水下考古实录》、2019年李岩著《解读南海一号——打捞篇》，以及即将在2020年出版的由国家文物局水下文化遗产保护中心资助的《再见经远——

---

①甲午战争是19世纪末日本侵略中国和朝鲜的战争。按中国干支纪年，战争爆发的1894年为甲午年，故称甲午战争。

2018中国水下考古“经远舰”调查工作纪实报告》（天津大学出版社出版，张瑞著）。这些著作的出版，体现出中国水下考古在公共考古领域持续不断的探索与实践，是中国水下考古在公共考古领域与广大公众互动宣传的窗口，都在为中国水下文化遗产保护发挥着各自不可或缺的作用。

中国水下考古三十余年的发展，从无到有、从弱到强是依靠着全体中国水下考古人持之以恒的艰苦努力，依靠着中国综合国力整体提升，依靠着中国政府对文物工作越来越重视，对民族历史、文化遗产保护工作的力度和投入都不断加大这一历史背景情况下完成的。其在中国考古学界以及在中国广大社会中的影响力有着显著的增长。我相信中国水下考古以及中国水下公共考古将会在今后的发展中，以更加严谨科学的态度、更加扎实稳健的工作和更加自信自强的姿态迎接未来全新的挑战。

附录二

寻找神秘失踪的国产120mm速射炮
——“经远舰”水下考古工地现场出水120mm速射炮底火之探讨

隋东升 刘烜赫（文）/ 刘烜赫 张 瑞（图）

2018年8月，国家文物局水下文化遗产保护中心对甲午沉舰“经远舰”开展水下考古工作。在众多出水文物中，一件铜制器物引起考古专家的注意。这件黄铜制品经考证与阿姆斯特朗公司生产的120mm速射炮炮弹底火从材质、尺寸、形状特征完全吻合。此前庄河当地一位民间甲午学者也收藏有一枚同样的底火[①]，为当地渔民在沉船海域捕鱼作业时偶然获得，底火保存完好，底部錾刻有篆书“江南制造总局”字样。仅有一种可能，这枚底火是江南制造总局仿制的阿姆斯特朗120mm口径速射炮所配备的。由此产生了一个疑问，史料中从未出现过北洋海军战舰装备国产120mm速射炮的记载。而底火为何会出现在“经远舰”上？带着种种疑问我们先来了解一下这款火炮。

19世纪早期的火炮多为架退式火炮，所谓架退式即炮管连同炮架在巨大的后坐力作用下，一起向后滑行，并且依靠摩擦力、牵绳滑轮、挡绳、碰垫、滑轨斜面分力等方法吸收后坐力，此动作称作“驻退”。此

经远舰考古发掘出水的120mm速射炮底火

庄河甲午学者收藏的120mm速射炮底火，底部有“江南制造总局”字样

①该底火现已捐给当地博物馆。

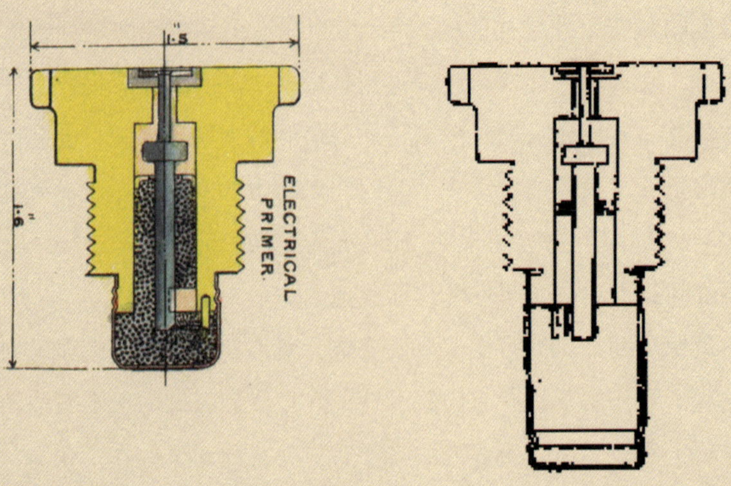

120mm速射炮底火图纸。左图为阿姆斯特朗原厂图纸，右图为《江南制造局记》卷二第六十中的插图

类炮架巨大笨重，并且每次后坐需要人力或机械辅助"复进"回到待发射位置，因而操作烦琐、耗时长、占用空间大、重量大成为这种炮架的通病。"经远舰"的210mm主炮和两舷的150mm副炮便是典型的架退式火炮。

架退式火炮原理图

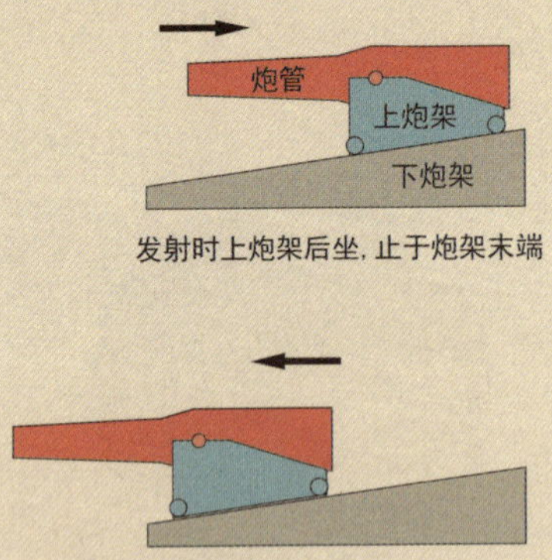

发射时上炮架后坐，止于炮架末端

发射后上炮架依靠人力缓慢复位

管退式火炮原理图

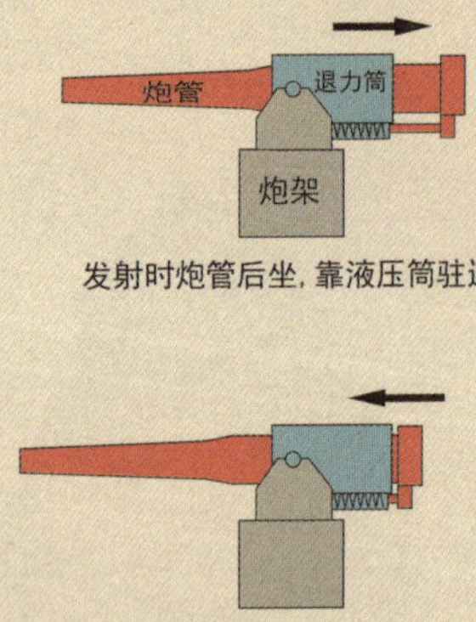

发射时炮管后坐，靠液压筒驻退

发射后炮管依靠弹簧复位

1886年，一型新式中口径速射炮在英国阿姆斯特朗公司诞生，该型速射炮采用了新式炮架，炮管装于套筒中可前后滑动，套筒设有耳轴，架于旋回炮架上可做俯仰，此组机构称作退力筒。退力筒下方安装有液

压驻退弹簧复进系统。火炮射击时炮管后坐，其能量被驻退机内的液体吸收，射击后炮管依靠弹簧的拉力快速复进回位，瞬间完成驻退、复进，其理论射速可以达到每分钟10发，实战射速约为每分钟3发左右，与旧式同口径架退炮相比，火炮射速大幅提高。该型速射炮即是著名的阿姆斯特朗40磅（120mm）中口径速射炮[①]，该类型中口径速射炮的出现，推动了世界海军舰炮的变革。除英国海军之外，日本对这种新式速射炮也十分青睐。甲午战前，日本海军新购和新造军舰之舰炮全部改以配设阿式中口径速射炮，正是由于该型速射炮的换装，成为日本海军在中日甲午海战中获胜的重要原因之一。

该型中口径速射炮性能优异，一经问世，便引起了国内兵工制造厂（局）的关注。对于阿式中口径速射炮的仿制，中国则走在了日本的前列，但受限于工业基础薄弱，生产能力有限，短时间内还无法满足国内海陆军大规模换装的需要。1890年，江南制造局购买了一尊阿式中口径速射炮开始仿制。1892年首批仿阿姆斯特朗40磅（120mm）速射炮制造完成，当年共制造了十尊。至1894年，共计制造完成十二尊[②]。作为国产火炮之中技术含量最高的型号，江南制造局于1892年便将一尊该型速射炮，附带相应数目的弹药击火调拨给北洋海防军械所，并于同年9月在天津进行了试射，“准头极好……与外洋最新之式一律精利”[③]。该炮试射之后可能配设于大沽附近炮台。

面对新式中口径速射舰炮的出现和日本海军已大量装备的压力，北洋海军将领也意识到了舰炮代差带来的危机利害，但舰炮更新问题却久拖不决。直至光绪二十年二月二十五日（1894年3月31日），李鸿章上奏，要求购买德国克虏伯新式十二生（120mm）速射炮给北洋海军各舰

①中国甲午战争博物院保存有一尊日本海军高砂号巡洋舰的阿式40磅速射炮，详见隋东升：《百年舰炮身份寻踪》，《大众考古》，2017（11），第48页。

②魏允恭编：《江南制造局记》，文海出版社印行，光绪三十一年9月编印，第374页、第385页。

③《中国近代兵器工业档案史料》编委会编：《中国近代兵器工业档案史料（一）》，兵器工业出版社，1993年，第1113页。

添装：定、镇两舰各添克虏伯新式十二生特快炮六尊；济、经、来三舰各添克虏伯新式十二生特快炮二尊，合计十八尊。其中定、镇两舰十二尊先行订购[①]。与阿式速射炮相比，北洋海军将领、水兵则对克式舰炮更为熟悉，换装克虏伯新式中口径速射炮也较为合适，但甲午战事在即，克式速射舰炮已经来不及运回国换装参战了。

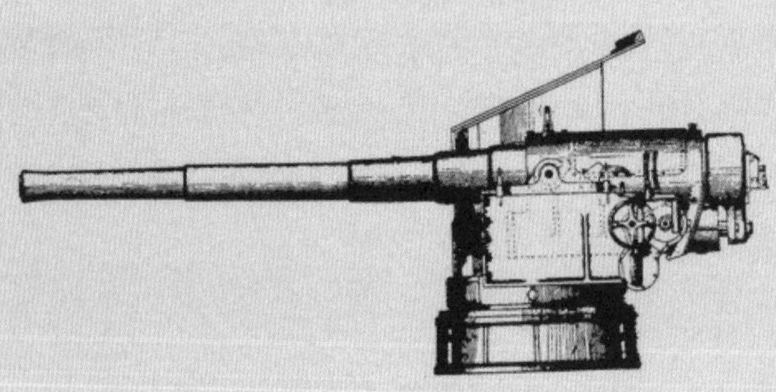

江南制造局仿阿姆斯特朗中口径速射炮

甲午战争打响之前的五月二十九日（1894年7月2日），李鸿章给上海江南制造局去电，要求将已调拨的四尊仿阿式40磅（120mm）速射炮连同江南局余下的六尊同型炮全部拨付威海[②]。根据资料记载江南制造局1894年向北洋海防军械局调拨了四尊仿阿式40磅（120mm）速射炮，附带开花弹、实心弹各一千六百颗，钢质弹四百颗，铜弹壳[③]五百颗（可重复装填使用）、炮门电气自来火一千枝、炮门铜管击火二千六百枝、炮药袋一百六十个、无烟火药八百磅[④]。

经远、来远两舰为德国伏尔铿船厂建造的装甲巡洋舰，也是德国自行设计的第一型装甲巡洋舰。受制于2900吨的舰体，因侧重于装甲防护，所以在火力配置上不及英造致远级穹甲巡洋舰，其主炮设计也比

①《海军拟购新式快炮折》（光绪二十年2月25日），李鸿章著，顾廷龙、戴逸主编：国家清史编纂委员会文献丛刊，《李鸿章全集——奏议十五》第15册，安徽教育出版社，2007年，第304页。
②《寄上海制造局刘道》（光绪二十年5月29日），李鸿章著，顾廷龙、戴逸主编：国家清史编纂委员会文献丛刊《李鸿章全集——电报四》第24册，安徽教育出版社，2007年，第99页。
③威海市博物馆展出有日军缴获于刘公岛“东口第二台”的江南制造局造仿阿式40磅速射炮铜质弹壳一枚。
④魏允恭编：《江南制造局记》，文海出版社印行，光绪三十一年9月编印，第635页。

致远级要少一尊（无舰尾大口径主炮），以致舰尾火力最为薄弱。甲午战争爆发后的1894年9月8日，李鸿章电告丁汝昌，经、来二舰舰尾需换装的十二生（120mm）快炮，可先用江南制造局调拨至威海卫的四尊仿阿式40磅（120mm）速射炮来配设[①]。但根据目前已知的照片和资料记载，江南制造局调拨的四尊仿阿式40磅（120mm）速射炮分别配设于日岛和南嘴两炮台，并无明确的上舰配设记载。1894年9月12日丁汝昌率舰队由威海赴旅顺，13日晨抵达旅顺，与龚照玙商议配“经远”“来远”尾炮一事，因午后接到日舰出没威海的战报，15时许舰队起航回威海。次日丁汝昌率舰队至成山角巡弋，15日丁汝昌率北洋舰队开赴大连湾等待护送运兵船赴朝。9月16日北洋舰队运兵船至大东沟，距离鸭绿江口12海里处锚泊，次日便爆发了黄海海战[②]。从时间上看自9月13日舰队离开旅顺至海战前，北洋海军没有充足的时间安装120mm尾炮，重型火炮安装需要重型起重设备，14日“经远”随舰队回威海并没有停靠港口。因而靠舰上的起重设备来安装可能性不大，仅三天的时间也很难完成改造安装作业。那么“经远舰”此种底火为何出现在经远舰上。

查阅经远舰历年的记录，有一件事很值得注意。经远战前数年间一直充当运输船往返于天津、威海、旅顺之间，运送军械物资，且多为弹药引信底火样品。这一切也仅仅是猜测，也许在短短的三天内海军将士真的为经远舰加装了尾炮，也许1892年运往天津的那门样炮装在了“经远”上。希望有朝一日“水落炮出”还历史以真相。

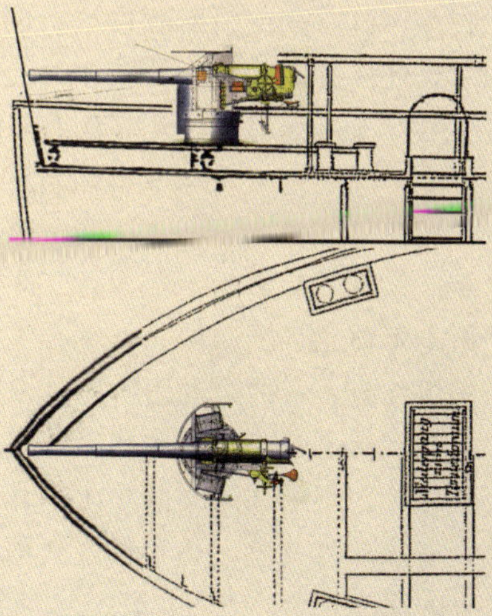

“经远舰”尾部安装120mm速射炮的推测图

①戚俊杰、王记华编校：《丁汝昌集》，山东大学出版社，1997年，第277页。
②戚俊杰、王记华编校：《丁汝昌集》，山东大学出版社，1997年，第372页。

后记

开笔写本书这篇后记之时，辽宁庄河“经远舰”水下考古调查工作已经不负众望地入选2018年度全国十大考古新发现，这一荣誉是中国考古界的“奥斯卡”，“经远舰”水下考古获得此项殊荣可谓实至名归。此时正值中国水下考古工作队正式发现“经远舰”一周年的好日子。上个月我刚刚参加完国家文物局水下文化遗产保护中心2019山东威海甲午海战沉舰调查项目工作。时隔一年，我们中国水下考古人经过一个夏季的努力最终确认了北洋水师旗舰“定远舰”的沉舰身份。连续参加了这三艘著名战舰的水下考古调查工作，我的心情既激动又沉重。从2016年辽宁丹东“致远舰”水下考古调查项目，到2018年辽宁庄河“经远舰”水下考古调查项目，再到2019年“定远舰”水下考古调查项目，三个激动人心的中国水下考古工地，三艘甲午海战著名战舰的重见天日，三段令人终生难忘的中国水下考古工作生活经历，无时无刻不在激励着我写好这本《再见经远》。这是中国水下考古工作队成立三十余年以来，第一本全程翔实记录水下考古工作项目中所有细节的书；第一本细微体现水下考古人艰苦的工作生活环境以及这群人乐观向上精神和团结奋斗意志的书；也是第一本标志着中国水下考古人共同努力向水下公共考古领域迈出坚实一步的书。谨以此书向三十余年来中国水下考古事业的开拓者和前辈们，向与我一样仍怀抱理想共同为中国水下考古事业砥砺前行的队友同仁们和社会各界朋友们，向不断创新锐意进取年轻有为的代表中国水下考古未来希望的师弟师妹们，表达我最崇高的敬意和最诚挚的祝愿。

在此，我首先要感谢我的家人们，感谢父母对我的理解，感谢妻子冯彧女士对我的支持，感谢女儿瑞熹和儿子墨斋，为你俩以及全国千千万万的中小学生写好《再见经远》是我最大的愿望。

再次，我要感谢为本书出谋划策、添砖加瓦的黎飞艳、冯雷、王志杰、魏超和周强等各位水下考古队友，甲午海战史研究领域的专家学者刘烜赫和张黎源，以及在我参加水下考古工作以来和本书创作过程中，给予我帮助和包容的老师前辈、兄弟队友和各位同人。感谢本书的编辑黄莹女士以及天津大学出版社为本书的顺利出版而付出的努力。

最后，特别感谢“经远舰”水下考古调查项目领队周春水研究员对本书的全程指导，感谢国家文物局水下文化遗产保护中心水下考古研究所姜波所长对本书的鼎力支持，感谢国家文物局水下文化遗产保护中心宋建忠副主任对本书的高度评价。

本书由国家文物局水下文化遗产保护中心资助出版。

张 瑞

2019年9月